Marion Landwehr

WANDER DICH GLÜCKLICH
Gardasee

Wanderungen fürs Wohlbefinden

BRUCKMANN

INHALT

NÖRDLICHER GARDASEE UND LEDROSEE 100

ÖSTLICHER GARDASEE 144

TOURENÜBERBLICK

	Tour									
1	Monte Luppia	3.00	10,6	390	●	●	●		●	●
2	Rocca di Garda	2.00	7,4	240	●	●				
3	Monte Moscal	1.00	3,5	160	●	●				
4	Küstentour Garda – Lazise	2.00	9,4	50	●	●	●	●		●
5	Rocca di Manerba	1.30	6,4	130	●	●	●	●		
6	San Bartolomeo	3.45	13,5	630			●	●	●	
7	Monte Pizzocolo	6.00	15,7	1200						
8	Monte Castello di Gaino	3.00	9,4	570	●				●	
9	Pestkapelle	2.45	7,1	640	●		●		●	
10	Monte Denervo und Cima Comer	2.30	7,0	470	●			●	●	
11	Wasserfälle von Tignale	3.00	8,8	630	●	●			●	●
12	Montecastello und Monte Cas	2.00	7,2	300	●	●	●		●	
13	Schauderterrasse	3.15	8,2	500	●	●	●		●	
14	Tremosine	2.30	8,8	410	●		●	●		
15	Eremo di San Michele und Monte Zenone	6.00	20,0	1010	●		●		●	●
16	Monte Bestone	2.00	7,0	260	●			●		
17	Sentiero del Sole	3.00	12,0	220	●	●		●		●
18	Ponale zur Punta Larici	6.00	18,3	900	●					
19	Monte Corno	4.30	11,9	990	●		●	●	●	●

Tour			Gehzeit in Std.	Länge in km	Höhenunterschied in Hm	Einkehr	Kindergeeignet	Sehenswürdigkeiten	Wintergeeignet	Eher Schatten	Bademöglichkeit
20	● Mittel	Monte Cocca	3.00	7,5	670	●				●	●
21	● Leicht	Madonnina di Besta	2.30	6,5	380	●	●	●	●		●
22	● Schwer	Giochello und Valdes	6.00	10,3	1120	●		●			
23	● Schwer	Über Riva del Garda	3.30	8,2	750	●	(●)	●	●		
24	● Schwer	Monte Misone und Tennosee	3.45	9,7	840	●				●	(●)
25	● Leicht	Monte Brione	2.00	6,8	300	●	●	●	●		
26	● Mittel	Monte Corno	3.00	6,6	500	●		●		●	
27	● Leicht	Busatte nach Tempesta	2.00	8,0	310	●	●		●		
28	● Mittel	Monte Altissimo di Nago	2.45	9,1	500	●					
29	● Schwer	Monte Baldo	3.30	9,3	650	●					
30	● Mittel	Assenza nach Castelletto	2.30	7,0	380	●	●	●	●		●
31	● Schwer	Monte Baldo	4.45	15,8	740	●					
32	● Schwer	Madonna della Corona	5.00	9,7	850	●		●		●	●
33	● Mittel	Albisano nach Crero	3.45	13,3	540	●	●	●		●	
34	● Leicht	Monte Belpo	2.15	5,7	220	●	●		●	●	

● Leicht
● Mittel
● Schwer

Gehzeit in Std.
Länge in km
Höhenunterschied in Hm

Einkehr
Kindergeeignet
Sehenswürdigkeiten

Wintergeeignet
Eher Schatten
Bademöglichkeit

GLÜCKLICH WANDERN AM GARDASEE

Was darf es sein? Alpines Wandern in den Bergen mit Kraxelpassagen und allem Drum und Dran? Oder durch die Weinberge schlendern und unter Olivenbäumen hindurch? Oder ganz mediterran am Ufer des größten Sees Italiens entlangspazieren? Egal, wonach einem der Sinn steht – am Gardasee werden alle Wünsche erfüllt!

Und das Beste dabei ist: Alle Wanderungen sorgen für die unterschiedlichsten Glücksmomente – sei es, weil man aus erhabener Position auf diesen wunderschönen, oberitalienischen See blickt, sei es, weil man in vollen Zügen die mediterrane Bepflanzung, Oleander, Zypressen, Zedern und Palmen, genießt oder sei es, weil man in einer entlegenen Almhütte urig einkehrt. Wasser, Berge und mediterranes Flair sind die Zauberwörter, die diese Region für Wanderer so einmalig machen.

Und nachdem man sich glücklich gewandert hat, klingt der Tag bei einem Espresso, einem guten Glas Wein, einem Eis, einer leckeren Pizza oder einfach bei allem zusammen angemessen aus – Dolce Vita und glückliches Wandern – kann es schönere Symbiosen geben?

»Wandern ist eine Tätigkeit der Beine und ein Zustand der Seele«, so sagte es der Essayist, Kritiker und Übersetzer Josef Hofmiller (1872–1933). Das trifft es am Gardasee besonders gut. Viele unterschiedliche Wandergebiete sorgen für Naturimpressionen, Glücksgefühle und Abwechslung. So ist das Wandern um den ganzen Gardasee herum gar nicht im Rahmen eines Aufenthaltes zu bewältigen – das ist aber auch kein Problem, denn wer hier einmal nach Herzenslust gewandert ist, kommt sowieso wieder. Keinen Weg will man missen, keinen Ausblick und keine Bergbesteigung auslassen.

Ich wünsche Ihnen viele glückliche Momente
am traumhaft schönen Gardasee!

Marion Landwehr

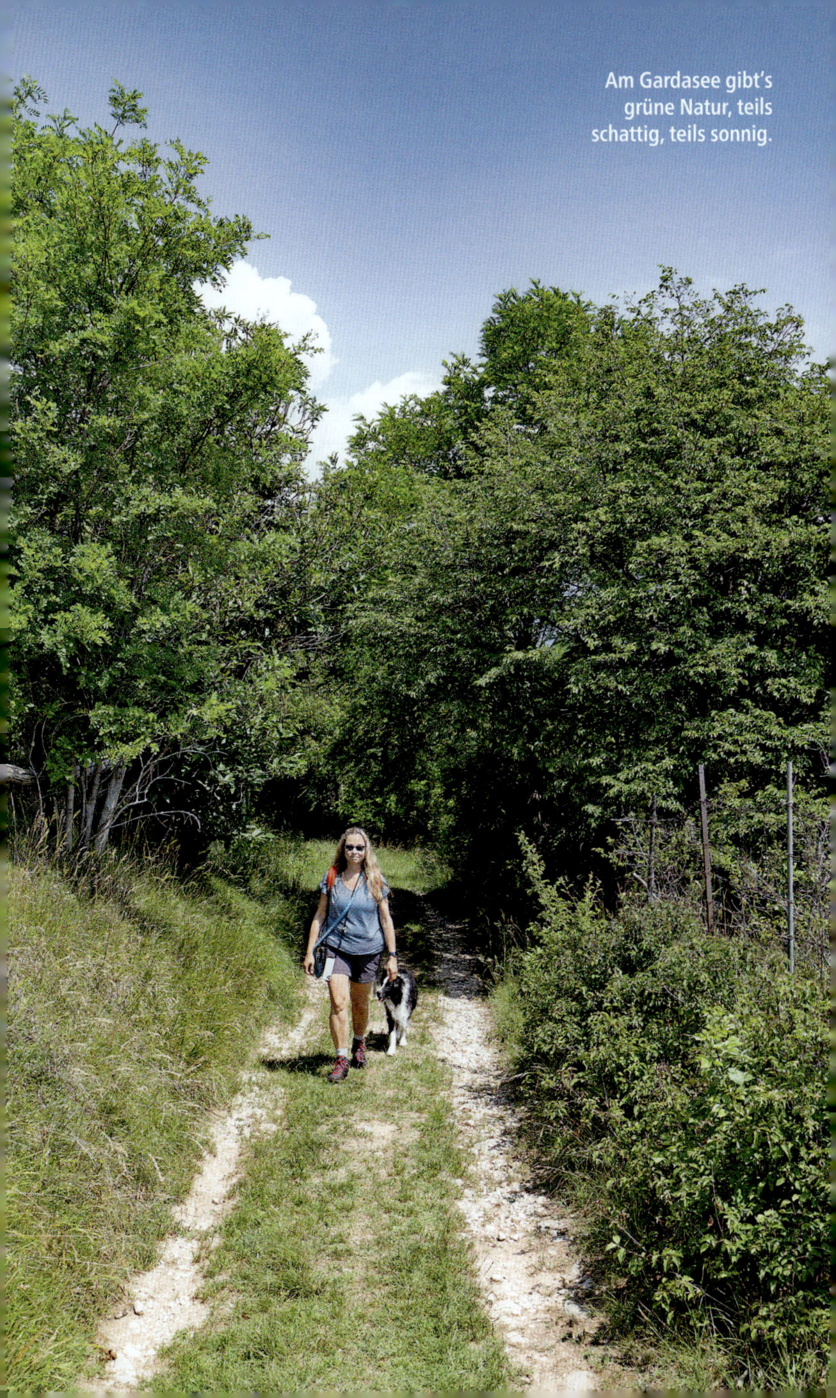
Am Gardasee gibt's grüne Natur, teils schattig, teils sonnig.

ANLEITUNG ZUM GLÜCKLICH WANDERN

Alle Wanderungen am Gardasee sind etwas Besonderes, doch habe ich mich bemüht, für Sie die allerschönsten zusammenzustellen und eine bunte Mischung anzubieten. So ist der schattige Weg mit Wasserfall ebenso vertreten wie die Küstenwanderung durch die schönsten Städte am See, Highlights wie der Monte Baldo ebenso wie die verlassene Dorfkirche im italienischen Hinterland. Auf manchen Wegen ist viel los, andere führen Sie durch malerische Natur, ganz einsam sind Sie da unterwegs. Klassiker und Geheimtipps sowie selbst zusammengestellte Wanderungen mit vielen besonderen Wegpunkten warten auf Sie. Alle Touren haben eins gemeinsam: In Glückskategorien gemessen sind die Wanderungen einzigartig!
Die meisten Touren sind mit einer normalen Kondition gut machbar. Manche Bergtouren erfordern eine ausgeprägtere Fitness. Dann braucht man eben mal etwas länger oder rastet einmal öfter und genießt die Stille, die

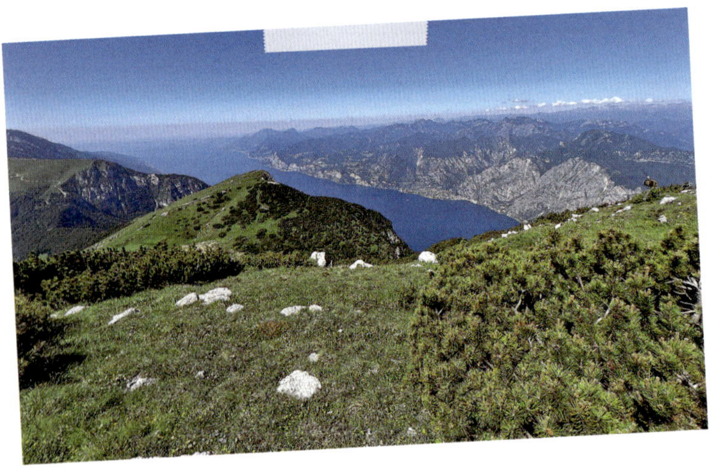

↑ Manchmal grüßt der blaue Alpensee aus der Ferne.

Glückskategorien

Die Wanderungen sind in vier Rubriken unterteilt und entsprechend farblich gekennzeichnet. Unter den Kategorien »Tour für die Sinne«, »Tour der Stille«, »Tour für den Genuss« und »Tour ohne Uhr« sind die Glücksmomente zusammengefasst. Manche Strecke beinhaltet mehrere Genussfaktoren – Gaumenfreuden, Stille, das Fordern aller Sinne oder die entschleunigte Wanderung. Sind mehrere Kategorien zutreffend, wurde das gewichtigste Merkmal zugrunde gelegt.

Tour für die Sinne

Diese Touren kann man ganz besonders mit allen Sinnen erleben. Dazu gehören zum Beispiel ein paar Momente des Innehaltens, um die Schönheit, Geräusche und Gerüche der mediterranen Pflanzen zu genießen, das Gefühl von taunassem Gras unter den Füßen zu spüren oder sich an einem Bach oder See zu erfrischen, zwitschernden Vögeln zu lauschen, an duftenden Kräutern am Wegrand zu riechen oder den Wald bewusst wahrzunehmen.

Tour der Stille

Wir entdecken einsame, unbekannte Wege abseits des Trubels, uns begegnen nur wenige andere Wanderer und wir können diese Zeit fast ganz allein und bewusst genießen.

Tour für den Genuss

Wandern heißt auch genießen! Dafür muss es nicht immer ein trubeliger Biergarten oder ein überlaufenes Ausflugslokal sein. Wir bevorzugen Dorfcafés mit hausgemachten Kuchen, gemütliche kleine Geheimtipps und regionale Produkte aus einladenden Hof- und Klosterläden. Aber auch Tipps für besonders schöne Picknickplätze sind ein Genussfaktor.

Tour ohne Uhr

Hier kann das Handy gerne mal zu Hause bleiben, und beim Wandern stellen wir keine Geschwindigkeitsrekorde auf – im Gegenteil! Wir dürfen ganz bewusst immer wieder stehenbleiben und die Aussicht oder einfach nur den Moment genießen. Dabei nehmen wir die Zeichen der Natur besonders intensiv wahr und auch, wie uns unsere Umgebung die Zeit mitteilt, zum Beispiel über den Sonnenstand, aber auch durch das Abendläuten entfernter Glocken.

Landschaft und vor allem die atemberaubenden Ausblicke. Zum Ausgleich aber gibt es die Touren mit wenig Höhenmetern. Egal, wie trainiert Sie sind oder wonach Ihnen der Sinn steht: Sie können sich aus einer großen Auswahl heraus glücklich wandern!

MIT SICHERHEIT GLÜCKLICH WANDERN

Schwierige Wege, ausgesetzte Passagen oder Klettersteige sind kein Bestandteil der Wanderungen. Aber viele der Berge am Gardasee sind sehr hoch – der Monte Altissimo im Monte-Baldo-Massiv beispielsweise ist einer von vielen mit einer Höhe von über 2000 Metern. Bei den Aufstiegen sind nicht selten steile, unwegsame oder felsige Passagen zu bewältigen. Wird es aber auch nur annährend abenteuerlich, sind die Aufstiege mit Drahtseilen gesichert – das gilt auch und besonders für die Gipfelaufstiege. Für Menschen ohne Höhenangst ist das unproblematisch, man sollte aber von Fall zu Fall selbstkritisch einschätzen, was man sich zutraut. Trotzdem sind alle Wanderungen machbar, im Zweifelsfall mit einer Abkürzung oder einer Wegalternative, aber es gibt keine Passagen, die ein Umkehren erforderlich machen. Viele der Wege sind naturbelassen, nur wenige Streckenetappen führen über Asphalt. Das bedeutet, dass die Wege bei Nässe auch mal aufgeweicht und matschig sein können – hier ist dann vor allem bei steileren Anstiegen Vorsicht geboten.

GUT AUSGERÜSTET

Grundsätzlich ist es wichtig, vor dem Aufbruch zum Wandern das Wetter zu checken und sich kleidungsmäßig darauf einzustellen. Am Gardasee sind prinzipiell knöchelhohe Wanderschuhe von Vorteil, denn fast alle Wanderungen beinhalten Etappen mit felsigen Pfaden oder gerölligem Untergrund, auf dem man leicht einmal umknicken kann. Lediglich die reinen Küstenwanderungen sind auch mit Sportschuhen gut möglich. Bequeme und den submediterranen Wetterverhältnissen angepasste Wanderbekleidung vorzugsweise aus Funktionsmaterial ist ebenso empfehlenswert wie eine Regen- oder Softshelljacke im Rucksack. Das Besondere an vielen Touren am Gardasee ist, dass man einen Badestopp einlegen kann – hierfür sollte dann unbedingt Badekleidung mit dabei sein! Sehr wichtig ist für fast alle Touren ein guter Sonnenschutz. Denn sowohl auf den hohen Höhen der Berge als auch am oft schattenfreien Seeufer ist die Sonneneinstrahlung sehr intensiv. Deshalb sollte man sich auch reichlich mit Wasser für unterwegs eindecken. Zumal Einkehrmöglichkeiten in den Bergen und entlegenen Ecken eher eine Ausnahme sind. Viele Höhlen, alte Bunker und kleine Bergwerke befinden sich auf den Touren; eine richtige Taschenlampe, also mehr als nur die Handy-Taschenlampe, ist in vielen Fällen nützlich und hilfreich. Apropos Handy: Ich bin immer wieder erstaunt, wie gut der Netzempfang auch fernab jeder Zivilisation ist – trotzdem sollte man mit Verbandsmaterial und einer kleinen Notfallausrüstung für alle Eventualitäten gewappnet sein. Immerhin befinden wir uns oft auf alpinem Terrain.

GENUSSVOLLE PAUSEN

Auf allen Wanderungen lässt es sich vortrefflich rasten. Sei es unter Palmen, in einem schnuckeligen, oberitalienischen Dörfchen oder mitten in der Natur mit traumhaftem Ausblick – so schön wie hier lässt sich an kaum einem anderen Ort der Welt die mitgebrachte Stärkung verspeisen. Weitere Einkehrmöglichkeiten sind die höchst urigen Almhütten, die meist zu einem Bauernhofbetrieb gehören. Und ganz herausragend und

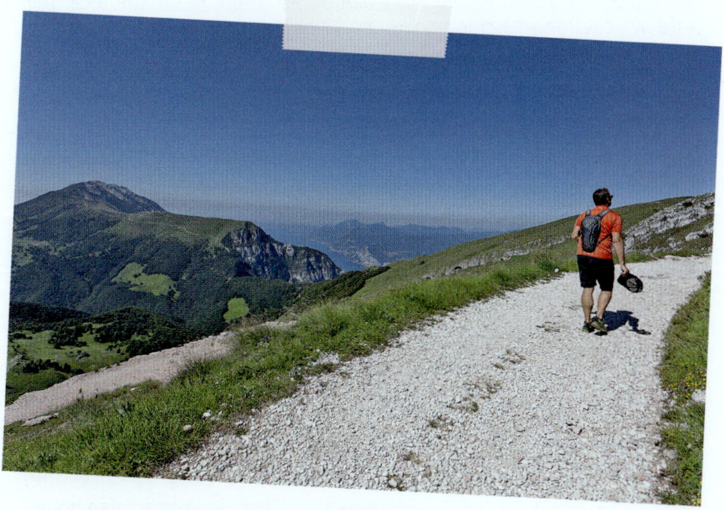

↑ **Selten führen so breite Wege zum Ziel, wie hier auf den Monte Altissimo di Nago.**

charakteristisch für die Region sind die zahlreichen kleinen Bars und Cafés mit typisch italienischem Flair in den versteckten und verträumten Dörfern und natürlich auch die Restaurants und Eisdielen am Gardaseeufer. Auf den Infoseiten »Auf einen Blick« dieses Wanderführers sehen Sie, ob es eine Einkehrmöglichkeit gibt. Ist eine benannt, befindet sie sich grundsätzlich auf der Wanderung selbst. Ist dies nicht der Fall, werden Ihnen alternative, meist nahe am Start- und Zielpunkt befindliche Einkehrmöglichkeiten vorgeschlagen – eine zugehörige Internetadresse finden Sie meist unter »Information«.
Es empfiehlt sich, vorab die Öffnungszeiten vor allem der auf dem Weg liegenden Einkehrmöglichkeiten zu prüfen und gegebenenfalls ein gesundes Picknick, bestehend aus belegten Broten, Obst- und Gemüseschnitzen, einzupacken. Diese Dinge schmecken in der herrlichen Umgebung des Gardasees, auf den Gipfeln der Berge oder auf einer grünen Almwiese besonders gut.

TOURENCHARAKTER

Die Touren sind in die Kategorien »leicht«, »mittel« und »schwer« eingeteilt. Aber keine Sorge – auch bei den als »schwer« eingestuften Touren muss man kein professioneller Bergsteiger sein. Für die Einstufung spielen insbesondere die Höhenmeter eine Rolle, denn 800 oder 1000 Meter nach oben sind auch für einen gut konditionierten Wanderer kein Kinderspiel. Auch die als schwer kategorisierten Touren lassen sich glücklich erwandern – schließlich verspürt man ja bei Erschöpfung durchaus ein Gefühl der Zufriedenheit. Herausfordernde Wanderungen mit Gipfelanstiegen stehen Ihnen ebenso zur Verfügung wie relativ eben verlaufende Wege, sonnige Touren ebenso wie solche, die zumindest viele schöne schattige Passagen beinhalten. Letztendlich empfindet jeder Wanderer eine Tour als anstrengend oder nicht, deshalb soll die hier vorgenommene Einteilung lediglich der groben Orientierung dienen. Wenn Trittsicherheit und Schwindelfreiheit von Vorteil sind, ist dies erwähnt.

GEHZEITEN UND HÖHENANGABEN

Die in den Infoteilen genannten Gehzeiten sind reine Gehzeiten, das heißt, ohne Pausen, Rast und Einkehr und vor allem ohne Genussmomente, wie ergriffen am Gipfelkreuz zu stehen und den Ausblick zu genießen, in einer

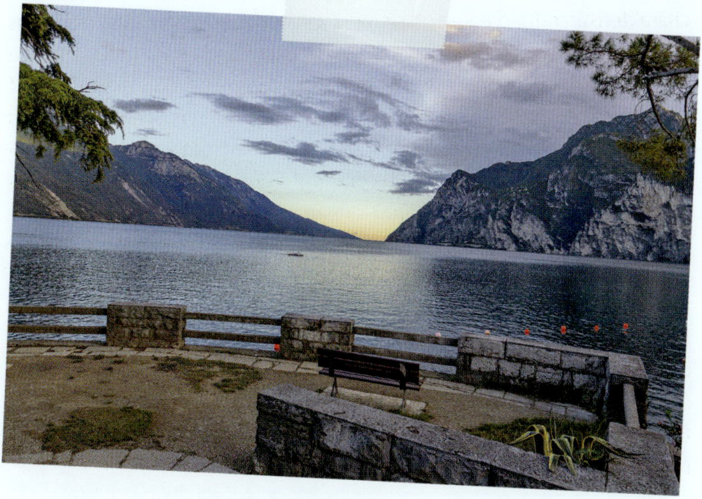

↑ **Am Fuße des Monte Brione kann man den See der Länge nach genießen.**

verlassenen Bunkeranlage auf Entdeckungsreise zu gehen oder ein erfrischendes Bad im Garda- oder dem Ledrosee zu nehmen. Die genannten Höhenmeterangaben resultieren aus meinen GPS-Daten.

ANFAHRT

Ausgangspunkte sind Wanderparkplätze, die mit dem Auto erreichbar sind, Bergdörfer oder Städte an der Küste. Die Anfahrtswege sind oft komplex und ihre Beschreibung würde den Rahmen der Infoteile sprengen. Deshalb habe ich mich auf die konkrete Angabe des Startpunktes für das Navi oder für Google Maps auf dem Handy beschränkt – damit sind alle Startpunkte gut zu finden. Um ganz sicher zu gehen, dass Sie den Ausgangspunkt nicht verfehlen, habe ich diesen zusätzlich auch mit den entsprechenden Geokoordinaten angegeben. Mit öffentlichen Verkehrsmitteln sind die wenigsten Wanderungen erreichbar – lediglich die Küstenwanderungen wären gut mit dem Bus anfahrbar. Für einen Aufenthalt am Gardasee und das Erreichen der verschiedenen Startpunkte halte ich ein Fahrzeug für unabdingbar.

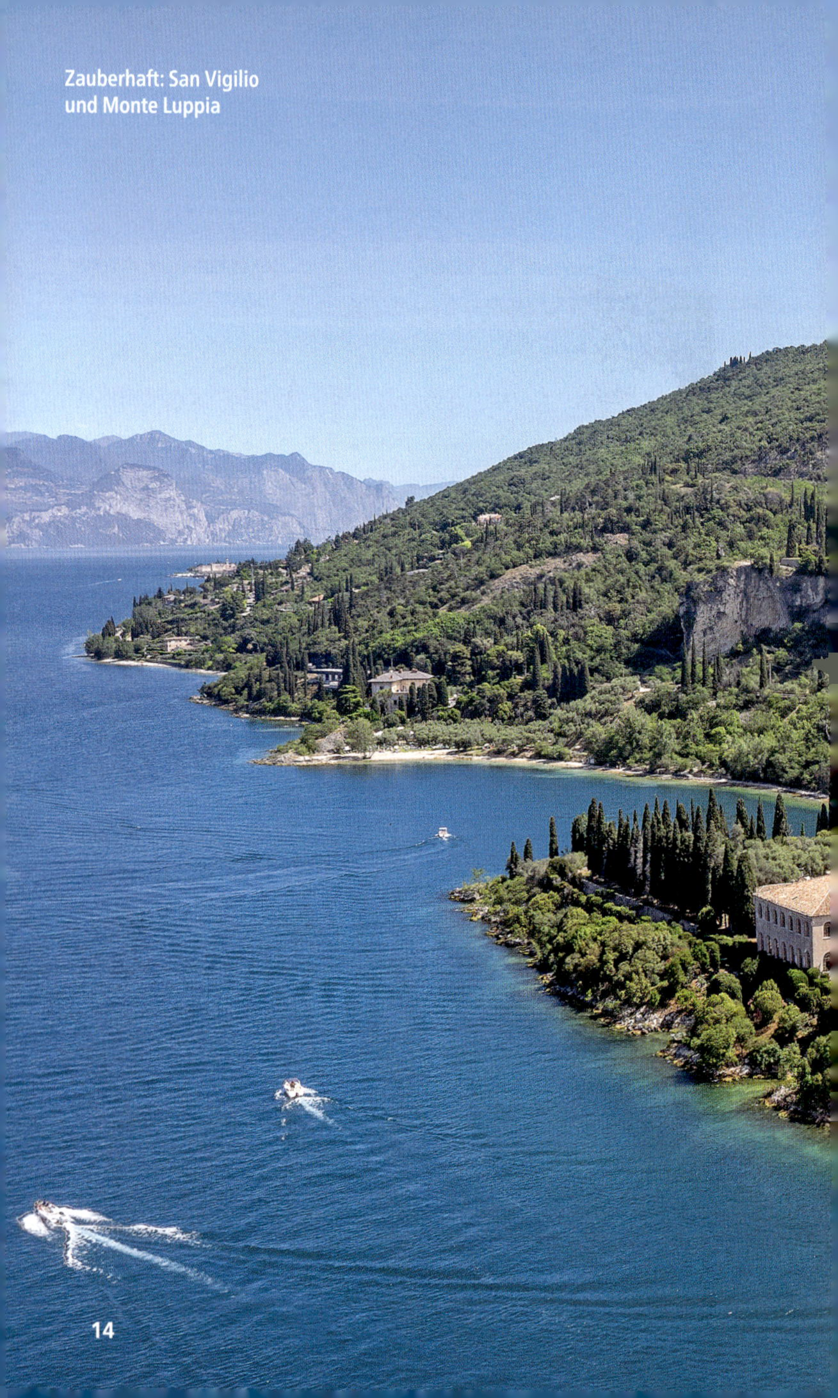

Zauberhaft: San Vigilio und Monte Luppia

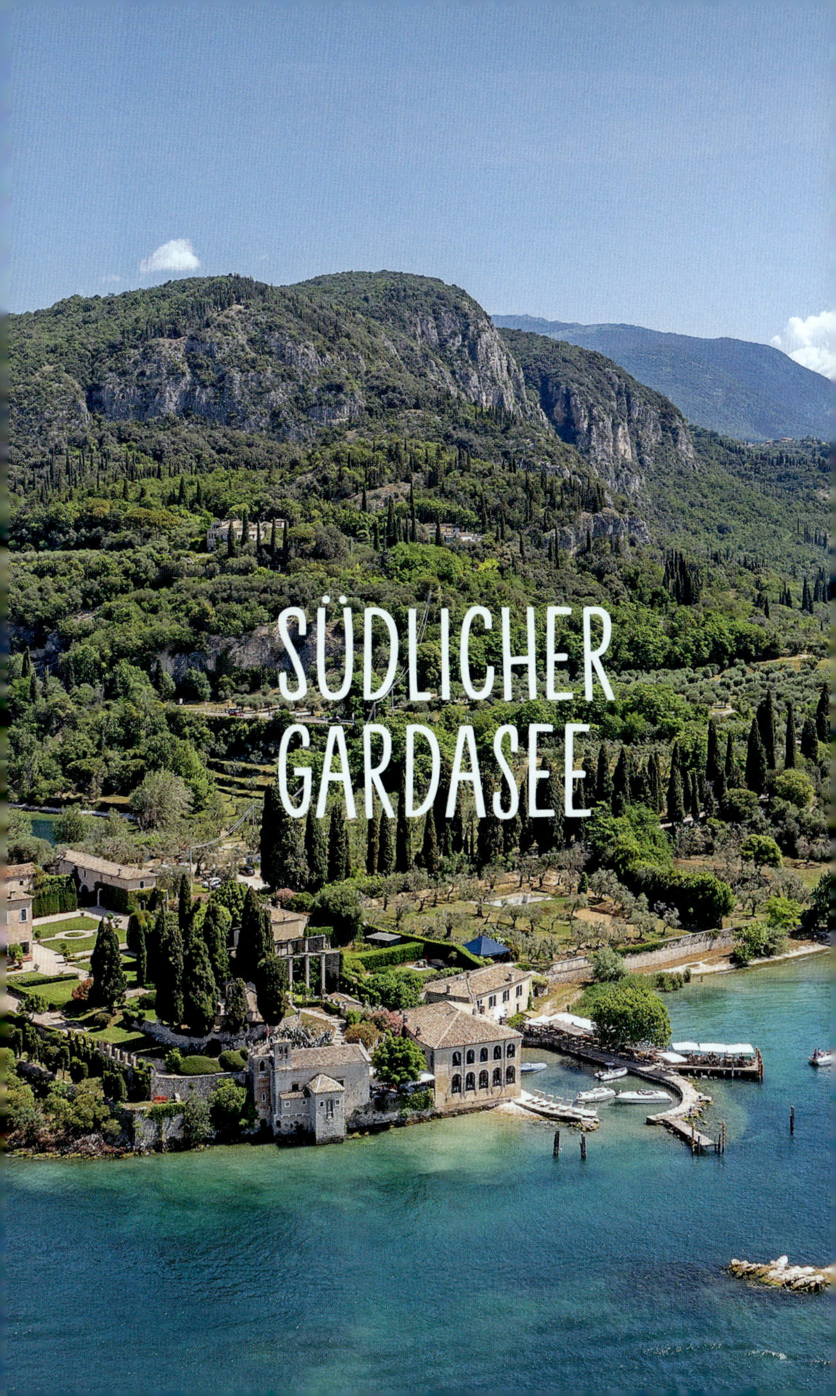

SÜDLICHER GARDASEE

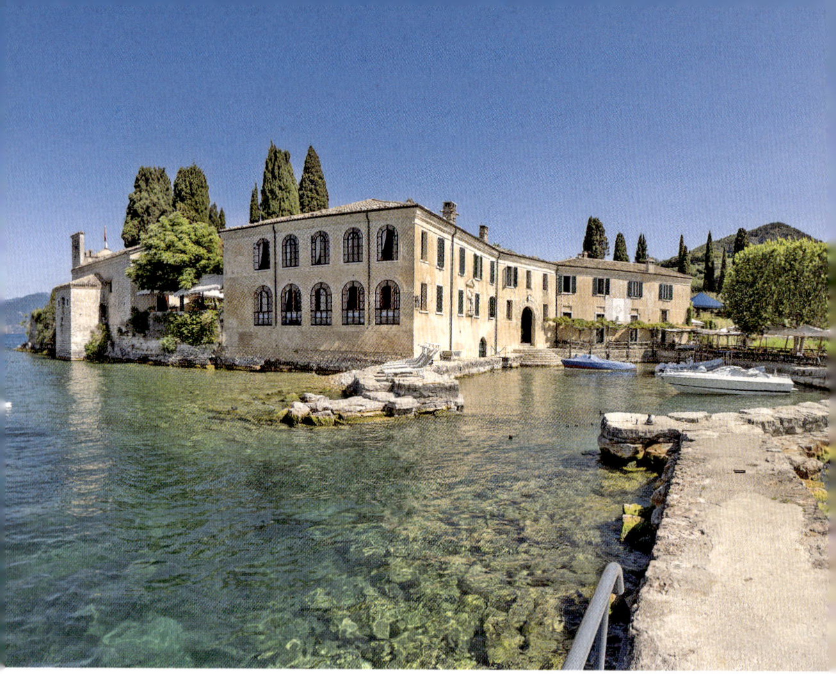

↑ Die Landzunge Punta San Vigilio ↓ Am antiken Hafen

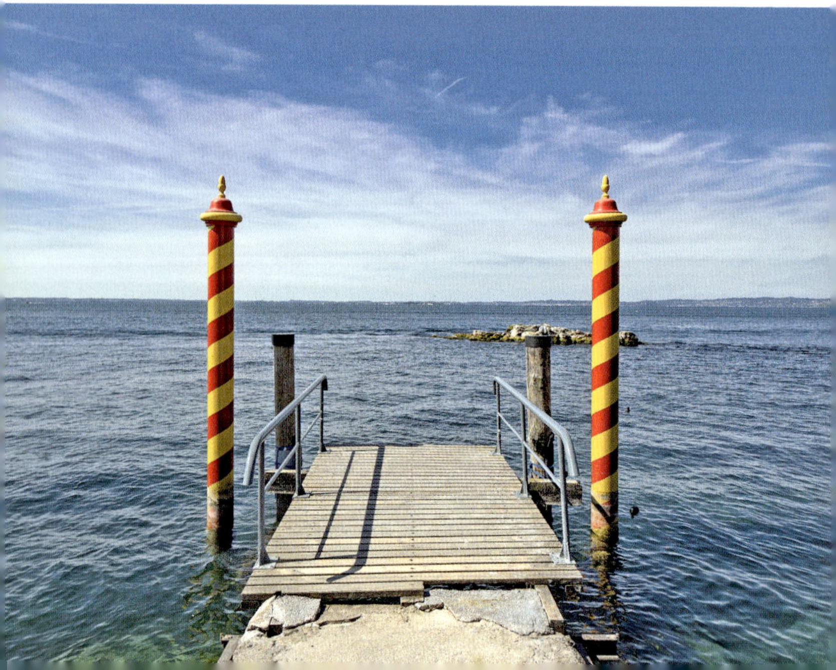

AUSSICHT VOM KAP UND VOM BERG

Tour für TOUR 1 die Sinne

Monte Luppia von der Punta San Vigilio aus

Von der Landzunge Punta San Vigilio aus überblickt man gleichzeitig den nördlichen und südlichen Gardasee – das ist ungewöhnlich! Später hat man vom Monte Luppia aus einen prachtvollen Blick auf die Bucht von Garda.

Genusstour Wegen der tollen Ausblicke auf beide Teile des Gardasees ist das eine schöne Sonnenuntergangstour. Alternativ ist sie dank des schräg einfallenden Lichtes aber auch empfehlenswert am frühen Vormittag, dann erkennt man die Felszeichnungen gut. Wir laufen von der Landzunge aus durch einen steinernen Torbogen und begeben uns auf den Rundweg mit einer üppigen Vegetation und inmitten faszinierender Landschaft – garniert mit ein bisschen Prähistorie.

Augenschmaus Immer wieder präsentieren sich tolle Ausblicke auf beide Seiten des Sees, sodass wir den anfangs steilen Aufstieg gar nicht richtig wahrnehmen. Wir blicken auf Garda und den Felsen La Rocca (siehe Tour 2), der die Grenze zwischen Garda und Bardolino markiert. Die Ausblicke werden immer beeindruckender, vor allem, da wir über den höchsten Punkt des Felsens wandern, der in den Gardasee hineinragt. So begleiten uns die schönsten Aussichten eigentlich vor und nach dem Berg Monte Luppia. Bevor wir diesen erreichen, passieren wir den 381 Meter hohen Monte Are und dann endlich den Monte Luppia, der 413 Meter hoch ist und daher auch einen feinen Panoramablick bietet.

Petroglyphen Die Wanderung ist ausgeschildert mit Wegweisern zum Monte Luppia, aber auch zu »Graffiti«. Deshalb sind wir schon gespannt, was sich dahinter wohl verbergen mag. Es sind etwa 3000 Jahre alte

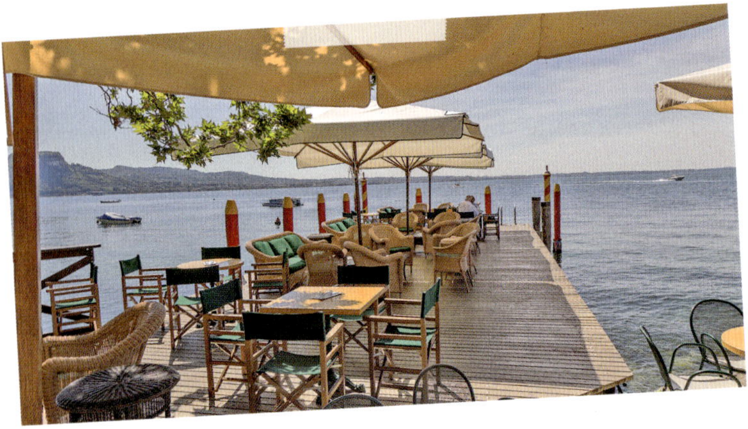

↑ Das Café und Restaurant Locanda San Vigilio halb auf dem See

Felszeichnungen, die in die glatten Felswände eingraviert sind. Man muss aber schon sehr genau hinschauen, deshalb ist das schräg einfallende Licht am frühen Vormittag am besten. Hinweistafeln informieren darüber, was auf den Zeichnungen dargestellt ist. Es sind die am einfachsten zugänglichen Petroglyphen im Gardaseeraum.

Prachtvolle Punta San Vigilio Die Belohnung für die entschleunigende Wanderung ist der Aufenthalt an der Landzunge, die weit in den See hineinragt. Wir bewundern den antiken Hafen und überblicken anschließend bei einem Cappuccino oder Prosecco nahezu den gesamten Gardasee – eine Besonderheit!

Tipp

Zwei Dinge kann man am Ende der Tour unternehmen. Entweder man besucht den Parco San Vigilio am Seeufer, der von Olivenbäumen und Zypressen umgeben ist und mit einem Pool, Strandzugang und ausreichend Liegestühlen Entspannung garantiert (parcosanvigilio.com). Oder man relaxt beim Hotel Locanda San Vigilio, dessen gastronomischer Außenbereich sich herrlich rund um ein Hafenbecken drapiert (locanda-sanvigilio.it/de).

AUF EINEN BLICK

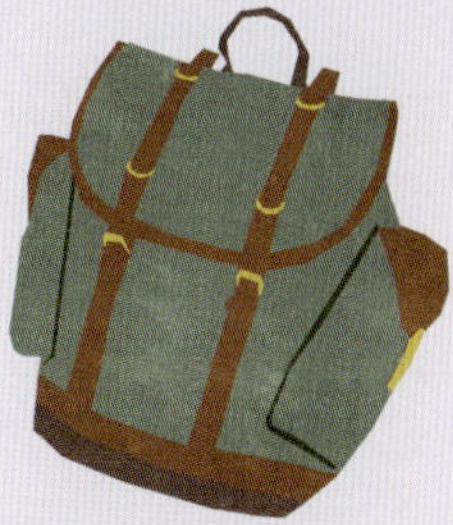

Tour 1: Tour für die Sinne

Dauer: 3 Std.

Höhenmeter: 390 Hm

Länge: 10,6 km

Schwierigkeit: Mittel

Tourencharakter: Angenehme Wanderung mit moderaten Höhenmetern, die von der See-Ebene aus auf den 416 Meter hohen Monte Luppia führt. Stark der Sonne ausgesetzt, Sonnenschutz nicht vergessen

Ausgangs-/Endpunkt: Parkplatz Punta San Vigilio

GPS-Koordinaten: 45.572708, 10.671911

Einkehr: Locanda San Vigilio

Information: gardasee.de/ausflugsziele/punta-san-vigilio, gardasee.de/garda/monte-luppia

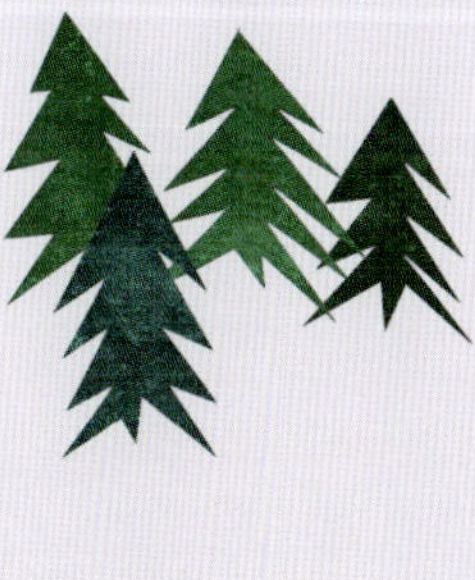

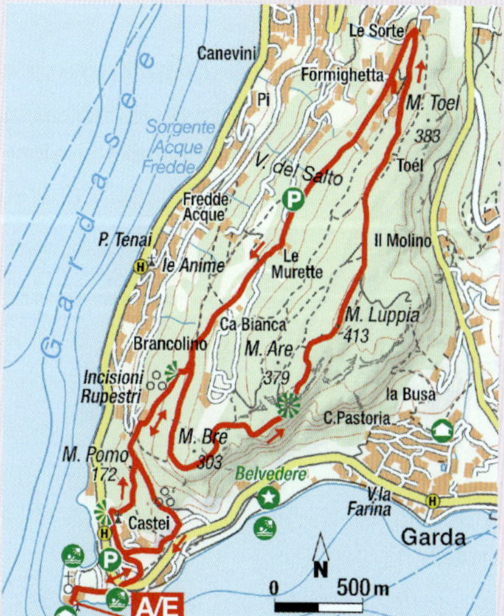

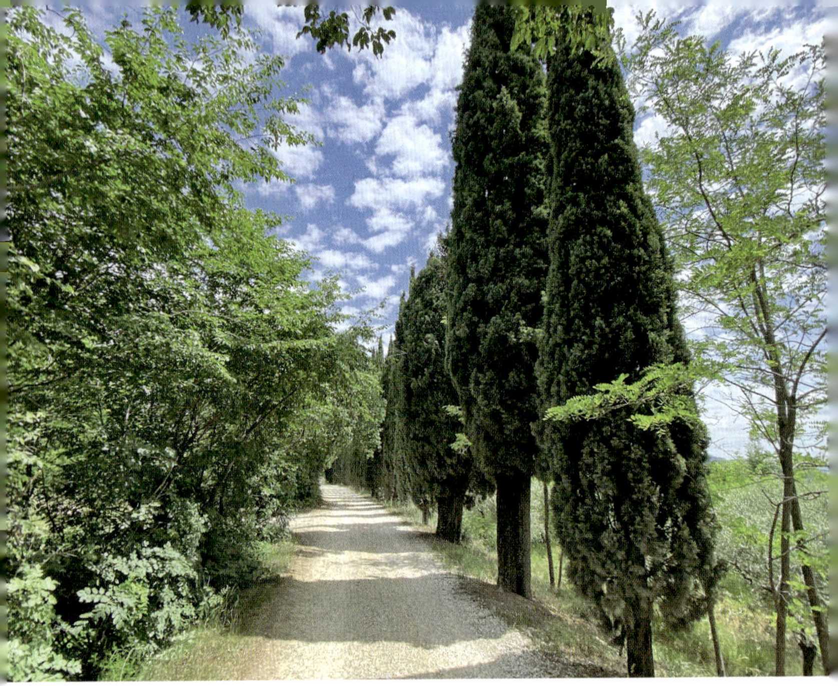

↑ Abwechslungsreich: Zypressenallee … ↓ … und toller Seeblick

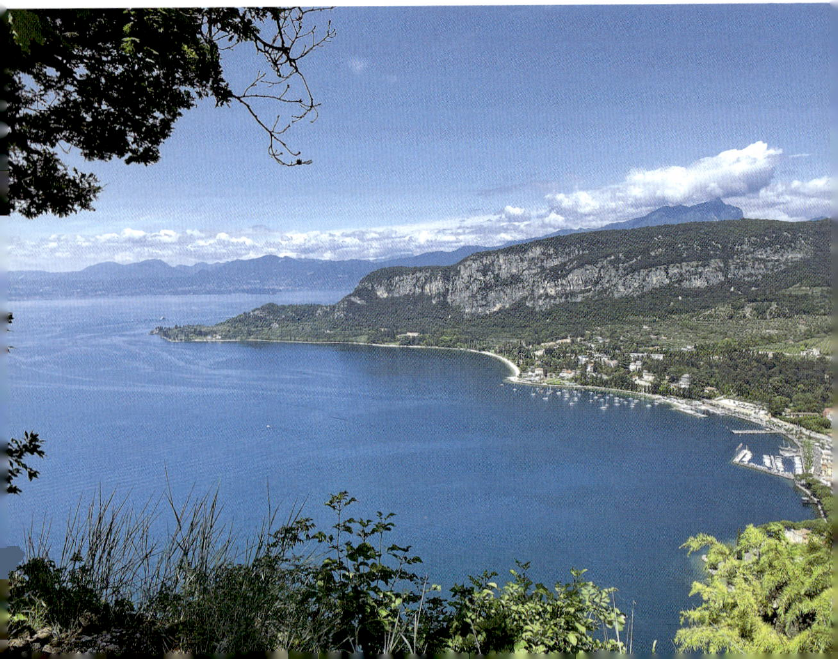

AUF DEM FELSEN UND UNTER OLIVENBÄUMEN

Tour für die Sinne
TOUR 2

Aussichtsreich über Garda

Hoch über dem schönen Ort Garda erhebt sich der Rocca di Garda, ein Tafelberg, der erklommen werden möchte. Anschließend führt die Wanderung entlang einer Zypressenallee, durch einen Olivenhain und zur Uferpromenade von Garda.

Entschleunigend Es gibt mehr als genug Entschädigung auf dieser herrlichen Wanderung für den steilen Aufstieg gleich zu Beginn: tolle Ausblicke, geruhsames Schlendern durch mediterrane Flora und zuletzt ein angemessener Ausklang in einem der Cafés direkt am Seeufer des Ortes Garda. Eine Tour, von der man noch lange zehrt …

Aufstieg Doch zunächst ist ein bisschen Beinarbeit zu bewältigen. Das Schild »Rocca – Eremo« weist uns vom Ort aus den Weg. Über steile Holztreppenstufen, die zum Teil fehlen, zum Teil sehr hoch sind, geht es kontinuierlich bergauf. Es scheinen unendlich viele Stufen zu sein. Und kaum ist diese Herausforderung geschafft, geht es weiter hinauf, diesmal über einen geröllhaltigen, breiteren Weg über einen Felsen. Eine Höhle liegt am Wegesrand, in die wir natürlich neugierig hineinspähen.

Auf dem Gipfel des Glücks Oben auf dem Plateau angekommen, präsentiert sich die Belohnung auf der Stelle: Ein fantastischer Blick über den Gardasee und den darunter liegenden Ort Garda lässt uns ehrfürchtig innehalten, die Ruhe des Ortes aufnehmen und mit allen Sinnen dieses Gefühl genießen, hoch über dem See zu schweben. Die meisten Wanderer gehen auf demselben Weg wieder hinunter. Es lohnt sich aber nach links eine kleine Extraschleife zu einem weiteren Aussichtspunkt, von dem aus man nicht nur den südlichen Teil des Gardasees bis hin zur Halbinsel Sirmione

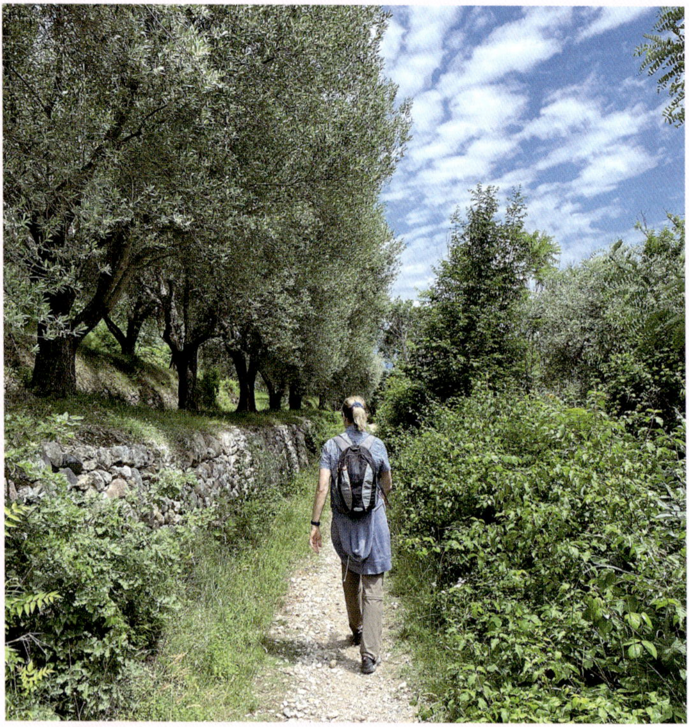

»Die erhabene Sprache der Natur,
die Töne der bedürftigen Menschheit
lernt nur der Wanderer kennen.«

Johann Wolfgang von Goethe

überblickt, sondern auch den nun unter uns liegenden Ort Bardolino. Den Ausblick hat man sehr wahrscheinlich für sich allein, was den Genuss intensiviert.

Kontrastprogramm Den geröllhaltigen Weg geht es nun wieder bergab, und an der Kreuzung mit der Picknickgarnitur spazieren wir in den Wald hinein. Ab hier ist Waldbaden angesagt, nur Vogelgezwitscher begleitet diesen beschaulichen Abschnitt. Wir treten bei der Zufahrt zum Kloster Eremo di San Giorgio aus dem Wald heraus und nehmen den kleinen Abstecher zum Klosterladen auf uns, in dem man Honig, Seife und Schokolade kaufen kann (Öffnungszeiten Ostern bis Ende September werktags 10.30–12.15 Uhr und 15.30–17.45 Uhr, feiertags 15.30–17.45 Uhr und 18.30–19 Uhr. Von Oktober bis Ostern werktags außer montags 10.30–12.15 Uhr und 15.30–17.45 Uhr, feiertags 12–13 Uhr und 15.30–18.30 Uhr).

Es wird mediterran Nun werden alle unsere Sinne noch einmal angesprochen: Wir wandern an einer Zypressenallee entlang, die einer Filmkulisse entsprungen sein könnte. Es riecht nach Kräutern und Süden. Dahinter linsen schon die ersten Bäume des nahen Olivenhains hindurch. Immer wieder können wir rechts auf den Gardasee blicken, bevor wir auf einem schmalen Pfad durch den Olivenhain flanieren. Auf der linken Seite sind die Bäume terrassenförmig angelegt. Stille umgibt uns, eine Steinmauer flankiert unseren Weg. Immer wieder mischen sich Rebenreihen zwischen die Olivenbäume und auch Bambus schummelt sich dazwischen. Hier kann man sich auf den Weg, auf das Wesentliche konzentrieren. Gab es auf dem Aussichtspunkt auf dem

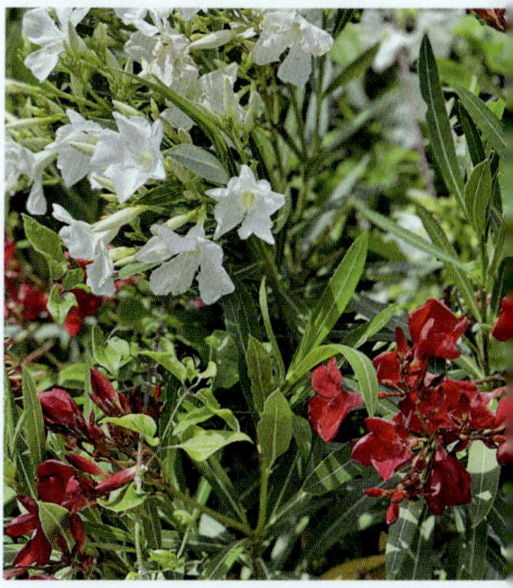

← Ein herrlicher Abschnitt führt durch Olivenhaine.
→ Die Wanderung ist ein Sinnesrausch – blühender Oleander auf dem Rückweg.

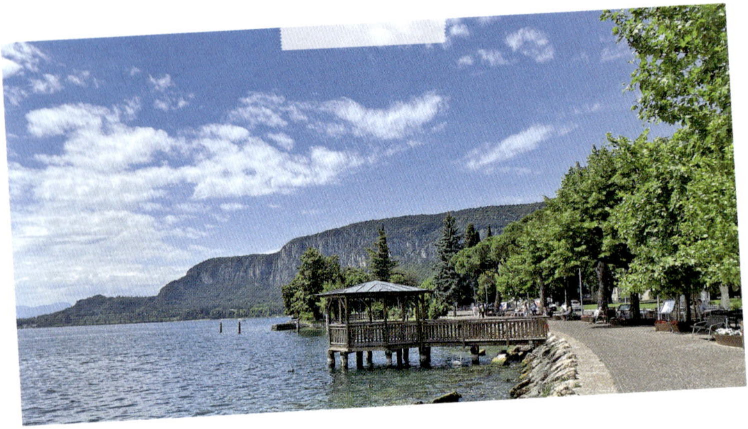

↑ **Die Belohnung am Ende ist die schicke Uferpromenade in Garda.**

Plateau noch jede Menge Mitwanderer, so treffen wir seit dem Kloster überhaupt niemanden mehr.

Zurück nach Garda Am Umkehrpunkt der Wanderung kann man im Ristorante La Dacia einkehren, danach wendet sich der Weg gen Westen und wir wandern, vorbei an blühendem und duftendem Oleander, zurück zum Ort Garda, wo wir zur Uferpromenade laufen, uns die Seeluft um die Nase wehen lassen und bei einem Eiscafé mit Blick aufs Wasser und die vorbeifahrenden Boote die schöne Wanderung beschließen. Wir lassen noch einmal den Kontrast Revue passieren zwischen dem steilen Anstieg und dem Blick über den See auf der ersten sowie der Weite der Kulturlandschaft mit dem toskanischen Flair auf der zweiten Weghälfte.

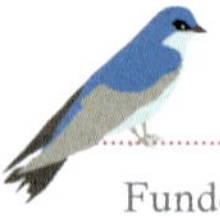

Info

Funde in Garda zeugen von einer frühen Besiedelung des Gebiets – schon im 5. Jahrhundert errichtete der König der Goten die namensgebende Burg Rocca di Garda auf dem Felsplateau über dem Ort. Die mediterrane Flora aus Olivenbäumen, Oleander und Zypressen, der historische Stadtkern und die Uferpromenade verleihen Garda ein wundervolles Flair.

AUF EINEN BLICK

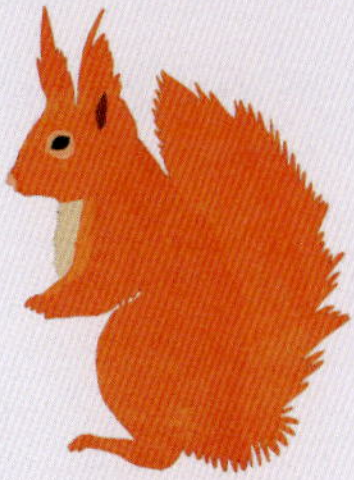

Tour 2: Tour für die Sinne

Dauer: 2 Std.

Höhenmeter: 240 Hm

Länge: 7,4 km

Schwierigkeit: Mittel

Tourencharakter: Nach dem steilen Auf- und Abstieg am Beginn vorwiegend eben verlaufender Weg. Trittsicherheit erforderlich, Stöcke vorteilhaft

Ausgangspunkt: Parcheggio di Tigli in Garda

Endpunkt: Uferpromenade in Garda

GPS-Koordinaten: 45.575137, 10.709796

Einkehr: Ristorante La Dacia

Information: gardasee.at/orte/garda.html, eremosangiorgio.it/lang/de/

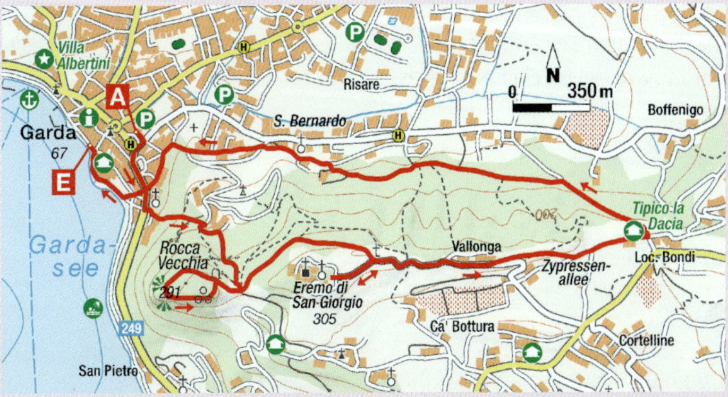

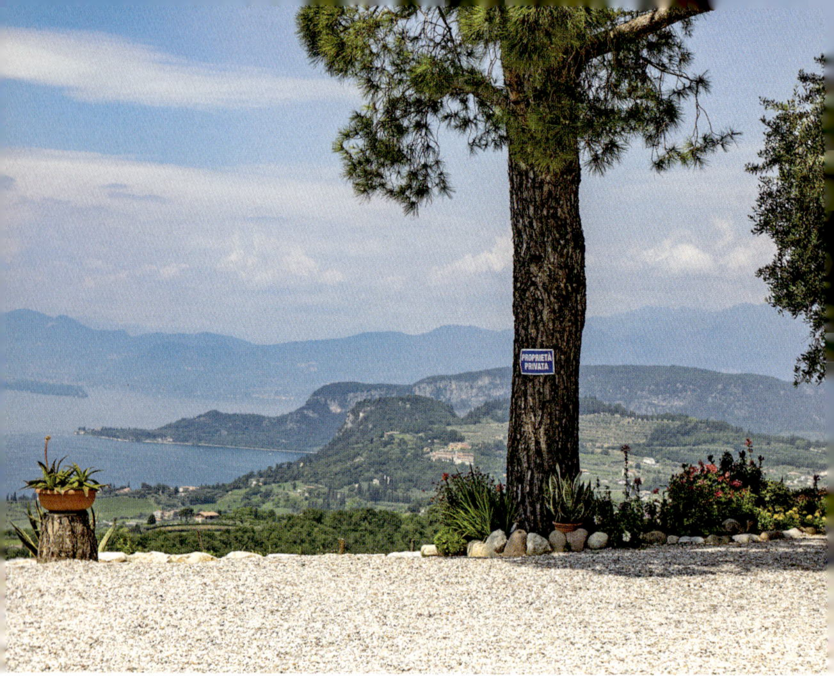

↑ Blick auf San Vigilio und das Westufer ↓ Gipfelsturm!

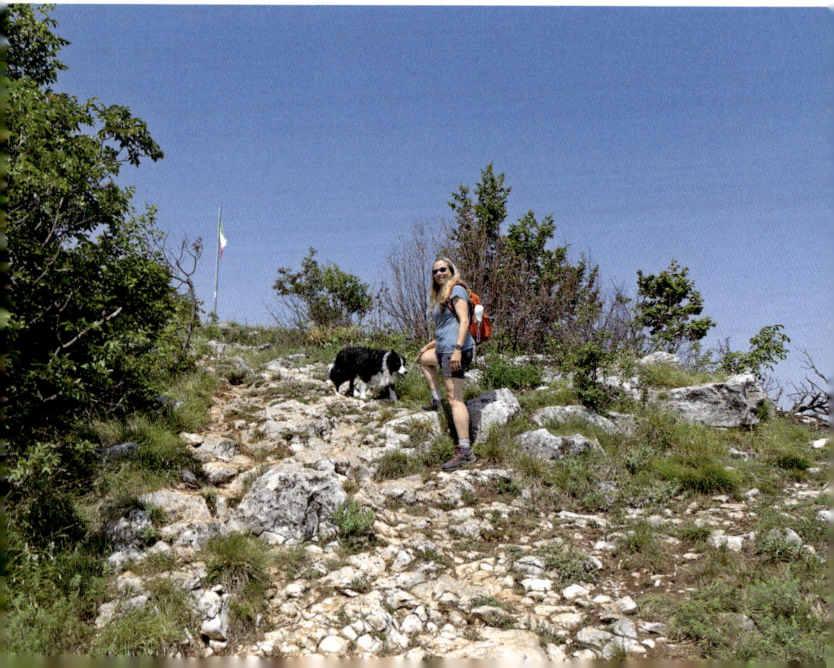

VOGELGEZWITSCHER UND KUCKUCKSRUFE

Tour der Stille
TOUR 3

Gemütlich auf den Monte Moscal

Eine kleine, feine Tour zum Entspannen, mit einer tollen Aussicht, die in einer verträumten Ortschaft startet und endet. Begleitet von Vogelgezwitscher, dem Rufen des Kuckucks und Hundegebell. Ansonsten – Stille …

Start und Ziel Das Dörfchen Incaffi ist so richtig typisch italienisch. Verschlafen wirkt es, wie es in den Bergen oberhalb des Tales Val Sorda liegt, das sich nach Bardolino erstreckt. Seine fotogenen, gut erhaltenen Steinhäuschen verleihen dem Ort Flair. Wir parken am Straßenrand und gehen die Durchfahrtsstraße entlang. Eine Nonna sitzt vor ihrem Haus, strickt, schaut uns fragend an und nickt uns schließlich grüßend zu. Es scheinen nicht so viele Wanderer hier vorbeizukommen.

Gleich hoch hinauf Es geht direkt in den Wald und auf einem felsigen Pfad den Berg hinauf. Der Gipfel des Monte Moscal ist das unmittelbare Ziel der ersten Wegstrecke. Vögel zwitschern. Dann treten wir aus dem Wald heraus und nehmen den letzten Anstieg, einen steinigen, kurz steilen Pfad, zum Gipfelbereich in Angriff – eine italienische Fahne markiert den höchsten Punkt des Berges auf 430 Metern Höhe. Jetzt, oberhalb der Baumgrenze, schweift der Blick frei über die Ebene von Affi auf der einen Seite und den Gardasee mit den ihn umgebenden Bergen auf der anderen Seite. Den sensationellen Rundumblick genießen wir in vollen Zügen.

Rückweg zum Ort Wir bleiben auf der Höhe und wandern an einem mit gelben Blümchen übersäten Wiesenstück vorbei. Totale Stille umgibt uns, es sind uns auch noch keine weiteren Wanderer begegnet. Nach der Wiese tauchen wir wieder in den Wald ein, schon bald erreichen wir wieder die

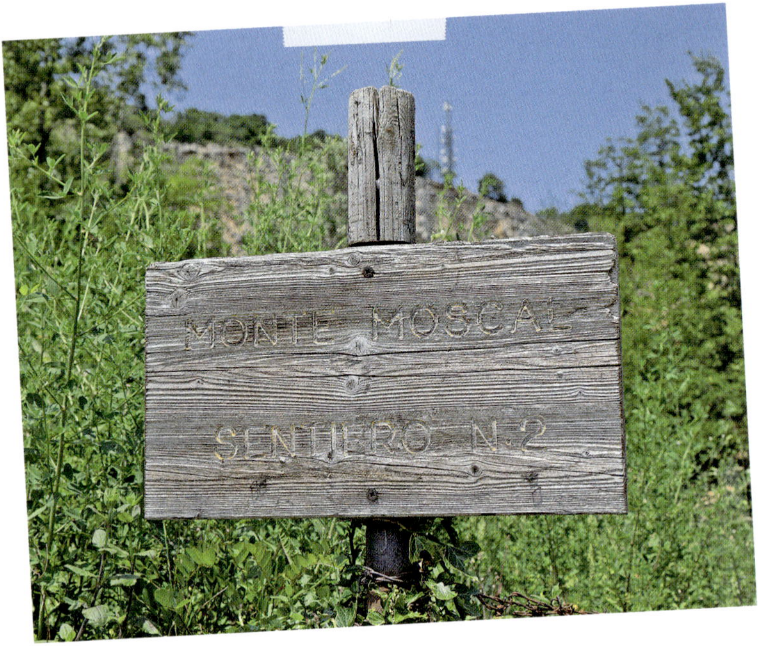

↑ **Den Wanderweg Nr. 2 gibt es schon länger.**

Ausläufer des kleinen Ortes Incaffi. Wir wundern uns über einen riesigen Funkmasten, der hier inmitten der Stille der Natur sehr deplatziert wirkt. Links von uns stehen Rebenreihen in sonniger Lage. Vereinzelte Ferienhäuser tauchen kurz darauf am Straßenrand auf. Über eine löchrige Asphaltstraße gehen wir bergab, von der Dorfmitte dringt Hundegebell zu uns herauf, ein Hahn kräht. Wir erreichen das italienische Bergdorf und gelangen zurück an unseren Startpunkt.

Tipp

Wirklich wunderschön essen kann man im Ristorante Locanda Centrale auf dem Kirchplatz von Cavaion Veronese mit toller Aussicht und Blick auf die imposante Pfarrkirche San Giovanni Battista.

AUF EINEN BLICK

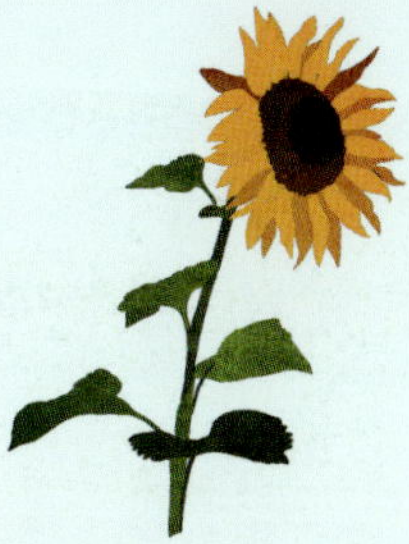

Tour 3: Tour der Stille

Dauer: 1 Std.

Höhenmeter: 160 Hm

Länge: 3,5 km

Schwierigkeit: Leicht

Tourencharakter: Einfache Wanderung auf einen Berggipfel mit Panoramablick mit einem steilen, steinigen, kurzen Anstieg zum Gipfel

Ausgangs-/Endpunkt: Ortsmitte des Dörfchens Incaffi

GPS-Koordinaten: 45.552465, 10.760990

Einkehr: Unterwegs keine, am Ortseingang von Incaffi die Osteria Metti

Information: gardasee.de/affi/monte-moscal

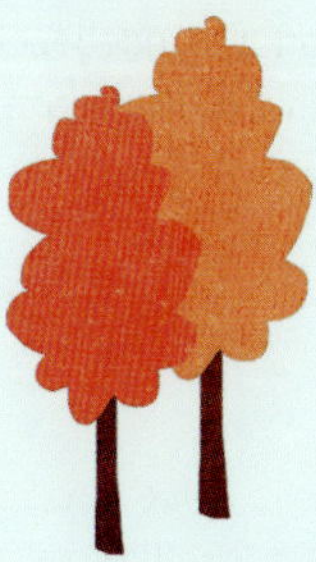

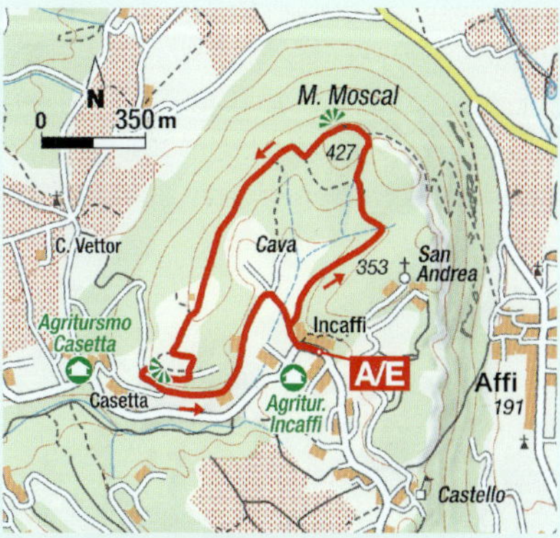

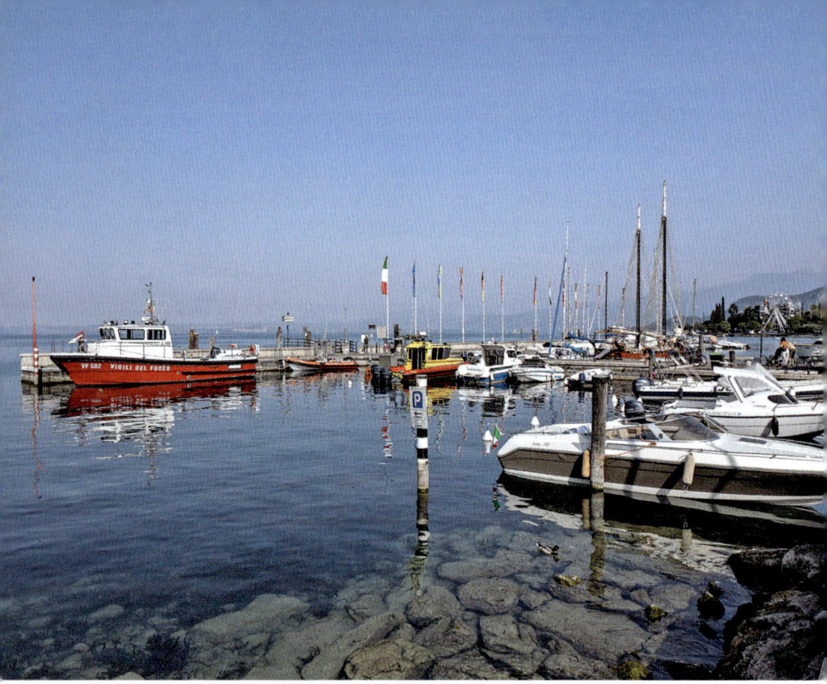

↑ Yachthafen von Bardolino ↓ Promenade von Lazise

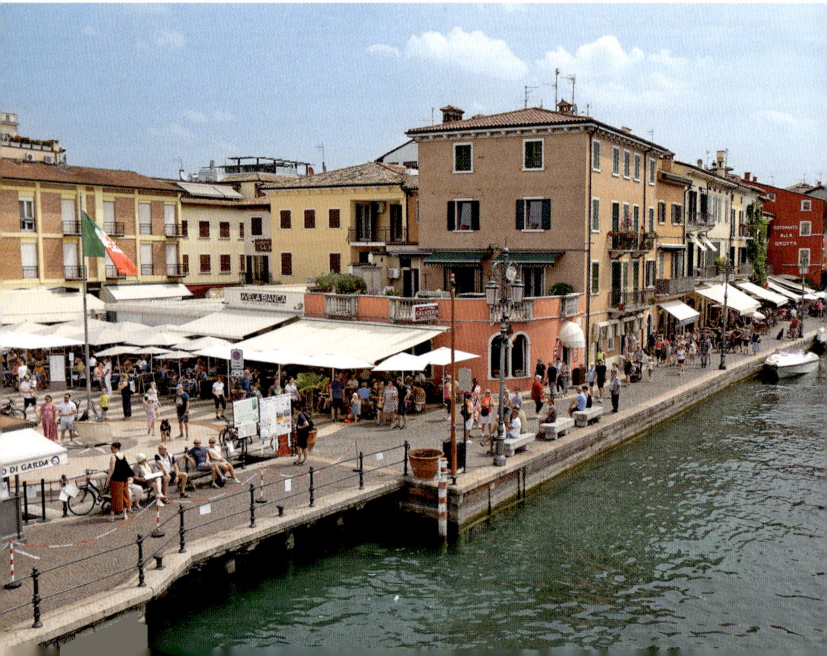

MEDITERRANER HOCHGENUSS!

Tour für den Genuss
TOUR 4

Von Garda über Bardolino nach Lazise

Immer am Wasser entlang führt der Wanderweg an der Ostseite des Gardasees von Garda über Bardolino nach Lazise. Mediterranes Flair pur mit schicken Strandpromenaden, Häfen, tollen Restaurants und Eisdielen!

Ein Muss am Gardasee Eine Wanderung entlang des Seeufers darf nicht fehlen, und was bietet sich mehr an, als einen Weg zu wählen, auf dem man die berühmten, fast schon mondänen Orte auf einen Schlag erleben kann? Ein großer Vorteil der Wanderung ist außerdem, dass man den einen Weg zu Fuß und den anderen, oder auch nur einen Teil davon, mit dem Schiff zurücklegen kann – auf diese Weise lässt sich gut das Event Schifffahrt auf dem See in die Wanderung einbauen. Besonders schön ist diese Wanderung in den Abendstunden zum Sonnenuntergang! Das Schiff fährt allerdings nur tagsüber, dann aber stündlich ab etwa 10 Uhr bis 19 Uhr (Fahrplan siehe »Auf einen Blick«).

Wunderschöne Küstentour! Nahezu ebene zehn Kilometer Wanderroute liegen nun also vor uns, wenn wir am Hafen von Garda losmarschieren. Der beliebte Ferienort ist Namensgeber des Gardasees und liegt, umgeben von Hügeln, in einer Bucht. Die herrliche Uferpromenade und die verwinkelten Altstadtgässchen ziehen uns in ihren Bann. Da es gerade erst losgeht, verschieben wir einen großen Eisbecher oder einen Aperol Spritz auf das Ende der Tour – denn in einem der vielen Restaurants, Cafés oder Eisdielen kann man sich so richtig dem Dolce Vita hingeben. Wir ziehen mit Badesachen ausgestattet los, da wir an vielen schönen Badestellen vorbeikommen. Nördlich von uns sehen wir den Monte Luppia (siehe Tour 1) und in die andere Richtung den Felsen La Rocca (siehe Tour 2).

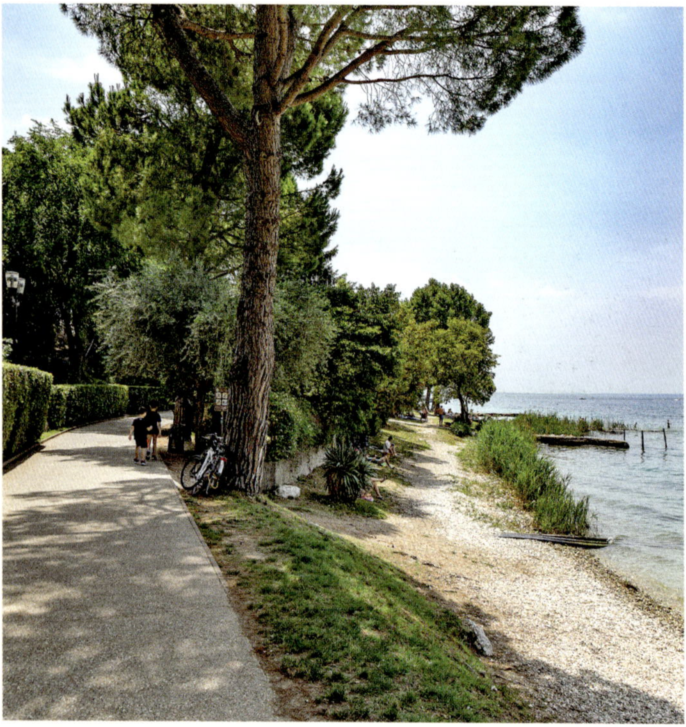

»Wanderer, deine Spuren sind der Weg,
und sonst nichts;
Wanderer, es gibt keinen Weg,
der Weg entsteht im Gehen.«

Antonio Machado

Garda und Bardolino Vier Kilometer liegen die beiden berühmten Orte auseinander. Die asphaltierte Promenade ist gesäumt von Bars, Hotels und Wiesen. Wir genießen die See-Atmosphäre und erreichen, kaum dass wir losgelaufen sind, schon Bardolino. Warum die Römer die Gegend um Bardolino als »Perle des Sees« bezeichnet haben, erklärt sich von selbst – die vielseitige Vegetation, bestehend aus Zypressen, Ölbäumen, Myrte und Oleander, die elegant verzierten Fassaden, die kleine, aber feine Altstadt, die sich um die Piazza Giacomo Matteotti formiert und die vielen imposanten Kirchen machen den Ort zu einem ganz fantastischen Zwischenziel. Nicht zuletzt ist das ehemalige Fischerdorf für seinen erstklassigen Rotwein bekannt – der Weinanbau im Hinterland hat eine Jahrtausende alte Tradition und ist neben dem Olivenanbau auch heute noch ein wichtiger Erwerbszweig der Region. Wir haben zahlreiche Möglichkeiten, diesen edlen Tropfen zu verkosten, wenn wir schon in dessen Herkunftsort sind. Wer in das kühle Nass des Gardasees springen möchte, kann dies an der Baia della Sirene tun – der Strand wird privat betrieben und kostet Eintritt, ist aber nicht überlaufen und sehr sauber.

Lazise Nach Wein und Bad (oder beidem) nehmen wir den nächsten Streckenabschnitt nach Lazise in Angriff, das sind etwas mehr als fünf Kilometer. Wir passieren den hübschen Hafen von Bardolino und den Ortsbereich von Cisano, wo es auch einen sehr schönen Strandabschnitt gibt. Wem es in den Ferienorten zu trubelig ist, der ist hier genau richtig, denn der kleine Ort lädt zum Verweilen ein. Wir nähern uns Lazise und werfen einen Blick auf den Monte Pizzocolo (siehe Tour 7) auf der gegenüberliegenden Seeseite. Wir wandern nah am Wasser und kurz vor Lazise entlang einer Kiefernallee, viele

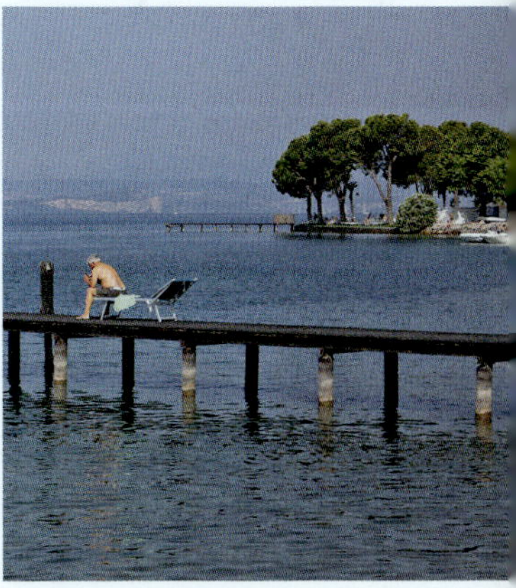

← **Viele Möglichkeiten zum öffentlichen Baden zwischen den Orten**

→ **Die Stege von Mirabello, meist in Privatbesitz**

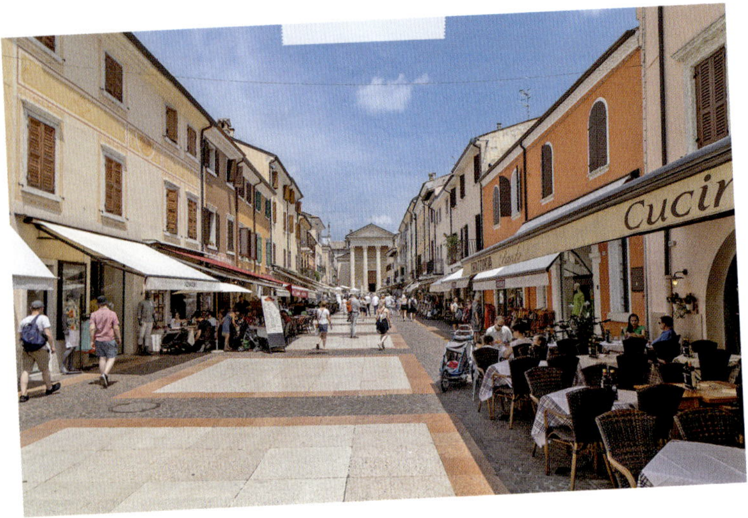

↑ **Gepflegte, einladende Altstadt von Bardolino**

Steinbänke stehen für eine Rast mit Seeblick bereit. Dann tauchen wir ein in den malerischen Ort Lazise, der Geschichte und Gegenwart harmonisch miteinander verbindet: Auf der einen Seite umschließt die alte Stadtmauer mit ihren Türmen und Toren den Ort, auf der anderen Seite finden wir an den Plätzen, in den schmalen Gassen der Altstadt und vor allem an der Promenade zahlreiche Shops, Läden und Cafés. Hier lassen wir die Tour ausklingen und erfreuen uns an einer Einkehr, bevor wir an Bord eines Schiffes zurück nach Garda in See stechen.

Tipp

Eins der Highlights am Gardasee sind die Wochenmärkte, die in vielen Orten am See stattfinden. Ob Schuhe, Käse, Wein oder Küchenutensilien – auf diesen Märkten wird man fündig! Auf unserer Küstenwanderung haben wir gleich mehrfach die Möglichkeit, einen Markt zu »erwischen«: am Freitag in Garda, am Donnerstag in Bardolino, am Dienstag in Cisano und am Mittwoch in Lazise.

AUF EINEN BLICK

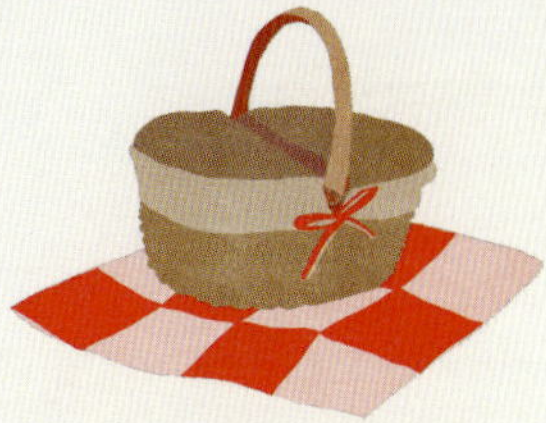

Tour 4: Tour für den Genuss

Dauer: 2 Std.

Höhenmeter: 50 Hm

Länge: 9,4 km

Schwierigkeit: Leicht

Tourencharakter: Entspannte Küstenwanderung durch mediterrane Orte und entlang wunderschöner Strandpromenaden. Bequeme Wege, viele Sehenswürdigkeiten, tolle Einkehrmöglichkeiten – eine Genusswanderung

Ausgangspunkt: Hafen von Garda

Endpunkt: Lazise

GPS-Koordinaten:
45.576734, 10.704052

Einkehr: Zahlreiche gastronomische Angebote in den Orten Garda (Startpunkt), Bardolino und Lazise (Endpunkt)

Information: navigazionelaghi.it, gardasee.de/garda, gardasee.de/bardolino, gardasee.de/lazise

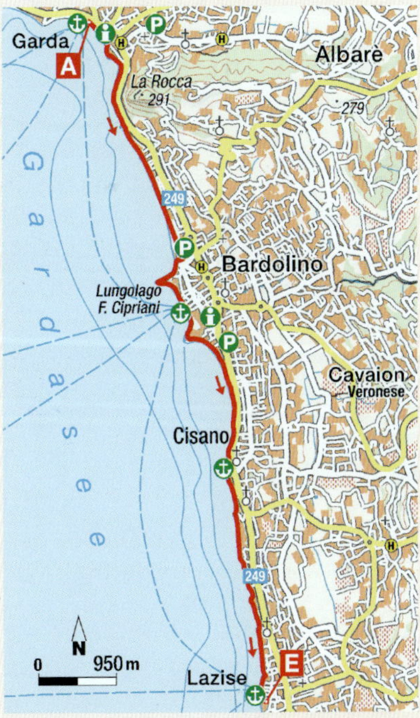

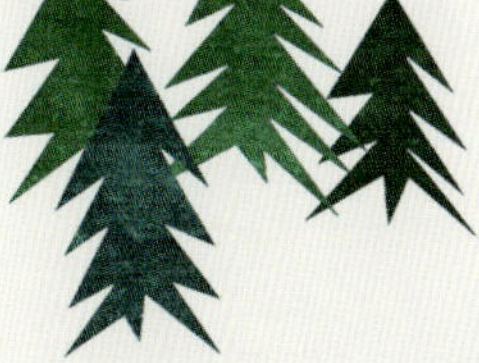

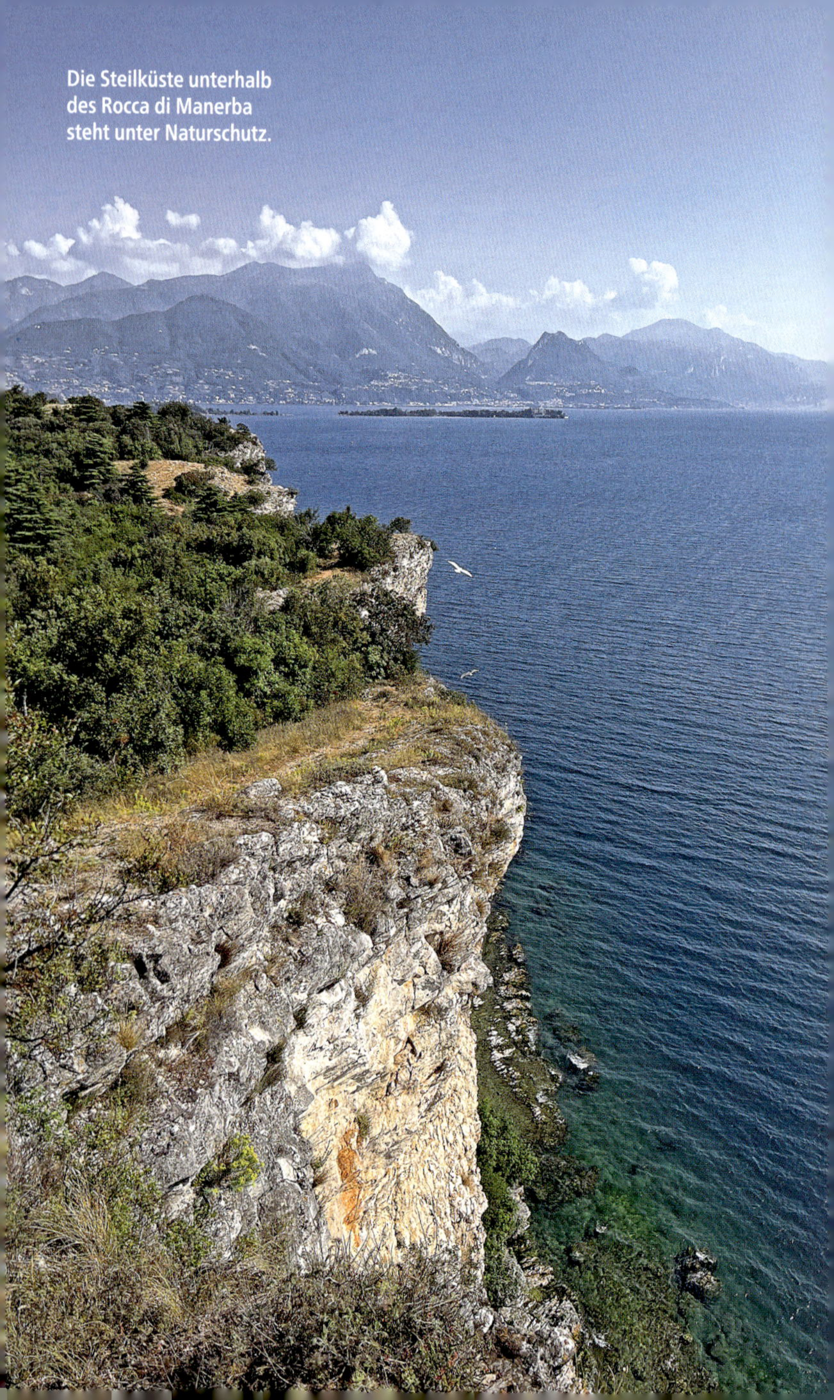

Die Steilküste unterhalb des Rocca di Manerba steht unter Naturschutz.

ARCHÄOLOGISCHE ENTDECKUNGSTOUR

Tour
TOUR 5
ohne Uhr

Zur Ausgrabungsstätte Rocca di Manerba

Er ist ein Juwel am Westufer des Gardasees: Der Burghügel von Manerba ragt auf einer Steilküste imposant über das Seeufer. Eine traumhaft schöne Wanderung führt durch einen Naturpark hinauf auf die historisch bedeutsamen Klippen.

Vorgestreckter Felsausläufer So thront die Burg Rocca di Manerba 150 Meter über dem See. Die Pflanzenvielfalt im Naturschutzgebiet Riserva Rocca Manerba ist sagenhaft und die geschichtlichen und archäologischen Highlights machen diese kurze Wanderung zu einem Abenteuerausflug. Und weil die Wanderung kurz ist, es aber so viel zu entdecken gibt, so viele Pflanzen betrachtet werden möchten und so viel Spannendes über die Vergangenheit dieses Ortes erzählt wird, sollte man sich viel Zeit dafür nehmen und in Ruhe durch Tausende Jahre Menschheitsgeschichte wandern. Das ganze Gebiet wurde speziell für Wanderer schön instandgesetzt und ist ausgestattet mit klaren Hinweisschildern und Wegen in gutem Zustand.

Mediterraner Startpunkt Am Hafen von Manerba del Garda geht es los – dort gibt es einen gebührenpflichtigen Parkplatz für drei Stunden (400 Meter weiter befindet sich südlich oberhalb des Hafens ein weiterer, sehr großer Parkplatz). Alternativ kann man mit dem Schiff zum Startpunkt fahren, die Linien des südlichen Gardasees fahren den Hafen Manerba-Dusano je nach Saison täglich sechs- bis achtmal an. Zunächst verläuft unser Weg parallel zur Küste und am Hafen vorbei Richtung Norden – rechts von uns erhebt sich bereits allmählich die Steilküste. Dabei folgen wir der Ausschilderung »Sentiero Panoramico«. Wir passieren einen alten Aussichtsturm mit einer ziemlich neu aussehenden Flagge. Auf der Klippe

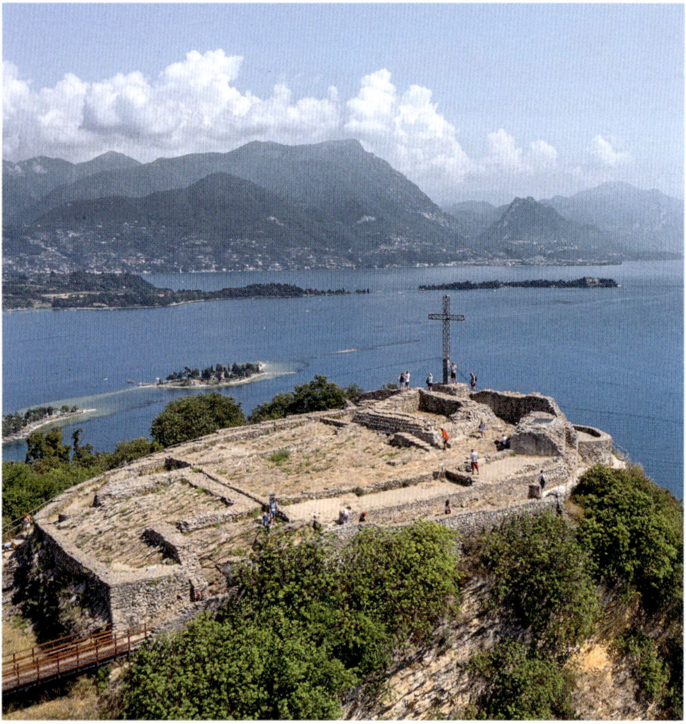

»Wenn jemand an einer Sache
in der Natur zerrt, wird er feststellen,
dass diese mit dem Rest der Welt verbunden ist.«

John Muir

sehen wir bereits vor uns die Rocca liegen – Rocca heißt übrigens nicht Felsen, sondern Burg oder Festung. Dass diese Übersetzung zutreffender ist, werden wir sehen, wenn wir oben angekommen sind.

Punta Sasso Kurz vor dem letzten Anstieg zum höchsten Punkt der Steilküste (Punta Sasso) überqueren wir einen alten Tunnel. Vor knapp 20 Jahren hat dieser schräg in den Felsen gehauene Tunnel den oberen Teil der Steilküste mit dem See unterhalb der Steilküste verbunden, wird aber nicht mehr instandgehalten. Anschauen kann man ihn trotzdem – wir haben ja Zeit für diese Tour eingeplant. Anschließend gelangen wir zur Punta Sasso und genießen eine tolle Aussicht auf die vorgelagerten Inseln.

Erdgeschichte In einer 90-Grad-Kurve nehmen wir schließlich den Gipfelanstieg zum höchsten Punkt der Rocca Manerba in Angriff. Wir wissen gar nicht, an was wir uns am meisten erfreuen sollen – am 360-Grad-Panoramablick, an der herrlichen Natur oder an der bedeutsamen Historie des Ortes, der Ausgrabungsstätte, deren älteste Funde auf das 3. Jahrhundert vor Christus datieren. Heute sind allerdings nur noch Überreste der späteren Festung sichtbar. Wer richtig tief in die Materie einsteigen möchte, dem sei zum einen das archäologische Freilichtmuseum ans Herz gelegt, das auf dem Weg hinab von der Rocca folgt und kurz darauf das moderne Museo Civico Archeologico. Dieses Kleinod sollte man unbedingt besuchen! Hier erhält man nicht nur einen Einblick in die Flora und Fauna des Naturschutzgebietes, sondern kann anhand einer Rekonstruktion der mittelalterlichen Burg nachvollziehen, wie die Rocca di Manerba einmal ausgesehen hat. Außerdem geben die archäologischen Funde Zeugnis von der Besiedlung im Neolithikum, von

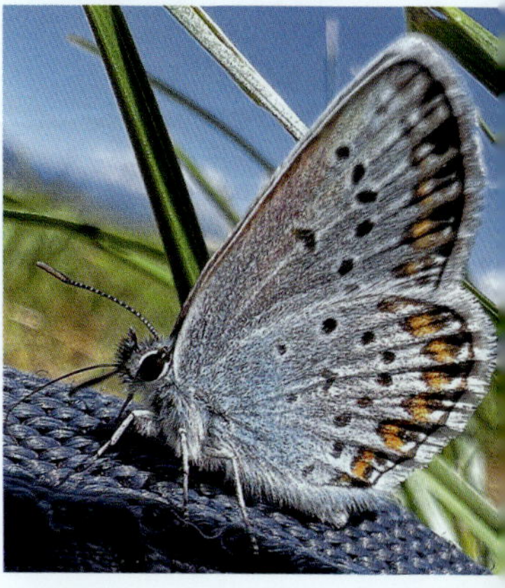

← **Überreste der früheren Festung**
→ **Ein Hauhechel-Bläuling-Männchen, eines von vielen am Gardasee**

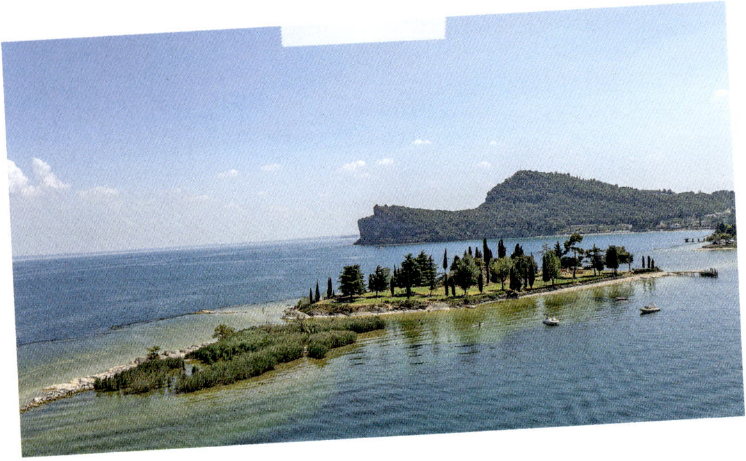

↑ Die Freizeitinsel Isola Conigli mit der Rocca im Hintergrund

Gräbern aus der Kupferzeit, Kultstätten aus der Eisenzeit und von römischen Tempeln. Es werden Führungen auch in Deutsch angeboten, und eine Bar ist ebenfalls vorhanden.

Unter Olivenbäumen Nach dem Museumsbesuch führt uns die Wanderung durch den angrenzenden Ort und schließlich wieder in den Naturpark hinein, wo wir uns an den zahlreichen Pflanzen, den Wiesen, Äckern und Olivenhainen kaum sattsehen können. Kurz vor Ende der Tour passieren wir das sehr kleine Kirchlein Chiesa San Giorgio im romanischen Baustil, bevor wir die Wanderung im Idealfall mit einem (Sonnen-)Bad nördlich des Hafens an einem der schönen kleinen Kies-Strände ausklingen lassen.

Tipp

Zu unserer heutigen Tour gibt es einen Bonus: Ganz ohne Schifffahrt und lediglich mit nassen Füßen können wir die Isola Conigli (auch Isola di San Biagio genannt) erreichen. Vom Hafen von Torchio aus gehen wir zur Punta Belvedere und dann 20 Meter durch den flachen Sand auf die (kostenpflichtige) Insel mit Badestrand.

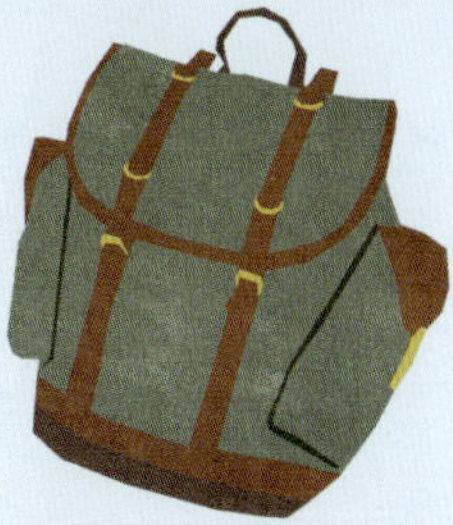

AUF EINEN BLICK

Tour 5: Tour ohne Uhr

Dauer: 1.30 Std.

Höhenmeter: 130 Hm

Länge: 6,4 km

Schwierigkeit: Leicht

Tourencharakter: Kurze Wanderung mit wenig Höhenmetern auf gut begehbaren Wegen mit einem moderaten Anstieg (felsig, seilgesichert) auf die Rocca di Manerba

Ausgangs-/Endpunkt: Hafen Porto di Dusano in Manerba

GPS-Koordinaten: 45.544426, 10.563129

Einkehr: Unterwegs Bar im Museo Civico Archeologico, Gastronomie im Ort Manerba del Garda

Information: riservaroccamanerba.com, gardasee.de/manerba-del-garda

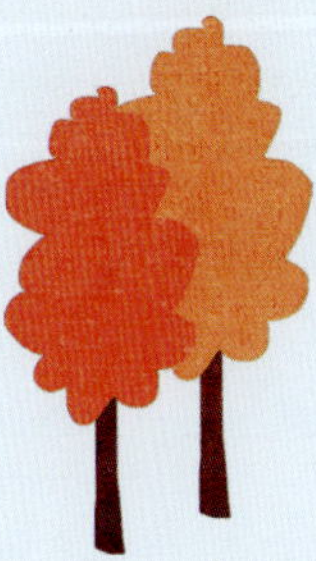

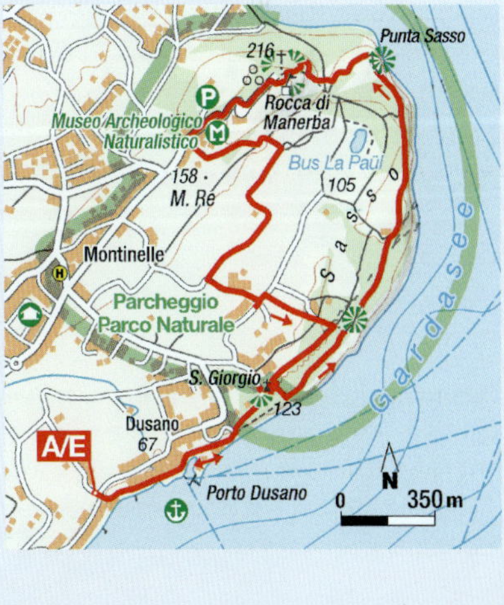

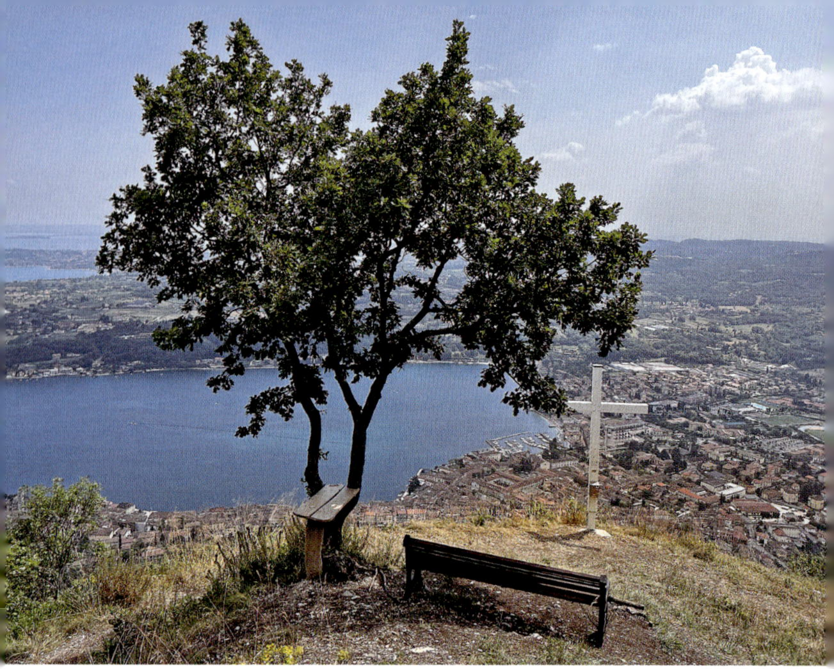

↑ Rast mit Blick auf Salò nebst Bucht ↓ Skurril ist der tote Baum.

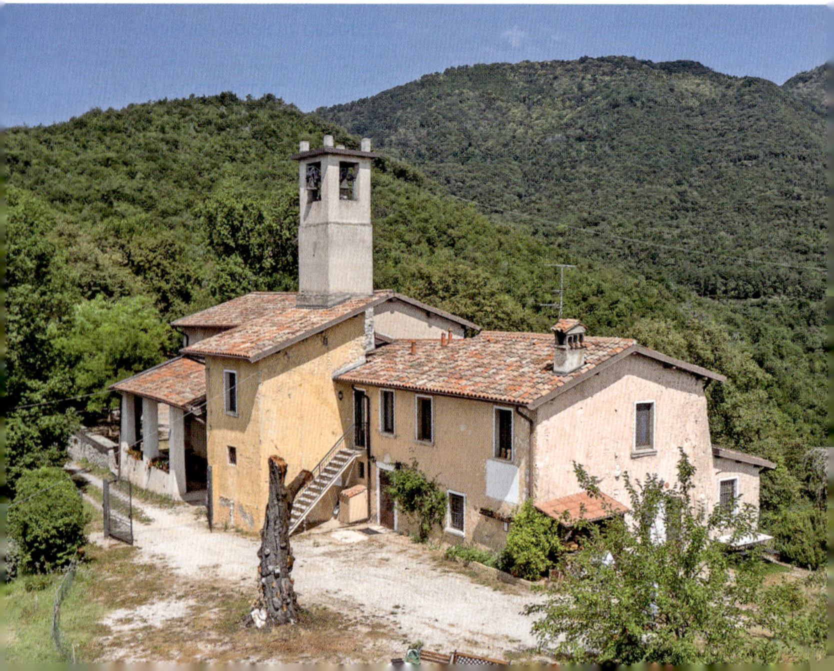

Tour
TOUR 6
der Stille

BESINNLICHE TOUR VON KAPELLE ZU KAPELLE

Runde um den San Bartolomeo

Schon das idyllische Flair des Dorfes Serniga, in dem die Tour startet, stimmt uns auf eine friedvolle Tour ein. Wir umrunden den Monte San Bartolomeo und passieren viele Bergkirchlein mit mystischer Aura.

Auftakt In dem verschlafenen Ort Serniga scheint die Zeit stillzustehen. Serniga liegt in den südwestlichen Hügellandschaften des Gardasees. Gleich im Ort treffen wir, nachdem wir entgegen dem Uhrzeigersinn gestartet sind, auf die erste Kirche, die Chiesa di San Bernardo a Serniga. Schon auf der Plattform hinter der Kirche genießen wir in aller Stille den ersten traumhaften Blick auf das gegenüberliegende Monte-Baldo-Massiv. Einen exponiert dastehenden toten Baum verschönern die Einheimischen liebevoll und aufwendig. Die Wanderung führt uns heute um den Monte San Bartolomeo herum und unter dem Monte Trat entlang – jedoch nicht auf diesen hinauf. Aber die Ausblicke von unterwegs sind ohnehin besser als vom Gipfel, weil dieser bewaldet ist. Viele der heutigen Aussichtspunkte bieten einen Blick auf den südlichen Gardasee und die Bucht von Salò. Angereichert ist der Weg mit mehr Bänken, als wir Pausen brauchen – damit gibt es genug Möglichkeiten zum Innehalten und Durchatmen.

Kirche mit Wasserfall Von der Kirche aus folgen wir bergauf der Ausschilderung »Bochetta Canali«. Nach etwa fünf Kilometern durchwandern wir ein grünes Tal und gelangen zur offenen Wallfahrtskirche Chiesa della Madonna del Rio. Bänke auf einer Wiese vor der Kirche laden dazu ein, die Ruhe und Magie des Ortes zu spüren. Hinter der Kirche versteckt sich ein Wasserfall, der sich aus zehn Metern Höhe hinabstürzt (handschriftliche Schilder führen dorthin).

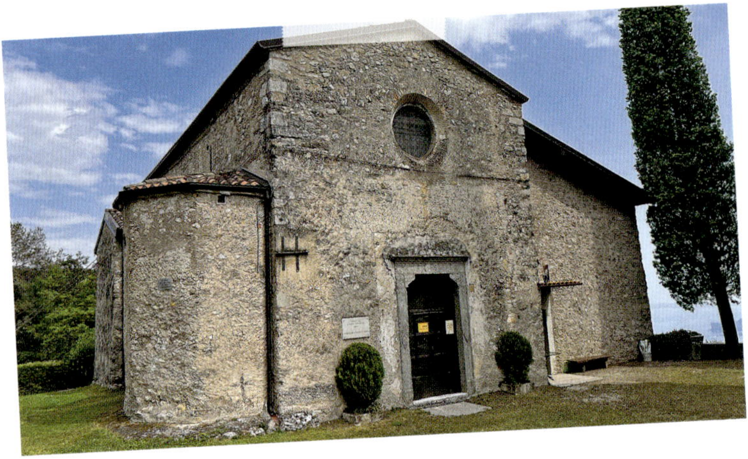

↑ San Bartolomeo war früher ein Kloster, geöffnet sonntags im Sommer.

»Horn« Nur eineinhalb Kilometer später wartet die Chiesa dei Santi Nazaro e Colse in einem kleinen Ortsteil von Salò auf uns. In ihr finden wir nahezu unveränderte Strukturen des späten 15. Jahrhunderts sowie ein Fresko aus dem 16. Jahrhundert. Wir verlassen auch diesen stimmungsvollen Ort und steigen steil den Berg hinauf zum »Corna« – zum »Horn« mit einer herrlichen Aussicht auf die Bucht von Salò. Über einen kleinen Abstecher erreichen wir ein weißes Gipfelkreuz. Kurz darauf folgt die letzte Kirche der Bartolomeo-Runde, die Chiesa San Bartolomeo aus dem 17. Jahrhundert, die bei unserer Wanderung leider verschlossen ist. Sie liegt wunderschön zwischen Zypressen, bietet ein tolles Panorama und es sind Picknicktische vorhanden. Fast eben führt der Weg schließlich zurück nach Serniga.

Info

Zur Chiesa della Madonna del Rio wird überliefert, dass Bergsteiger und Hirten aus Angst vor dem stark angeschwollenen Bach den Schutz der Jungfrau anriefen. Deren Erscheinung soll als Zeichen der himmlischen Präsenz ihren Abdruck auf einem Stein in einer Höhle hinterlassen haben. Heute steht an dieser Stelle die Kirche.

AUF EINEN BLICK

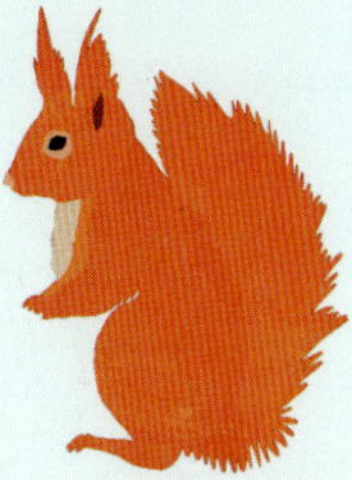

Tour 6: Tour der Stille

Dauer: 3.45 Std.

Höhenmeter: 630 Hm

Länge: 13,5 km

Schwierigkeit: Mittel

Tourencharakter: Tour mit vielen Rastmöglichkeiten, besinnliche Orte bei den verschiedenen Kapellen, trotz einiger Höhenmeter eine entspannende und geruhsame Tour

Ausgangs-/Endpunkt: Parkplatz an der Via Serniga im Ort Serniga (Ortsteil von Salò)

GPS-Koordinaten: 45.628430, 10.540735

Einkehr: Keine

Information: gardasee.de/salo

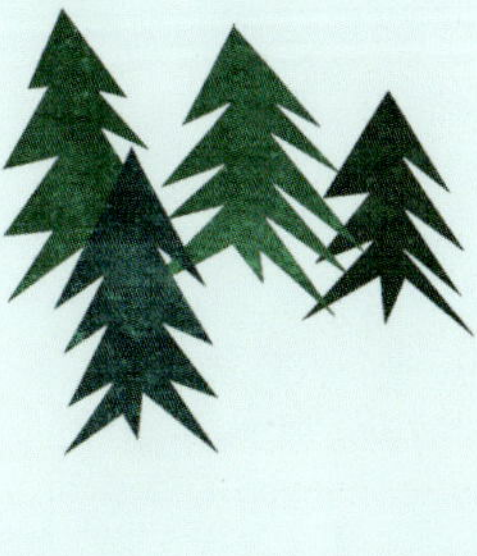

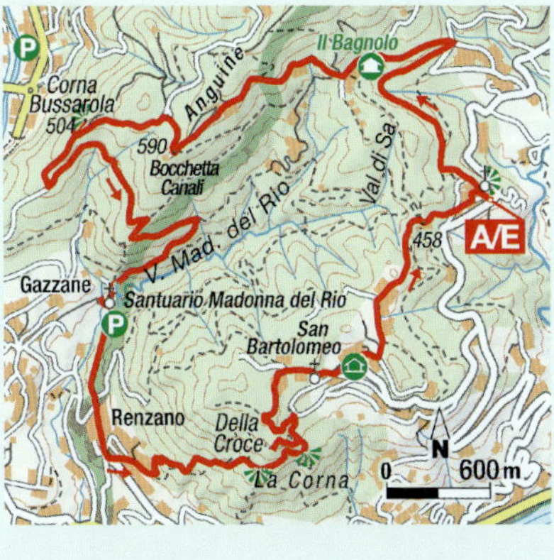

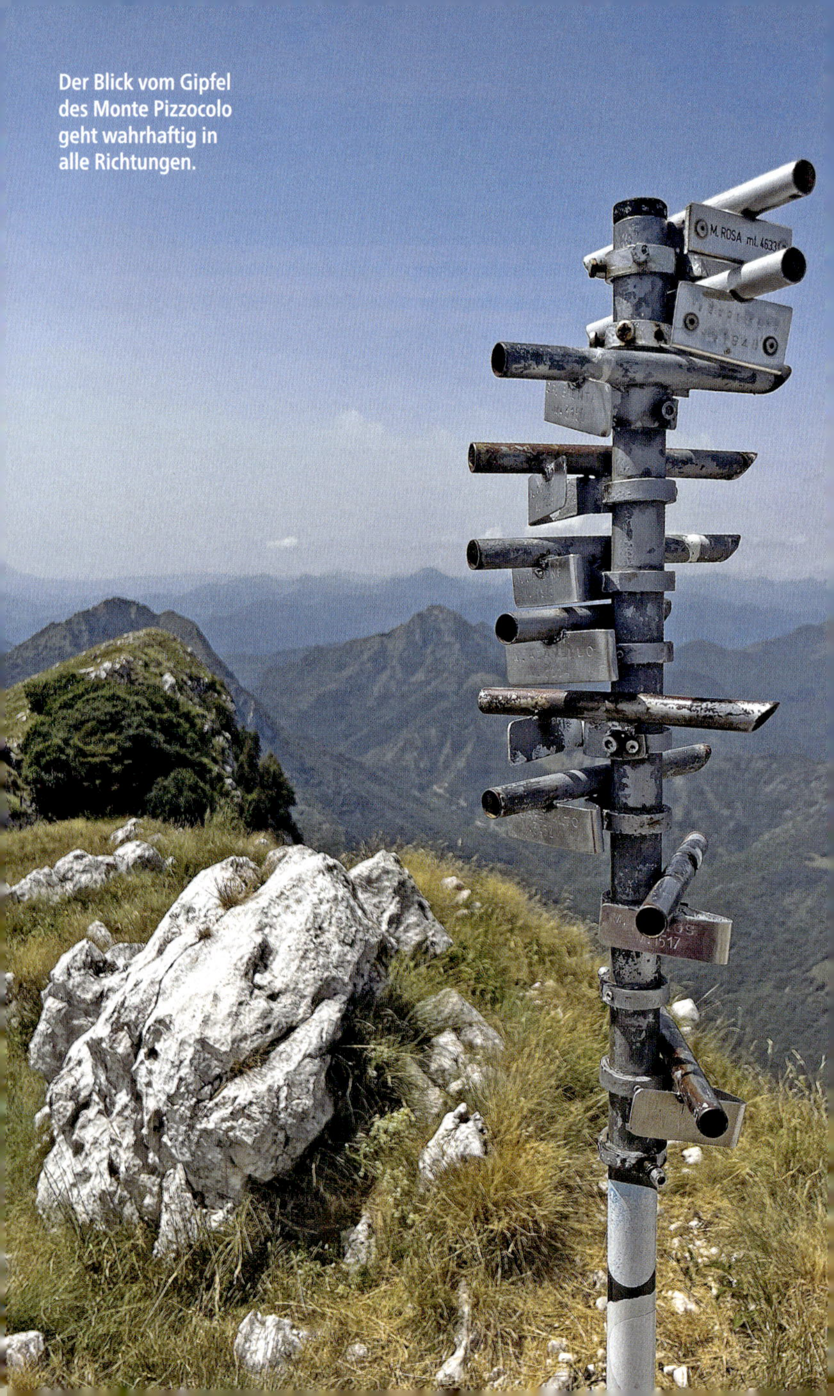

Der Blick vom Gipfel des Monte Pizzocolo geht wahrhaftig in alle Richtungen.

GIGANT IM SÜDWESTEN

Tour für TOUR 7 die Sinne

Weithin sichtbarer Monte Pizzocolo

Stolze 1581 Meter misst der Monte Pizzocolo von Maderno und ist damit mit Abstand der höchste Gipfel im ansonsten weniger alpinen Südwesten des Gardasees. Entsprechend großartig präsentiert sich das Gipfelpanorama!

Zusatzstrecke In Sanico, einem winzigen Ortsteil von Maderno, startet die Tour auf den Monte Pizzocolo. Vom offiziellen Startpunkt aus wandern wir entlang einer Schotterstraße 2,5 Kilometer bis zum inoffiziellen Startpunkt (siehe Tipp). Dann folgen wir der Beschilderung »Pizzocolo Cresta Sud, 27«, die uns bis zum Gipfel führt. Anfangs steigt der Weg moderat durch den Wald an. Wir kommen an einigen einsam gelegenen Häuschen vorbei. An einer urigen kleinen Brücke halten wir kurz inne und lassen uns von dem schönen Anblick verzaubern. Noch einmal durchatmen, wir kommen allmählich aus dem Wald heraus und laufen unterhalb einer Felswand entlang.

Abenteuerlicher Steig Trotz guter Wegmarkierung muss man immer wieder zwischen den Steinen danach suchen. Derweil steigt der Weg an und man muss so manche Felsstufen mithilfe der Hände überwinden. An einem Abzweig, der mit »Via di Emergenza, 27A« ausgeschildert ist, könnten wir auf den normalen Weg ausweichen. Wir bleiben jedoch auf dem Steig, der mit einer Kette gesichert ist und über den wir kurz später nach oben gelangen. Schon jetzt erfreuen wir uns an einer sensationellen Aussicht in alle Richtungen. Ein paar kleinere Klettereien sind noch zu bewältigen, dann sind wir auf dem Ostgipfel des Monte Pizzocolo.

Aus der Vogelperspektive Es ist ein erhebendes Gefühl, auf dem höchsten Gipfel des gesamten südwestlichen Gardaseegebietes zu stehen. Dank dieser exponierten Lage ist der Monte Pizzocolo auch vom gegenüberliegenden Westufer des Lago aus sichtbar – als einsamer Riese! Das ist ein richtiger

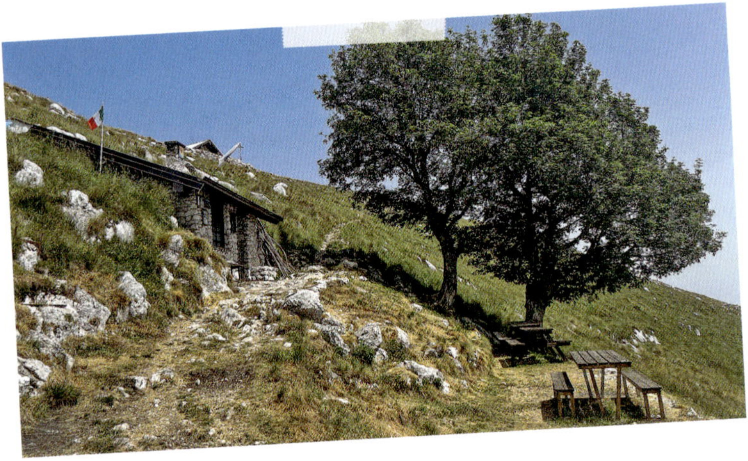

↑ Die Schutzhütte kurz nach dem Gipfel bietet Notwasser-Rationen.

Gänsehautmoment, man spürt die Naturgewalt dieses Berges mit jeder Faser. Zusätzlich zum Gipfelkreuz markiert ein »Solarkreuz« mit installierten Spiegeln den Gipfel; man sieht es aus großer Entfernung sogar blinken. Oberhalb der Schutzhütte, an der es frisches Wasser gibt, machen wir Rast. In einer Kapelle nimmt uns eine magische Atmosphäre gefangen.

Abstieg Für den Weg hinab wählen wir die längere von zwei Varianten auf einer angenehmen, schattigen Forststraße auf der Westseite des Berges. Wir statten einem Freilichtmuseum mit Stellungen aus dem Ersten Weltkrieg noch einen Besuch ab und lassen an einer schönen Picknickwiese die Tour Revue passieren, bevor wir Sanico wieder erreichen.

Tipp

Es gibt einen inoffiziellen Wanderparkplatz oberhalb von Sanico und dem hier beschriebenen Ausgangspunkt, der aber nur über eine unbefestigte, rumpelige Schotterstraße erreichbar ist. Mit einem normalen Auto ist diese Straße befahrbar, das spart beim Gesamtweg 400 Höhenmeter und 2,5 Kilometer (einfacher Weg).

AUF EINEN BLICK

Tour 7: Tour für die Sinne

Dauer: 6 Std.

Höhenmeter: 1200 Hm

Länge: 15,7 km

Schwierigkeit: Schwer

Tourencharakter: Lange, anspruchsvolle Wanderung mit vielen Höhenmetern – gute Grundkondition, Trittsicherheit und alpine Erfahrung erforderlich. Sehr steiler Aufstieg mit Kraxeleinlagen über griffige Felsen

Ausgangs-/Endpunkt: Parcheggio della Rocca di Manerba im Dörfchen Sanico (Alternative siehe Tipp)

GPS-Koordinaten: 45.648200, 10.593143

Einkehr: Unterwegs keine, nahe dem Startpunkt Spezialitäten aus eigener Herstellung bei der Azienda Agricola Delizie del Garda

Information: montepizzocolo.it

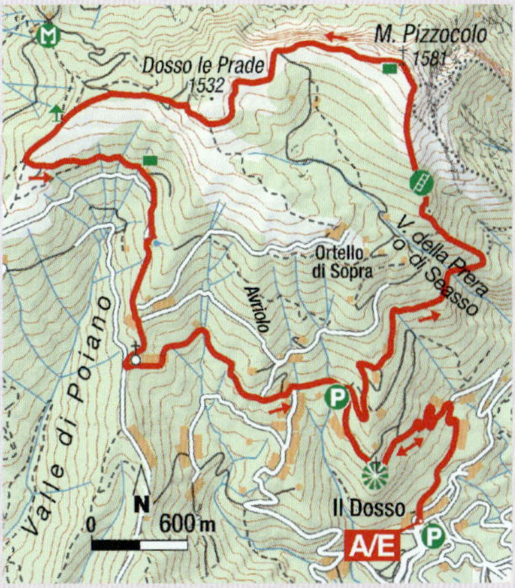

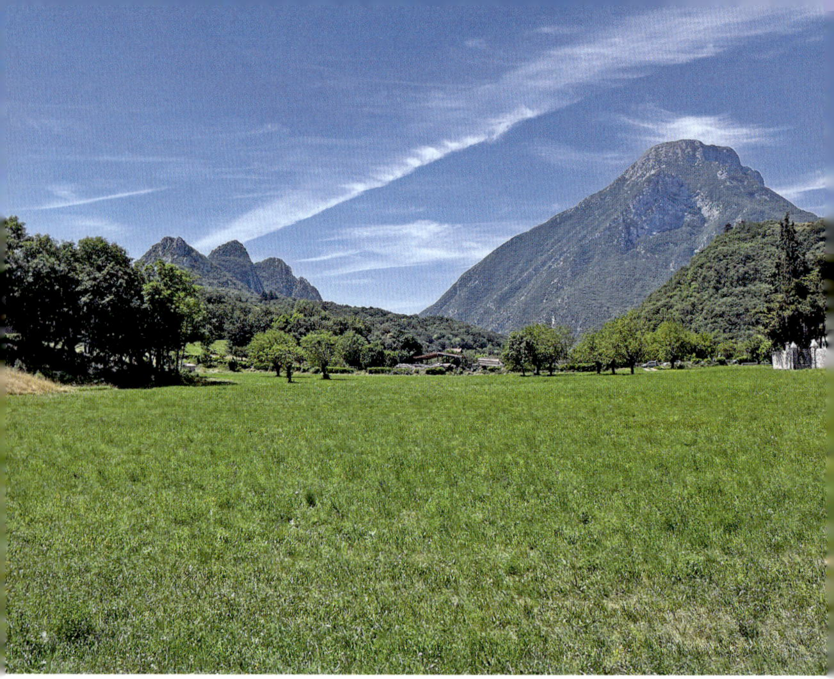

↑ Links die Gipfel des Monte Castello di Gaino ↓ Ausblicke beim Abstieg

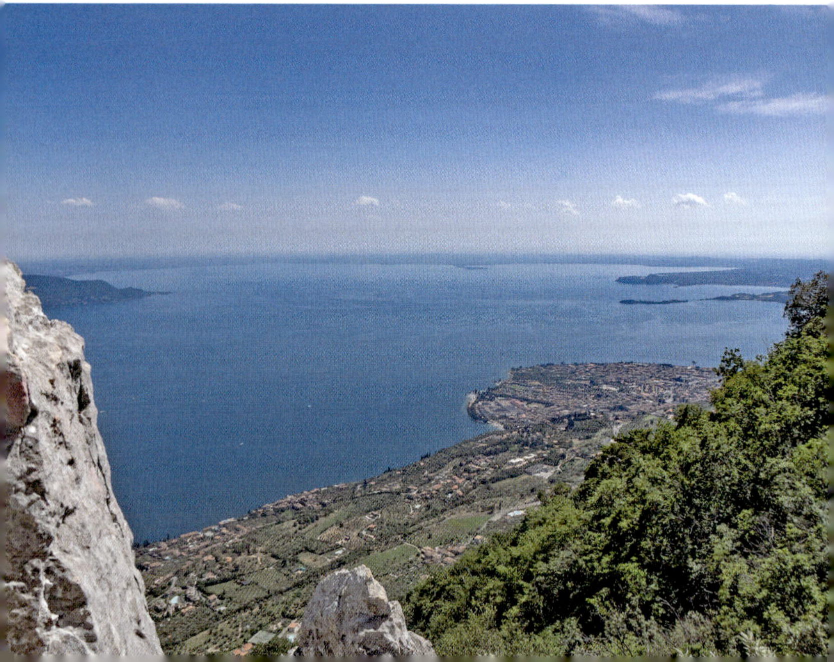

BERG IN FORM EINER BURG

Tour der Stille
TOUR 8

Von Navazzo auf den Monte Castello di Gaino

Wie eine Burg (Castello) thront der markante Monte Castello als felsiger Höcker über dem südlichen Gardasee. Man bezwingt diesen Berg mit seiner sagenhaften Aussicht am besten von dem beschaulichen Navazzo aus, einem Ortsteil von Gargnano.

Drei Berggipfel 400 Meter über dem Hauptort und dem See schwebt der Ortsteil Navazzo. An dessen östlichem Ortsausgang (beim Hubschrauberlandeplatz) lässt es sich gut parken, von hier aus wandern wir zunächst in den Ort und zur pittoresken Kirche. Nach dieser folgen wir dem mit »Monte Castello« beziehungsweise der Zahl 221 auf einer rot-weißen Markierung ausgewiesenen Weg am Sportplatz vorbei in den Wald hinein. Zuvor aber können wir noch einen Blick auf unser Ziel erhaschen – wie Zinnen ragen die drei Berggipfel vor uns empor. Den hintersten Höcker wollen wir besteigen, es ist der höchste in dieser kleinen Bergkette. Dahinter sehen wir den höchsten Gipfel des Gardasees hervorlinsen, den 1530 Meter hohen Monte Pizzocolo von Maderno, den wir uns in Tour 7 vorgenommen haben.

Geheimnisvoller Keller Schattig ist es im Wald, während wir bergauf gehen. Dabei passieren wir nahezu unbemerkt die Nebengipfel des länglich angelegten Monte Castello. Um zu der versprochenen Aussicht zu gelangen, müssen wir jedoch den höchsten Punkt erreichen. Auf dem Weg dorthin kommen wir mitten im Wald an einem betonierten Keller vorbei – ein sehr seltsam anmutender Ort inmitten der Stille des Waldes. Wir können den Keller erkunden, finden aber keine Hinweise darauf, womit wir es zu tun haben; für den Ersten Weltkrieg erscheint er nicht alt genug. Bis zum Gipfelanstieg grübeln wir weiter über diesen Lost Place.

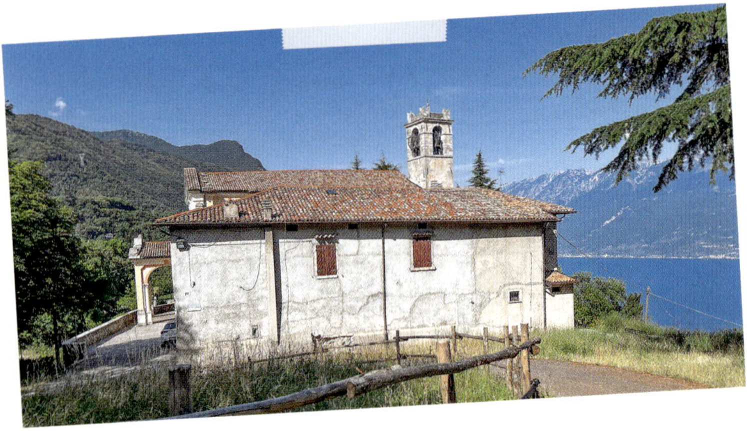

Die Chiesa di Santa Maria Assunta beim Startpunkt ist leider meist geschlossen.

Seilgesichert zum Ziel Wir sitzen da und betrachten andächtig dieses umwerfende Panorama. Der Gipfelbereich, schön ausgestattet mit Gipfelkreuz und Gipfelbuch, hat eine große Fläche, die man sich aber kaum mit anderen Wanderern teilen muss.

Zusatzschlenker Schweren Herzens steigen wir wieder vom Gipfel hinab. Man könnte nun denselben Weg wieder zurück zum Ausgangspunkt gehen – wir entscheiden uns aber für eine komplette Runde um den Berg herum. Wir folgen dem Weg hinab nach Süden, wandern an der Bergflanke rechts von uns entlang und gelangen durch spektakuläre Felsspalten hindurch bis in das Dörfchen Gaino. An Olivenhainen entlang und schließlich über einen steilen, asphaltierten Schleichweg geht es zurück nach Navazzo.

Tipp

Von Navazzo aus ist es eine zehnminütige Autofahrt zum Stausee Lago di Valvestino. Zwei Kilometer nach dem Staudamm spannt sich eine sehenswerte Brücke über ein Seitental. In sehr trockenen Monaten sinkt der Wasserspiegel um 15 Meter – dann erscheinen auf der gegenüberliegenden Seeseite die alten Gemäuer der im Stausee versunkenen Kirche Dogana di Valvestino.

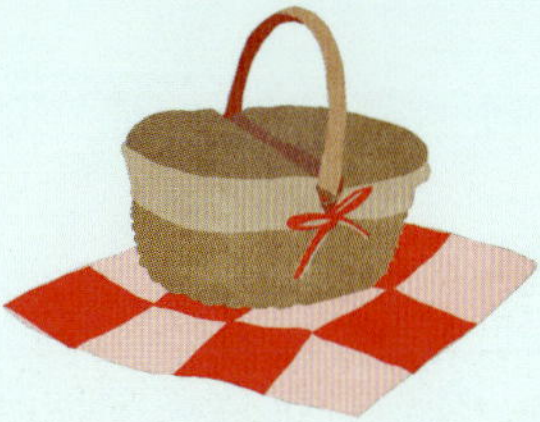

AUF EINEN BLICK

Tour 8: Tour der Stille

Dauer: 3 Std.

Höhenmeter: 570 Hm

Länge: 9,4 km

Schwierigkeit: Mittel

Tourencharakter: Bergwanderung mit traumhafter Aussicht. Der steinige Aufstieg durch den Wald ist bei Nässe rutschig; ab dem Aussichtspunkt Gaino anspruchsvoll. Seilgesicherter Gipfelanstieg, Trittsicherheit erforderlich

Ausgangs-/Endpunkt: Parkplatz am östlichen Ortsende von Navazzo

GPS-Koordinaten: 45.684552, 10.636504

Einkehr: Unterwegs keine, Gastronomie in Navazzo und beim Campingplatz kurz vor Navazzo

Information: gardasee.at/orte/gargnano/navazzo

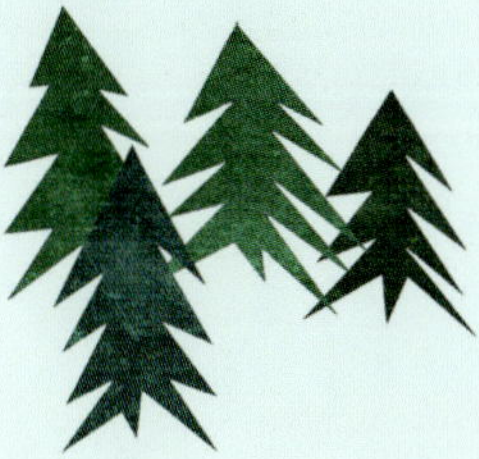

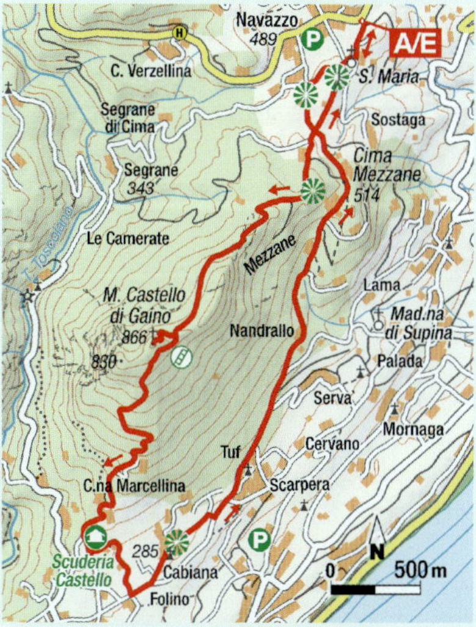

WESTLICHER GARDASEE

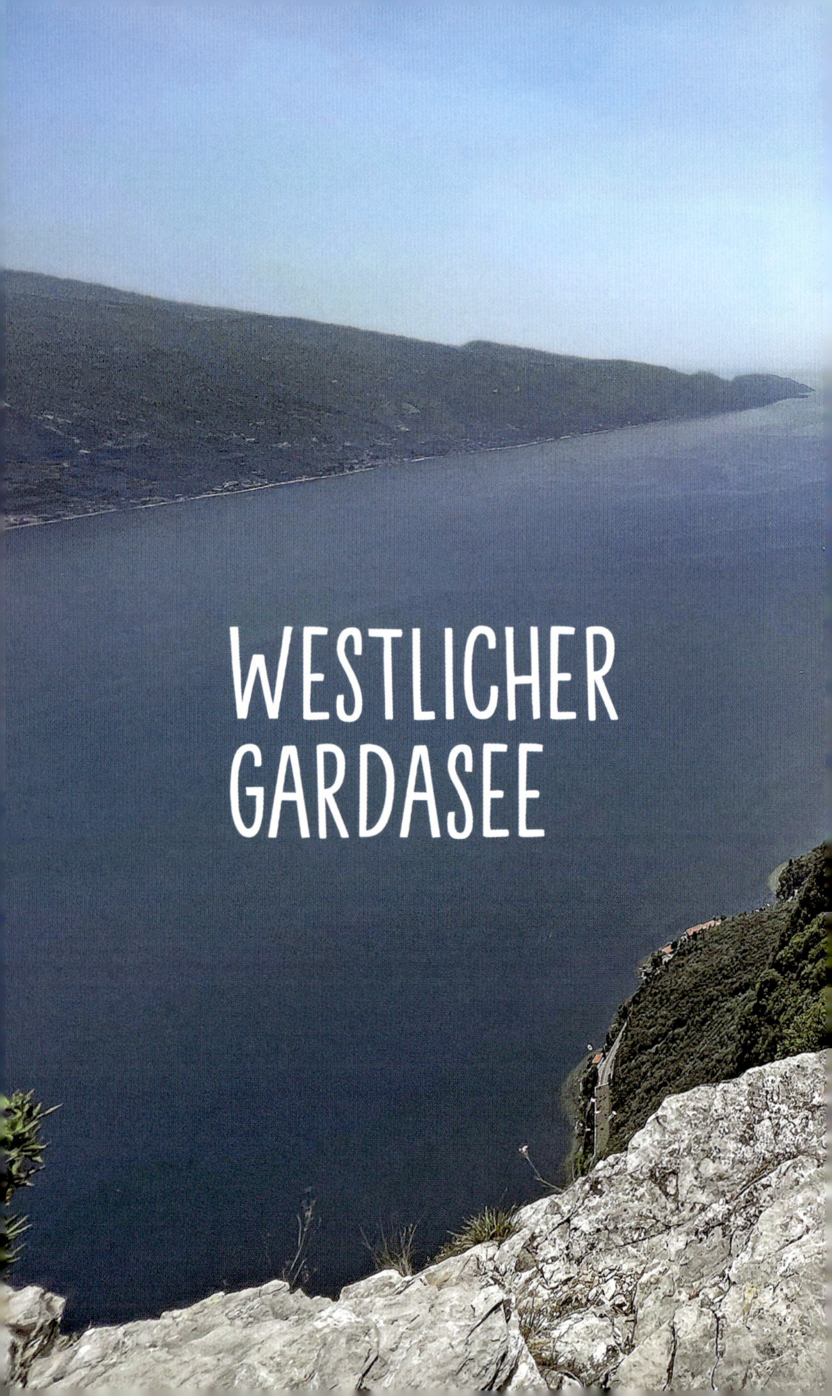

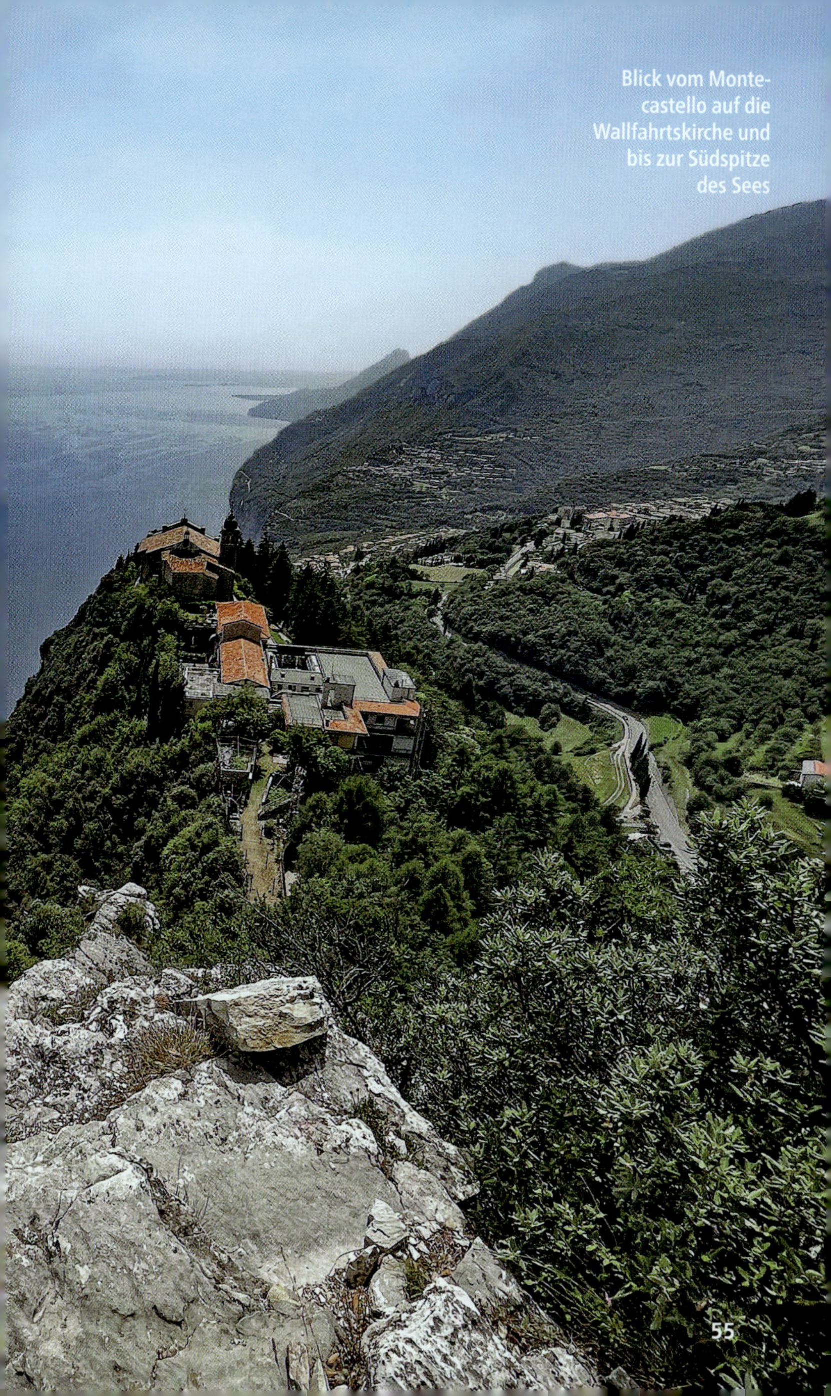

Blick vom Monte-
castello auf die
Wallfahrtskirche und
bis zur Südspitze
des Sees

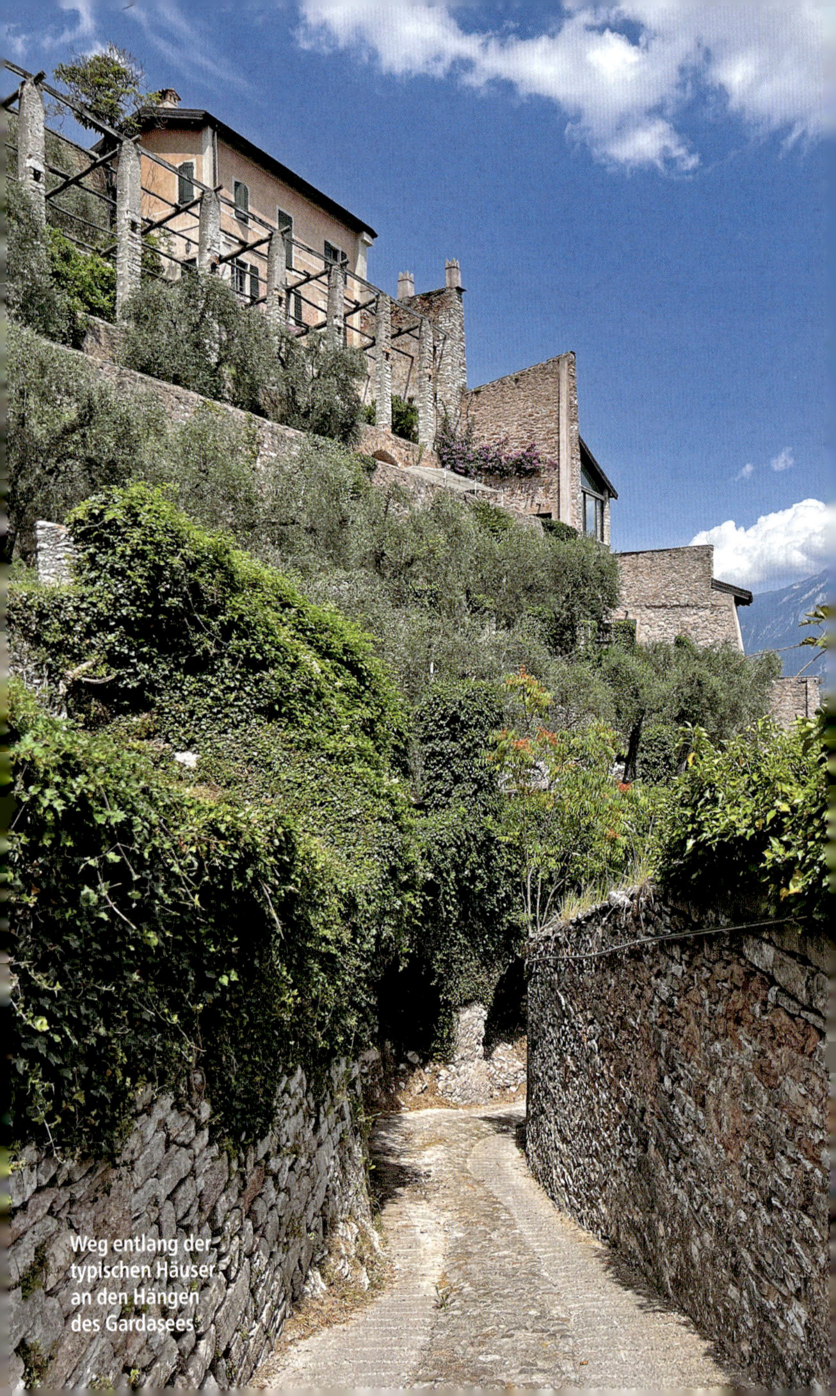

Weg entlang der typischen Häuser an den Hängen des Gardasees

Tour für
TOUR 9
die Sinne

IN DEN FELSEN GEKLEBTE PESTKAPELLE

Von Gargnano zum Eremo di San Valentino

Was ein wenig brachial klingt, ist ein ganz besonderes Highlight: Wie mit dem überhängenden Felsen verschmolzen wirkt das Gotteshaus mit dem wenig ansprechenden Namen Pestkapelle hoch in der Bergwelt am Westufer des Gardasees.

Malerischer Ausgangsort Gargnano Noch ahnen wir nicht, welches spektakuläre Ziel uns auf dieser Wanderung erwartet. Nachdem wir die Kirche in Gargnano, bei der wir geparkt haben, betrachtet haben, kehren wir der idyllischen Hafenstadt den Rücken und gehen in freudiger Erwartung entgegen dem Uhrzeigersinn los (gegen den Uhrzeigersinn, damit der sehr steile Anstieg zur Kapelle bergauf führt, nicht bergab). Wir folgen dem Wegweiser mit der Nummer 237. Zunächst geht es auf schmalem, verwinkeltem, asphaltiertem Weg steil vorbei an Gärten und entlang von Feldern bergauf. So erklimmen wir die ersten 200 Höhenmeter und biegen rechts ab in den Weg mit der Nummer 234, anschließend treten wir in den Wald hinein und kommen an einer kleinen Obstplantage vorbei. Danach wird es steiler. Wir kraxeln durch einen großen Tuffstein-Felsen, der steile Aufstieg wird durch Drahtseile unterstützt, an denen wir Halt finden. Auf dem Plateau angekommen, sehen wir Zypressen und einen grau-blauen, überhängenden Felsen …

Und da ist sie! Ein Gänsehautmoment, wie man ihn selten erlebt: Die knapp 400 Jahre alte, weiß getünchte Pestkapelle San Valentino auf 770 Metern Höhe schmiegt sich in die überhängende Felswand hinein und strahlt einen Zauber aus, der uns den Atem stocken lässt. Noch dazu schiebt sich der Gardasee ins Blickfeld – das ist ein Augenschmaus sondergleichen, der den Weg hier hoch absolut lohnt. Wir stehen staunend da

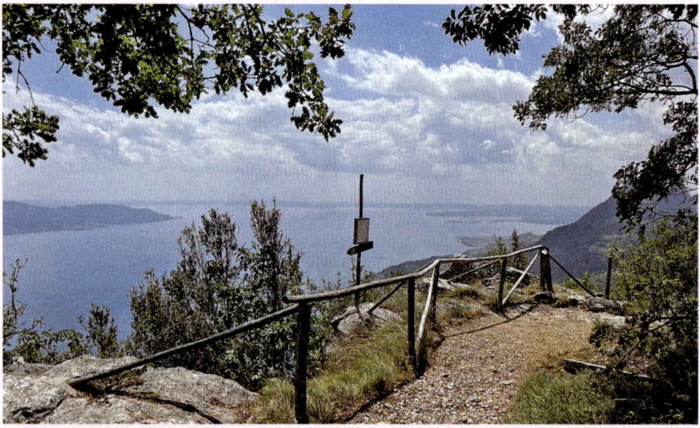

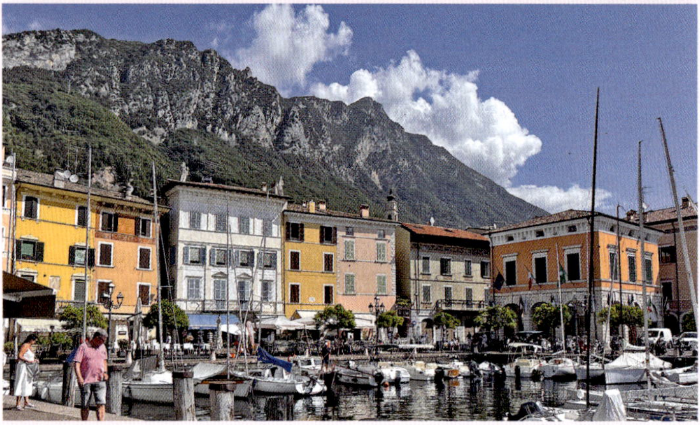

»Ich denke, sobald meine Beine
anfangen sich zu bewegen,
beginnen meine Gedanken zu fließen.«

Henry David Thoreau

und fragen uns, wie das Leben hier oben wohl war, als die Kapelle noch kein touristisches Ziel war, sondern ein Rückzugsort (siehe Info). Das Altarbild erinnert an diese Zeit und hilft uns ein wenig bei der innerlichen Zeitreise. Sowohl die Kapelle als auch das Nebengebäude sind zugänglich und können mitsamt ihrer Einrichtung erkundet werden – zum Beispiel die winzigen Zimmer, die Zisterne und die Feuerstelle. Und schließlich besagt ein lokaler Aberglaube, dass es Glück bringt, wenn man die Glocke der Kapelle läutet …

Bergpanorama Wir betrachten die Bergwelt um uns herum – einige Gipfel sind auch Wanderziele in diesem Buch – und wenden uns schließlich vom Plateau aus nach links und an einer Grillstelle vorbei. Der Weg schlängelt sich in Serpentinen hinab und auch wieder hinauf und trägt jetzt die Nummer 31 (rot-weiß und mit blauen Pfeilen markiert). Es geht durch eine kleine Klamm. Langsam steigen wir hinab, auch der Abstieg ist von Kettensicherungen begleitet. Dann folgt ein Kuriosum: Mitten auf dem Weg befindet sich eine alte, historische Holztür. Es gibt eine sehr viel kürzere, steile Wegalternative von einem Parkplatz in Sasso aus zur Kapelle, diesen Weg könnte die Holztür theoretisch verriegeln. Wir erreichen den Mini-Ort Sasso. Dort treffen wir nach dem Waschbrunnen und dem Waschhaus auf die Chiesa di Sant'Antonio Abate. An dieser startet jedes Jahr am 14. Februar, dem Valentinstag, eine Prozession zur Kapelle hinauf. Die Kirche ist ein ehrwürdiges, einschiffiges Gebäude oberhalb des kleinen Dorfes und beherbergt in ihrem Inneren drei Altäre. Hinter dem Hauptaltar entzückt die Statue des heiligen Antonius unsere Augen.

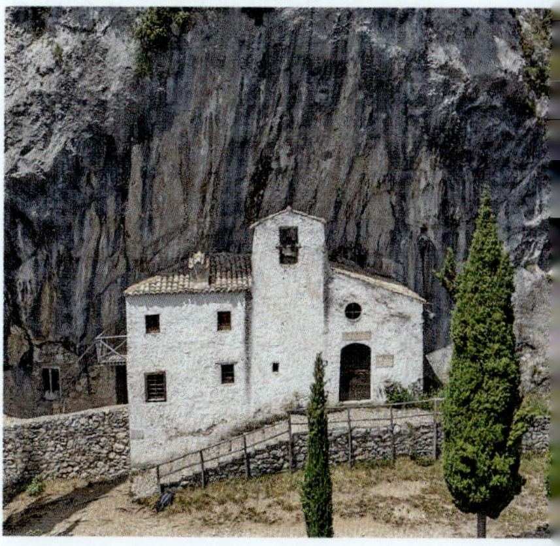

- ↑ **Gegenüber liegt San Vigilio und im Süden lässt sich sogar Sirmione sichten.**
- ↓ **Der wunderschöne Ort Gargnano ist Startpunkt der Tour.**
- → **Bis mittags liegt die Pestkapelle in der Sonne.**

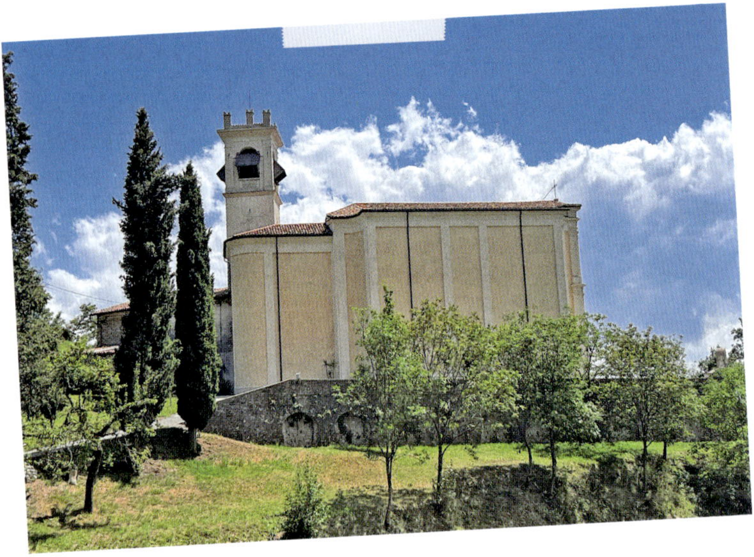

↑ Die Kirche von Sant'Antonio Abate liegt am Wegesrand.

Sinnesrausch Traumhaft wird es noch einmal auf dem Weg von Sasso hinab nach Gargnano, entlang bunter Gärten und grüner Olivenhaine. Es duftet herrlich, sodass neben unseren Augen nun auch noch die Nase belohnt wird. In der schönen Altstadt von Gargnano schließlich statten wir dem historischen Hafen noch einen Besuch ab und lassen uns zu einem genussvollen Aperol Spritz nieder – mit Seeblick natürlich. Unsere Sinne kommen nach dieser großartigen Wanderung nun angemessen zur Ruhe.

Info

Etwa 3000 Einwohner Gargnanos flohen im Jahr 1630 vor der Pest in die Berge. Nach 20 Jahren kehrten die Überlebenden wieder ans Seeufer zurück und dankten dem Heiligen Valentino mit der Errichtung einer Kapelle. Zwei Eremiten nutzten in den folgenden Jahrhunderten die Kapelle als Rückzugsort, dann verfiel sie und wurde 1970 restauriert und der Öffentlichkeit zugänglich gemacht.

AUF EINEN BLICK

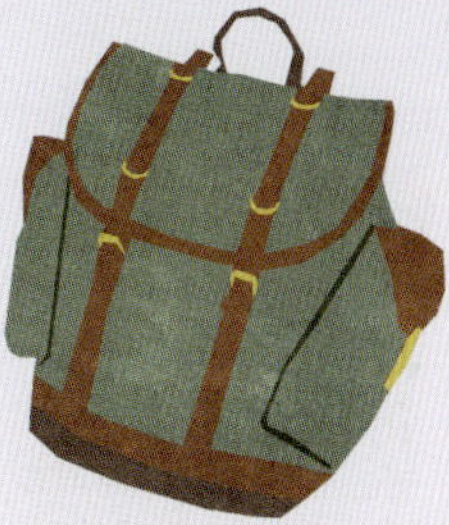

Tour 9: Tour für die Sinne

Dauer: 2.45 Std.

Höhenmeter: 640 Hm

Länge: 7,1 km

Schwierigkeit: Mittel

Tourencharakter: Trotz der Kürze der Tour keine leichte Wanderung, für die eine gute Grundkondition, Trittsicherheit, festes Schuhwerk erforderlich und alpine Erfahrung vorteilhaft sind (Aufstieg zur Kapelle sehr steil, zwischen den Steinen hindurch und bei Nässe rutschig, jedoch an den kritischsten Stellen mit Ketten gesichert)

Ausgangs-/Endpunkt: Parkplatz bei der Chiesa di San Francesco an der Via Roma in Gargnano

GPS-Koordinaten: 45.687616, 10.661046

Einkehr: Unterwegs keine, zahlreiche gastronomische Angebote im Ort Gargnano (auch unmittelbar in der Nähe des Startpunktes)

Information: gardasee.de/gargnano

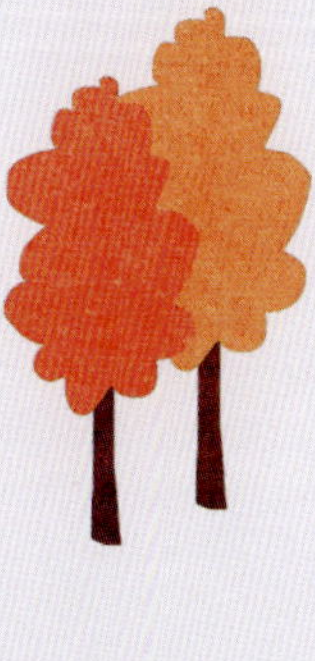

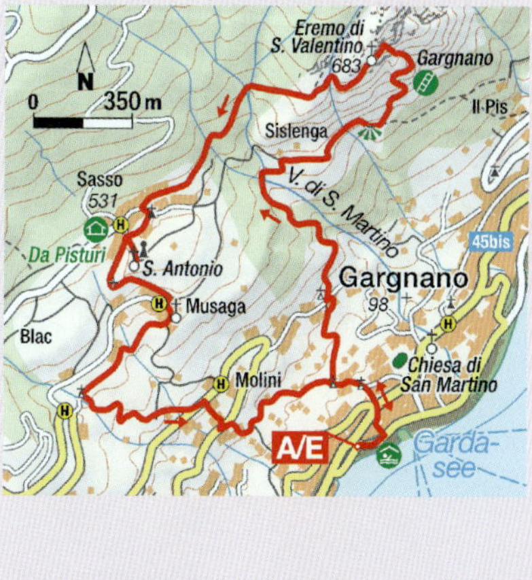

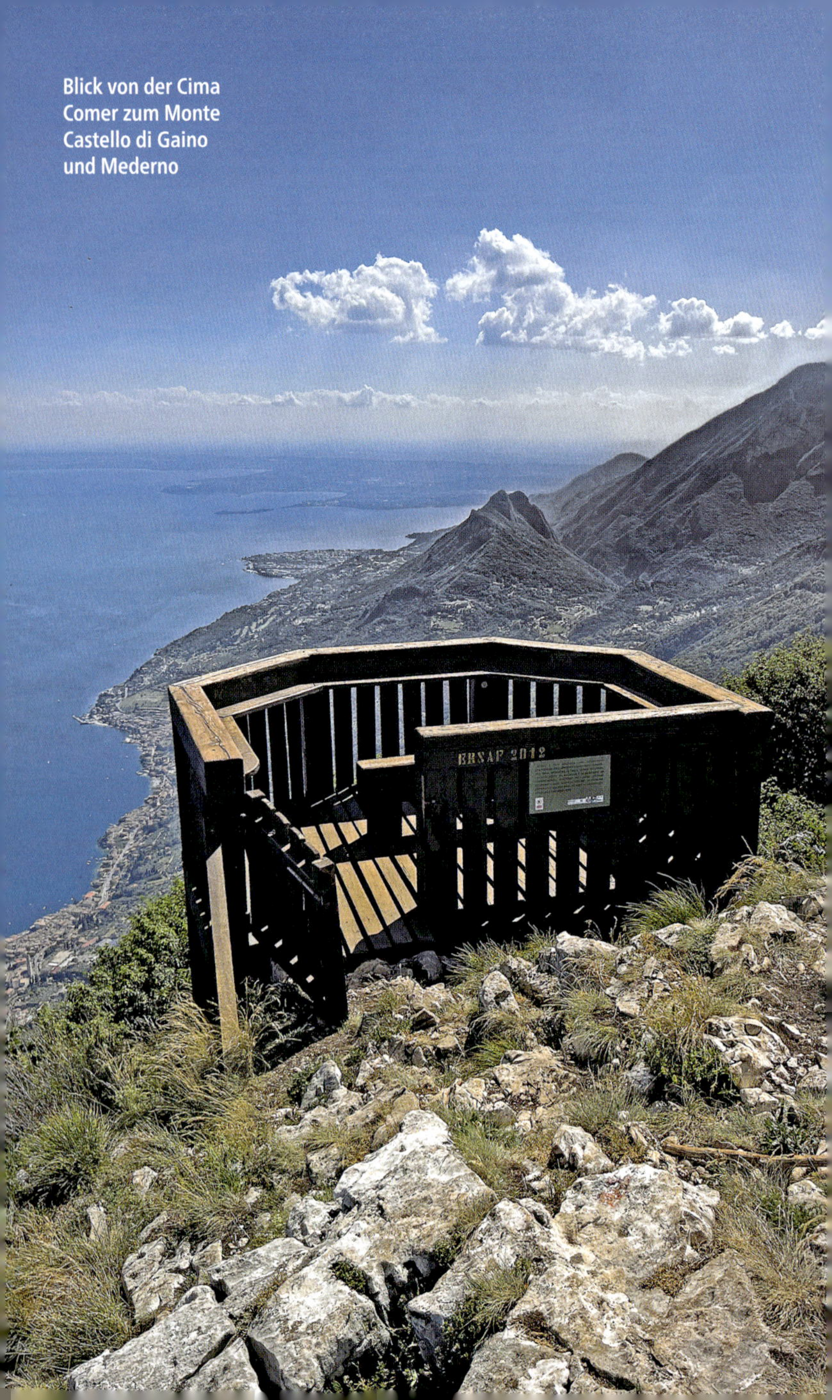

Blick von der Cima Comer zum Monte Castello di Gaino und Mederno

ZWEI AUF EINEN STREICH

Tour für
TOUR 10
den Genuss

Auf den Monte Denervo und zur Cima Comer

Steil über dem nordwestlichen Gardasee ragt die imposante Bergwelt des Naturparks Parco Dell'Alto Garda Bresciano empor. Von diesen Gipfeln wollen wir uns heute gleich zwei vornehmen: den Monte Denervo und die Cima Comer.

Schnell zur Sache Die Anfahrt führt über eine einsame Bergstraße, die für Autos in Briano endet – wenig Verkehr, kein Wunder also, dass da auch mal gemütlich eine Ziegenherde die Straße überquert und sich überhaupt nicht von unserem Auto beeindrucken lässt. Die beschauliche Anreise geht allerdings recht jäh in die erste Wegetappe über; denn vom Startpunkt aus haben wir sofort knackige 400 Höhenmeter durch den Wald bergauf zu bewältigen. Auf einem Sattel liegt der verlassene Bergbauernhof Malga Denervo idyllisch mitten auf einer grünen Wiese. Wir können etwas darin herumstöbern – Geschirr steht noch da, als ob die Bewohner gleich wiederkämen. Allerdings ist alles sehr zerfallen und wirkt leicht unheimlich – für Fans von Lost Places ein echtes Highlight!

Monte Comer Über die Wiese hinter dem Hof geht es hinauf auf den Monte Denervo mit seiner flachen Bergkuppe. Da er aber kaum Aussicht bietet, machen wir uns nach einem kurzen Aufenthalt auf den Weg zur nächsten Attraktion. Hierfür laufen wir über den Pass Bocchetta, der 1260 Meter hoch liegt, hinüber zur Cima Comer. Wir finden eine große Aussichtsplattform, die wie ein Balkon über dem See liegt und einen fantastischen 180-Grad-Rundblick preisgibt. Hier verweilen wir entsprechend länger, und genießen einen der besten Blicke auf die südliche Hälfte des Gardasees. Rechts sehen wir den Monte Castello di Gaino (siehe Tour 8) am See liegen, rechts dahinter den 1581 Meter hohen Bergriesen Monte

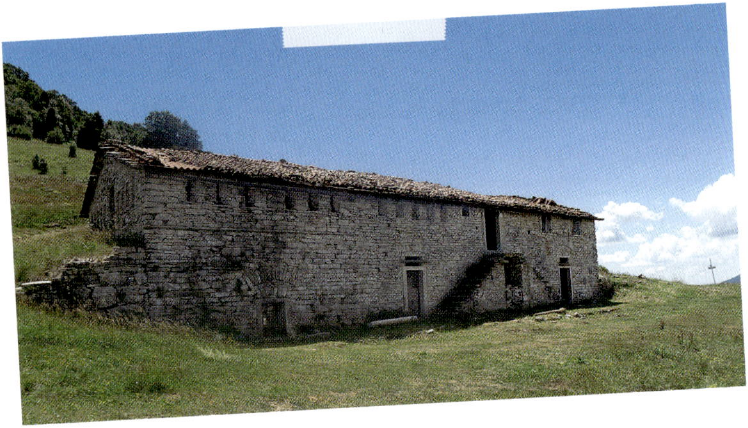

↑ Erstaunlich, wie malerisch ein altes Steingebäude sein kann!

Pizzocolo (siehe Tour 7) und gegenüber ragt die Halbinsel San Vigilio in den See. Es ist höchst entspannend, hier zu verweilen!

Orte mit Ausblick Beim Abstieg bieten sich noch zweimal tolle Panoramen: Wir blicken zuerst von einer Aussichtskanzel aus Holz auf die paradiesische Umgebung und dann noch einmal von einer Aussichtsterrasse aus. Anschließend wandern wir durch den Wald steil bergab, vorbei am Rifugio Alpini Briano und dann entspannt die Straße entlang. Aber: Die wirklich große Attraktion der Tour kommt erst noch! Es ist das Albergo Ristorante le Fontane, eine richtige kleine Perle, denn es werden leckere, hausgemachte Speisen serviert. Hier, nur noch etwa einen Kilometer vom Ausgangspunkt entfernt, lassen wir es uns so richtig gutgehen!

Tipp

Wer mehr über den Parco Dell'Alto Garda Bresciano erfahren möchte, dem sei das Museum zum Naturpark in Prabione/Tignale ans Herz gelegt. Die liebevoll gestaltete Ausstellung veranschaulicht in Filmen und auf Schautafeln die Region, ihre Geschichte und die Tradition und leistet damit einen Beitrag für das Hinterland des Gardasees.

AUF EINEN BLICK

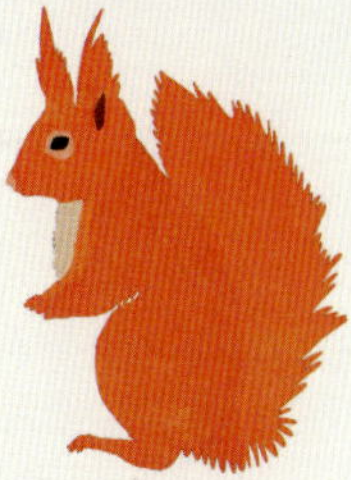

Tour 10: Tour für den Genuss

Dauer: 2.30 Std.

Höhenmeter: 470 Hm

Länge: 7 km

Schwierigkeit: Mittel

Tourencharakter: Mittelschwere Wanderung auf überwiegend gut begehbaren Wegen, anfangs steiler Anstieg auf den Monte Denvero. Grandiose Ausblicke auf den Gardasee

Ausgangs-/Endpunkt: Nordwestlicher Ortsausgang von Briano

GPS-Koordinaten: 45.721252, 10.657854

Einkehr: Albergo Ristorante le Fontane

Information: gardasee-domizil.de/nationalpark-alto-garda.php, museoparcoaltogarda.it

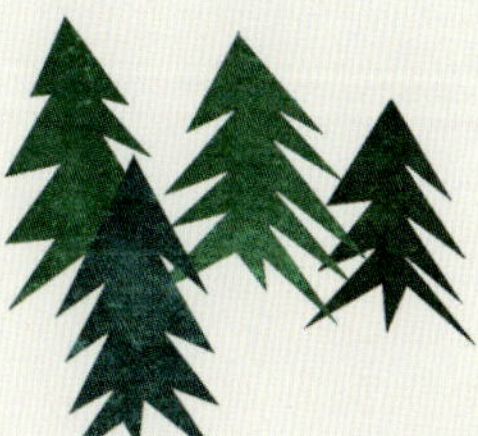

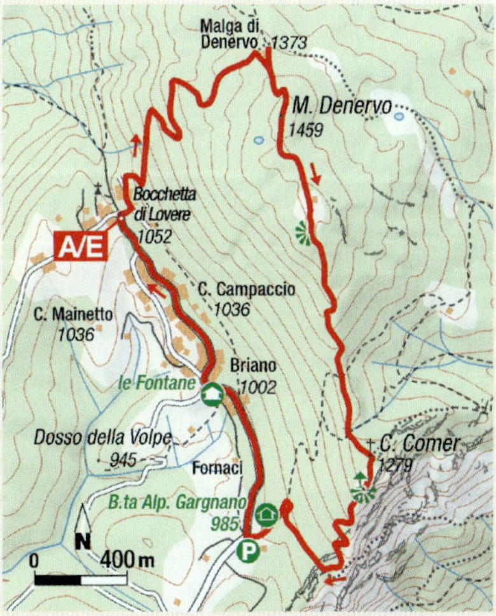

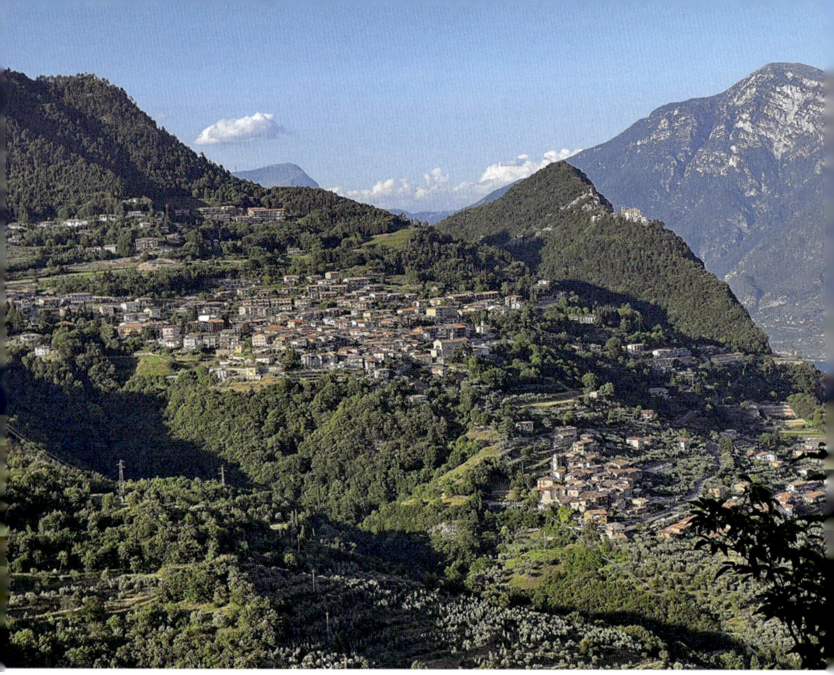

↑ Das grüne Valle di Bornico ↓ Brücken über den Torrente Valle di Bornico

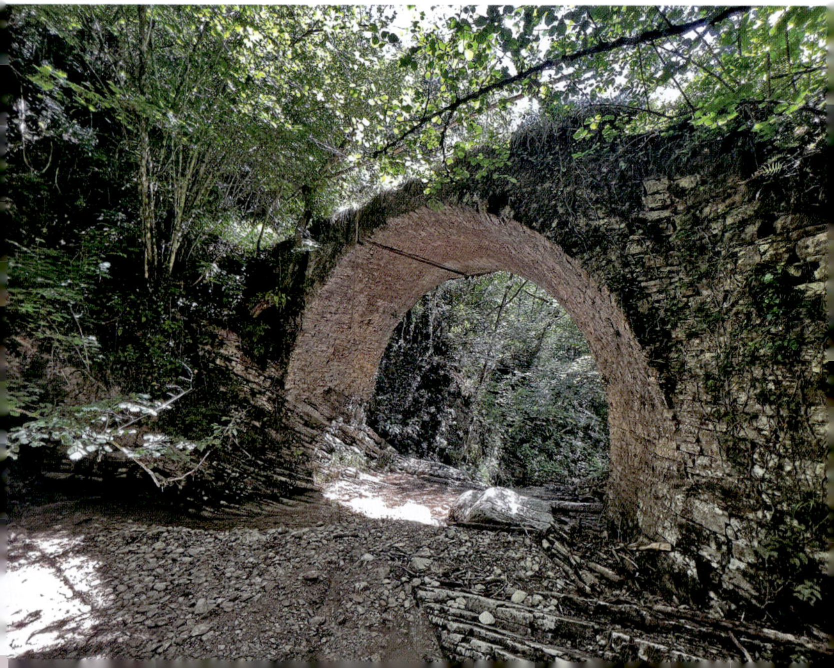

IM SPRÜHNEBEL DER WASSERFÄLLE VON TIGNALE

Tour für
TOUR 11
die Sinne

Badegumpen-Tour und Cima Rochetta

Was gibt es herrlicheres an einem richtig heißen Sommertag, als sich in einer von der Natur erschaffenen Badegumpe zu erfrischen oder den Sprühnebel eines gewaltigen Wasserfalls auf der Haut zu spüren?

In der Klamm Zwischen Campione del Garda und Gargnano liegt die Gemeinde Tignale, die aus mehreren Teilorten besteht. Die Flüsschen der Gemeinden Torrente Valle della Gera und Torrente Valle di Bornico entspringen oberhalb von Piovere (400 Meter über dem See) und fließen bei Porto di Tignale in den Gardasee. Von Piovere aus führen einige Wanderwege in die nahgelegenen Naturparks mit ihren Wasserfällen – und so startet in diesem Ortsteil auch unsere heutige Wanderung. Sie verläuft schattig entlang einer Bachschlucht, präsentiert immer wieder Badebecken (Gumpen) und Wasserfälle, aber auch einen Panoramablick und bietet damit eine tolle Kombination aus einer kühlen Schluchtwanderung und Gipfelblick.

Kaskaden-Wanderung Vom Startpunkt aus ist es nur ein knapper Kilometer bis zum Wald. Der Weg steigt sanft bergan. Wir erreichen ein Schild, das uns zu den ersten beiden Wasserfällen etwas unterhalb des Weges führt – das ist ein Abstecher von etwa 50 Metern. Nach einem weiteren Kilometer bergauf gelangen wir zur nächsten Kaskade – wollen wir den Sprühnebel im Gesicht spüren und uns an der Kühle des Ortes erfreuen oder genießen wir gleich die Freude eines kühlen Bades? Denn unterhalb des Wasserfalls befinden sich Becken, die sehr einladend wirken … Eine malerische Steinbrücke führt über den Wasserfall; diese überqueren wir, wenn wir uns schließlich von diesem großartigen Plätzchen verabschiedet haben.

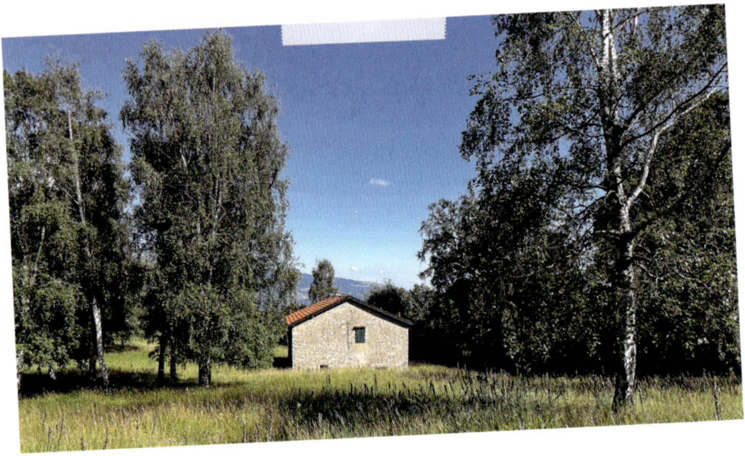

↑ Einsames Steinhäuschen auf dem Weg zur Cima Rochetta

Cima Rochetta Rechts oberhalb des Wasserfalls wandern wir weiter durch den Wald den Berg hinauf. Noch einmal ist ein Kilometer zu gehen, dann gelangen wir über einen schmalen Pfad auf den Forstweg. Wir beschreiben eine große Schleife und erreichen schließlich, nach einem etwas steileren Anstieg, die Cima Rochetta. Hier bietet sich ein großartiger Blick auf den Gardasee! Wir können uns kaum daran sattsehen – so wie wir die erfrischende Kühle der Wasserfälle gespürt haben, so bietet sich uns nun dieser einzigartige Ausblick – wo wir gerade noch mitten im Wald unterwegs waren. Auf dem Weg nach unten schiebt sich die Aussicht noch zwei oder dreimal in unser Blickfeld. Von oben her kommend erreichen wir schließlich wieder den Startpunkt in Piovere.

Info

Die Wasserfälle haben sich in den Berg gefräst und stellenweise den Kalk aus dem Gebirgsstein herausgelöst – aber nur teilweise, dadurch sind die Kaskaden und die Wasserfälle mit den Gumpen entstanden. Im Nordwesten des Gardasees war die Kalkherstellung bis nach dem Zweiten Weltkrieg verbreitet, auf manchen Wanderungen findet man kleine Kalköfen.

AUF EINEN BLICK

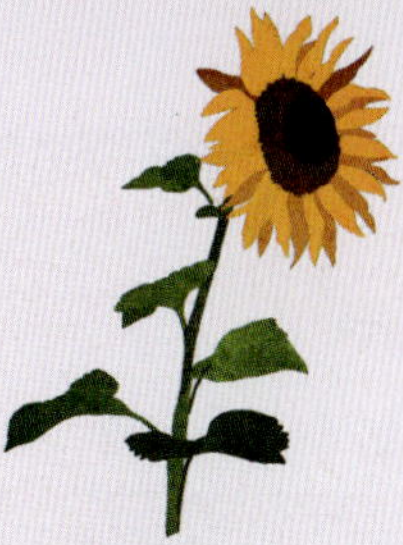

Tour 11: Tour für die Sinne

Dauer: 3 Std.

Höhenmeter: 630 Hm

Länge: 8,8 km

Schwierigkeit: Mittel

Tourencharakter: Angenehme Tour durch den schattigen Wald und mit Abkühlung am Wasserfall, deshalb gut geeignet für warme Tage. Trotz einiger Höhenmeter gut machbare, mittelschwere Tour

Ausgangs-/Endpunkt: Westlicher Ortsausgang von Piovere, gute Parkmöglichkeiten in der Kurve

GPS-Koordinaten: 45.727723, 10.704718

Einkehr: Unterwegs keine, in Piovere Pizzeria und Bar

Information: gardasee.de/tignale

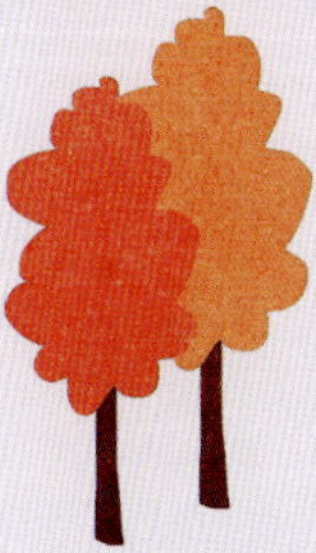

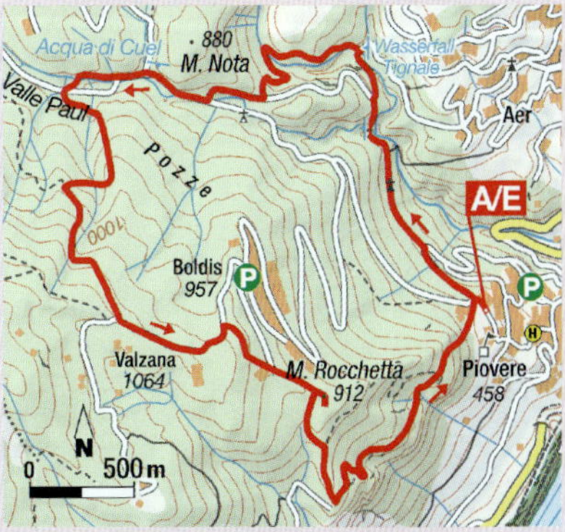

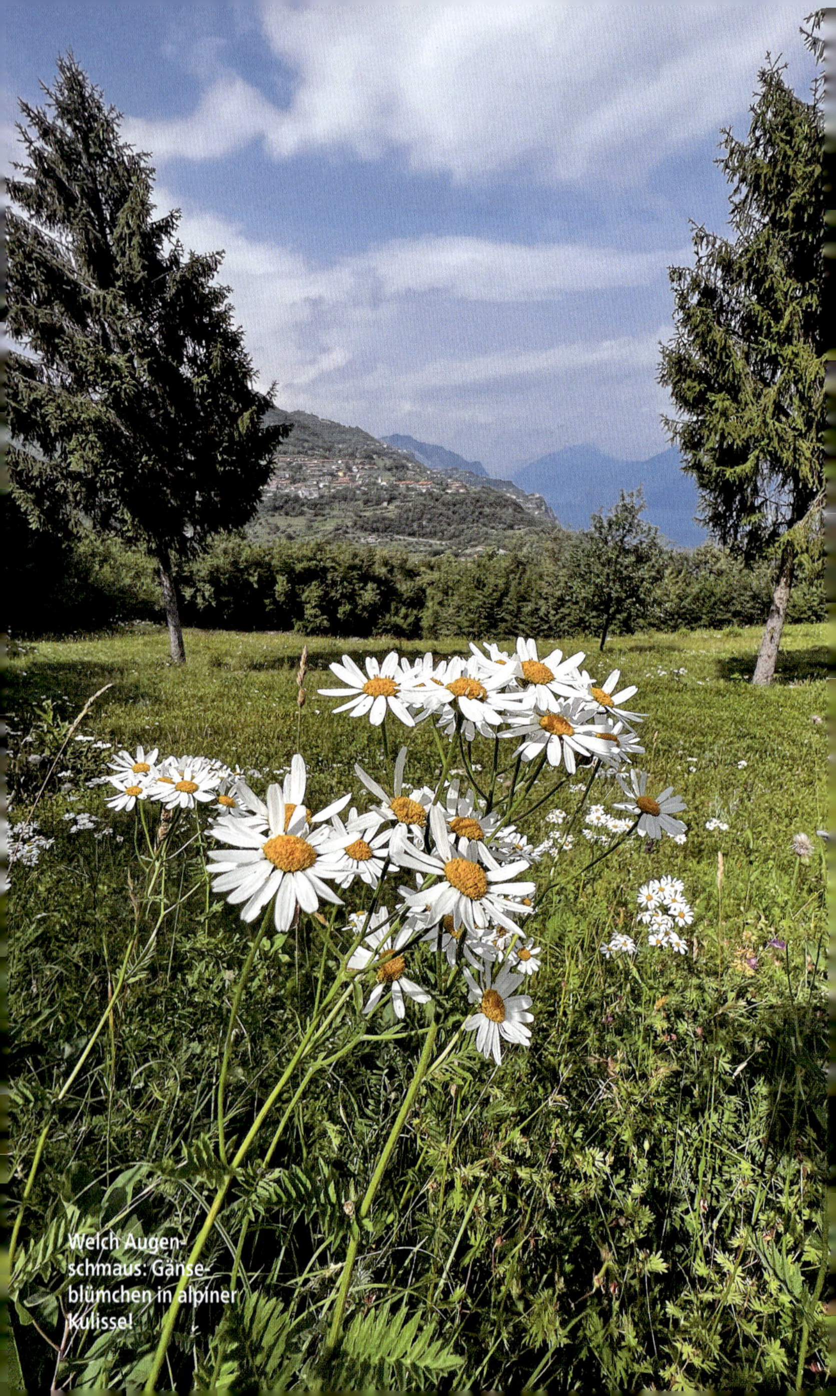

Welch Augenschmaus: Gänseblümchen in alpiner Kulisse!

FRIEDVOLLE STIMMUNG AUF DER HOCHEBENE

Tour
TOUR 12
der Stille

Kirche Montecastello und Monte Cas

Nicht nur in und um die spektakulär auf einem steilen Felsvorsprung thronende Wallfahrtskirche Madonna di Montecastello herrscht eine andächtige Atmosphäre – auch der Weg zum Gipfel des Monte Cas ist von Stille umgeben.

Das Highlight zuerst Wir wandern, bereits begleitet von tollen Ausblicken, durch den Wald zur Wallfahrtskirche hinauf (nicht entlang der Zufahrtsstraße für Autos!). So erreichen wir nach etwa 650 Metern schon das erste Highlight dieser beschaulichen Tour, das Eremo Madonna di Montecastello. Die Wallfahrtskirche liegt atemberaubend schön und bietet ebensolche Ausblicke. Eine beeindruckende Treppe führt auf beiden Seiten vom Innenhof zum Kirchenbereich auf die erste Etage hinauf. Auf der Bergseite ist die Kirche mit einer prächtigen Kupferkuppel bedeckt. Ehrfurchtsvoll stehen wir auch im Inneren der Wallfahrtskirche, dem »Sanktuarium«, und bestaunen den goldenen Altar und das wunderschöne Freskengemälde der Muttergottes mit dem erwachsenen Jesus sowie einige wertvolle Gemälde. Auf der Aussichtsterrasse des kleinen Cafés kann man mit Traumblick einen Cappuccino genießen.

Es folgt schnell Highlight Nr. 2 Die Kirche liegt bereits auf einer Hochebene, und so bedarf es nur eines vergleichsweise geringen Anstiegs, der uns in einem Bogen um einen Felsen herum auf den Monte Cas hinaufführt. Dessen Gipfel liegt nicht direkt auf dem Weg, sondern etwa 20 Meter abseits. Leider ist er von hohen Bäumen umringt, sodass er keine Ausblicke mehr bietet – diese finden wir allerdings an zahlreichen anderen Stellen dieser Wanderung. Dafür umgibt uns auch am Gipfelkreuz eine wohltuende Stille. Ein ganz besonderer Ausblick präsentiert eine

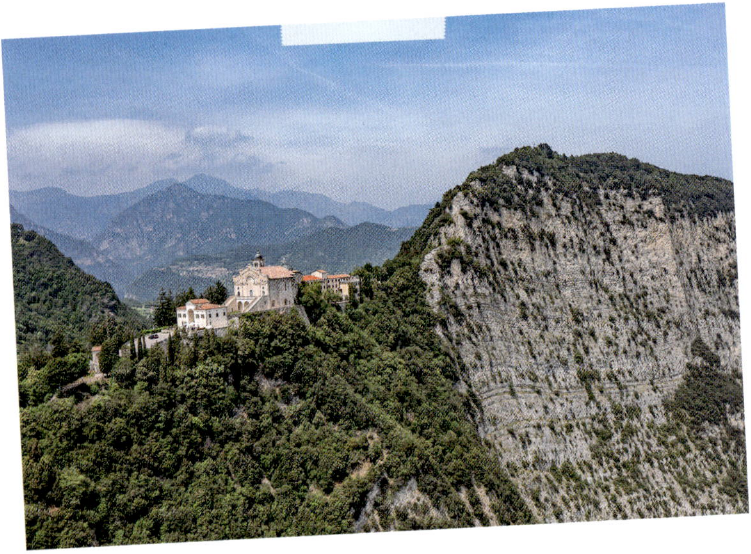

Der Weg führt entlang der Wallfahrtskirche und auf den Kamm.

Aussichtskanzel, die folgt, nachdem wir militärische Tunnel passiert haben: Wir blicken auf den nördlichen See und den ungewöhnlichen Straßenverlauf der Uferstraße mit den vielen Tunnels nach Tremosine.

Dorfidylle Wir wandern hinüber ins verträumte Dorf Prabione, wo es eine Bar mit angeschlossenem Tante-Emma-Laden gibt. Hier können wir uns für den abschließenden Anstieg zurück zum Parkplatz stärken.

Info

Die ersten Spuren, die auf eine Existenz der Kirche hindeuten und archäologisch untermauert sind, stammen aus dem 9. Jahrhundert. Erste sichere Hinweise auf den Bau der Kirche belegen, dass die Kirche im Jahr 1458 erbaut wurde, denn dieses Datum steht auf einem Freskengemälde. Umgebaut wurde die Kirche dann im 17. Jahrhundert, dabei erhielt sie ihr heutiges Äußeres – die Fassade wurde 1903 erneuert.

AUF EINEN BLICK

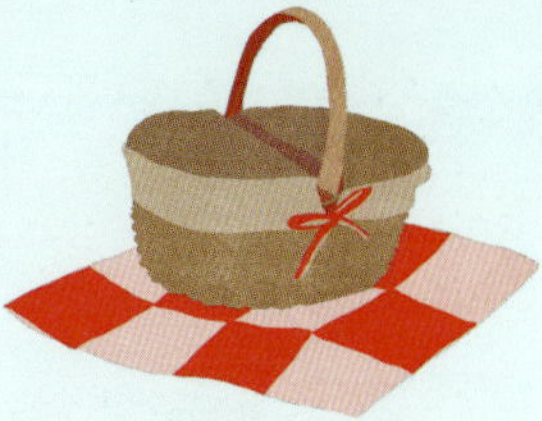

Tour 12: Tour der Stille

Dauer: 2 Std.

Höhenmeter: 300 Hm

Länge: 7,2 km

Schwierigkeit: Leicht

Tourencharakter: Ein steiler Anstieg, danach bequemer Weg am Kamm entlang, man quert 30 Meter weit ein Geröllfeld, das ist jedoch unproblematisch. Viele schattige Passagen

Ausgangs-/Endpunkt: Großer Parkplatz Santuario di Montecastello an der Via L. da Vinci bei Gardola

GPS-Koordinaten: 45.742515, 10.730966

Einkehr: Café an der Wallfahrtskirche und Bar Lilly 2.0 im Ort Prabione

Information: eremodimontecastello.it/home, gardasee.de/tignale/wallfahrtskirche-madonna-di-montecastello

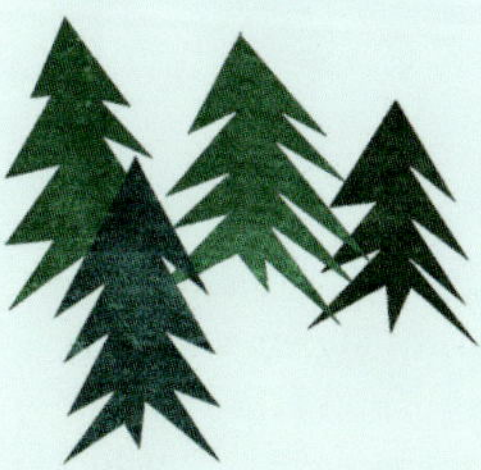

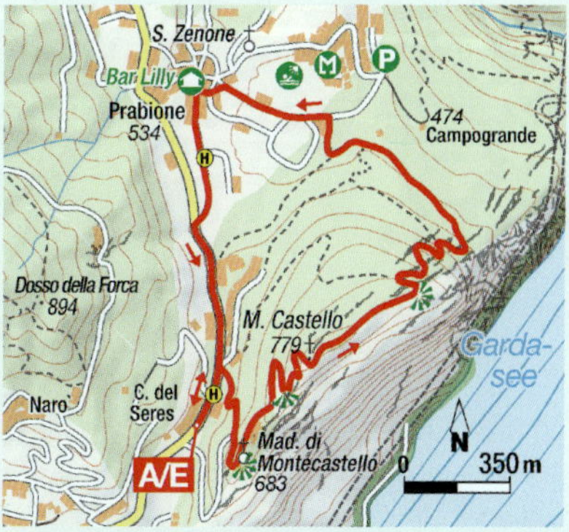

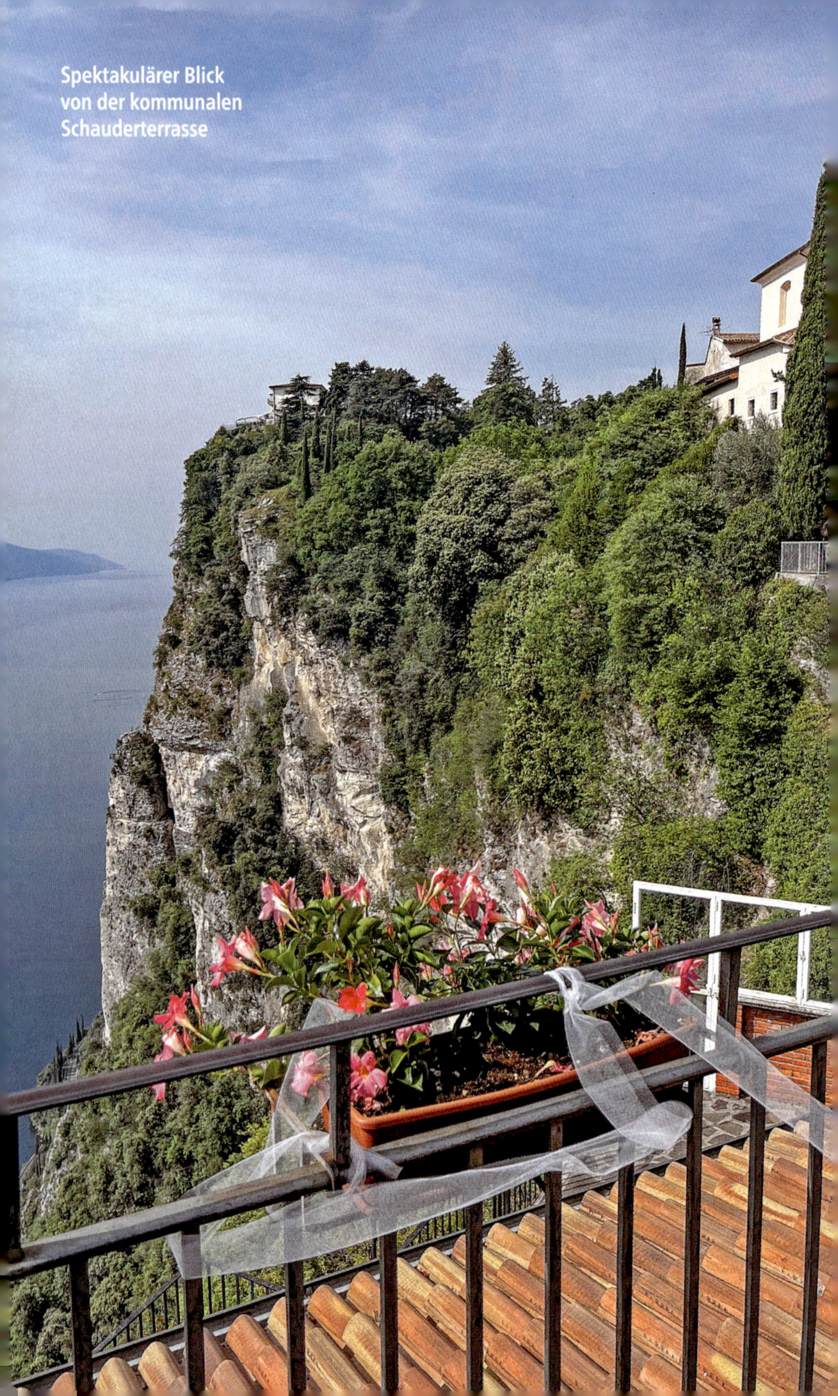

Spektakulärer Blick
von der kommunalen
Schauderterrasse

SCHWEBEN ÜBER DEM GARDASEE

Tour für den Genuss
TOUR 13

Imposanter Aussichtspunkt Schauderterrasse

Ein Schaudern kann einem der Blick von der freischwebenden Aussichtsplattform der »Schauderterrasse« (auf Italienisch »Terrazza del Brivido«) schon über den Rücken jagen. Der Weg von Campione hinauf führt durch eine Schlucht.

Durch die Schlucht In Campione, südlich von Limone und auf einer schmalen Landzunge direkt am Gardasee gelegen, geht's los. Wir wählen die Gehrichtung im Uhrzeigersinn, denn die Schlucht San Michele hinaufzuwandern, ist besser, als hinunter. Nach der Fußgängerbrücke über den Torrente Campione biegen wir nach rechts ab und gehen über Stufen den Berg hinauf. Stetig steigt der Weg an, wir durchschreiten einen langen Tunnel und passieren ein Wasserwerk. Vor einer kleinen Staumauer gehen wir über eine Brücke über den Fluss San Michele und wandern nun auf einem schmalen Pfad steil bergauf. Während wir außer Puste geraten, stellen wir uns vor, dass Arbeiter aus Tremosine diesen Weg früher jeden Tag morgens zur Arbeit und abends wieder zurückgegangen sind!

Pieve Wir erreichen einen betonierten Weg und halten uns an einer Gabelung kurz vor Pregasio rechts. Über den Naturpfad und anschließend über eine Straße wandern wir nach Pieve. Unser Blick fällt sofort auf die Attraktion des Ortes, das Restaurant Paradiso mit seiner berühmten Terrasse. Um in den Genuss der Aussicht auf dieser exponierten Aussichtskanzel zu gelangen, muss man im Restaurant etwas zu sich nehmen. Das ist natürlich keine Katastrophe, denn großartiger kann man kaum einkehren! Ehrfurchtsvoll blicken wir auf den See 350 Meter unter uns – es fühlt sich an, als würden wir darüber schweben. Ohne Einkehr kommt man in den Genuss dieses Gefühls auch auf der Balkonfläche neben der Kirche von

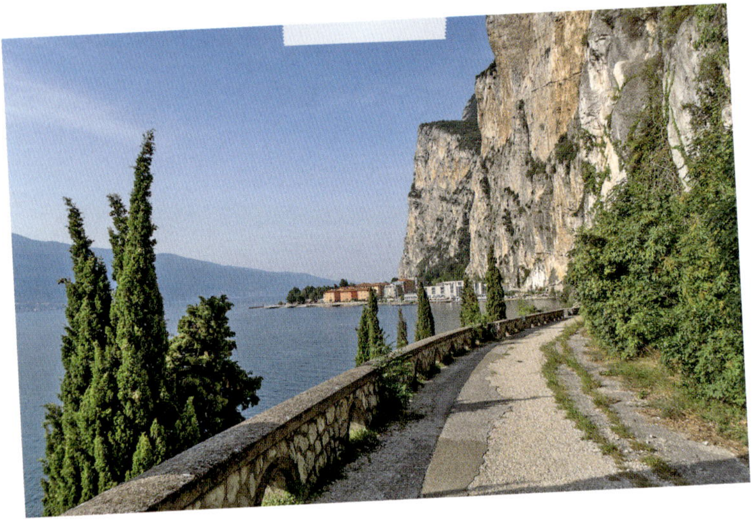

↑ Die Natur holt sich die Straße wieder zurück.

Pieve und auf der kommunalen Aussichtsterrasse neben der Bar Gelateria Tremosine.

Zurück nach Campione Über den fast senkrecht abfallenden Felsen wandern wir anschließend im Zickzack und auf felsigem Untergrund bergab. Parallel zum See und mit tollen Aussichten wandern wir durch alte Tunnel und über Galerien der alten, in den Berg gefrästen Verbindungsstraße zwischen Limone und Riva. So lassen wir die eindrucksvolle Wanderung konstant leicht bergab gehend ausklingen.

Info

Der kleine Ort Campione war seit dem Mittelalter eine reine Industriestadt mit Sitz verschiedener Kleinindustrien (Mühlen, Papierfabriken und Schmieden und ab dem 19. Jahrhundert bis 1981 auch eine Baumwollfabrik). Heute ist Campione ein Wassersport-Eldorado mit italienischem Flair am Dorfplatz, etwas alternativ und mit vielen jungen Gästen.

AUF EINEN BLICK

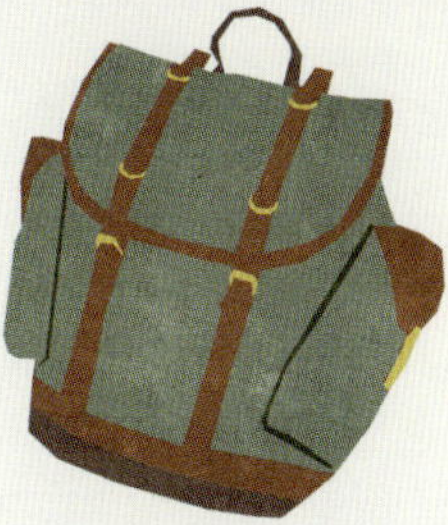

Tour 13: Tour für den Genuss

Dauer: 3.15 Std.

Höhenmeter: 500 Hm

Länge: 8,2 km

Schwierigkeit: Mittel

Tourencharakter: Mittelschwere Wanderung, fast 300 Höhenmeter müssen auf einen Schlag bewältigt werden. Stöcke vorteilhaft, Weg zum Teil geröllig, Trittsicherheit erforderlich

Ausgangs-/Endpunkt: Großer Parkplatz in der Via Monsignor Giacomo Tavernini in Campione

GPS-Koordinaten: 45.753459, 10.750165

Einkehr: Unterwegs Hotel Paradiso, Ristorante, Pizzeria, Bar sowie Einkehrmöglichkeiten am Dorfplatz von Pieve, am Ausgangs-/Endpunkt in Campione Gastronomie

Information: gardasee.top/orte/tremosine/schauderterrasse-in-pieve-di-tremosine, terrazzadelbrivido.it, gardasee.de/campione-del-garda

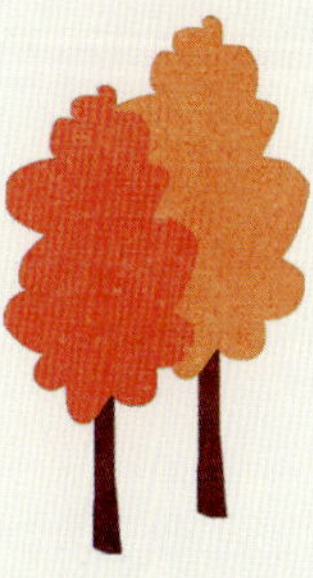

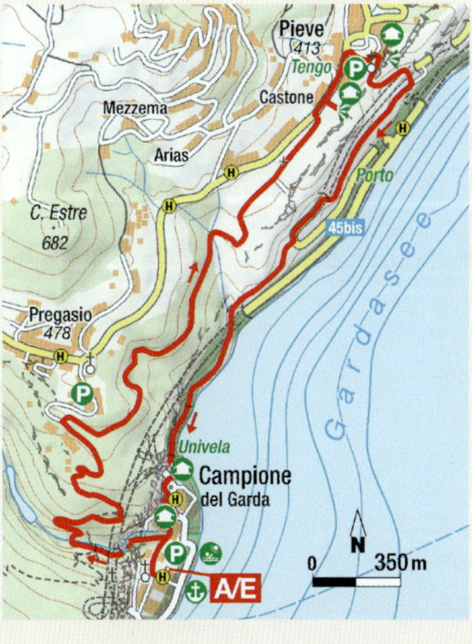

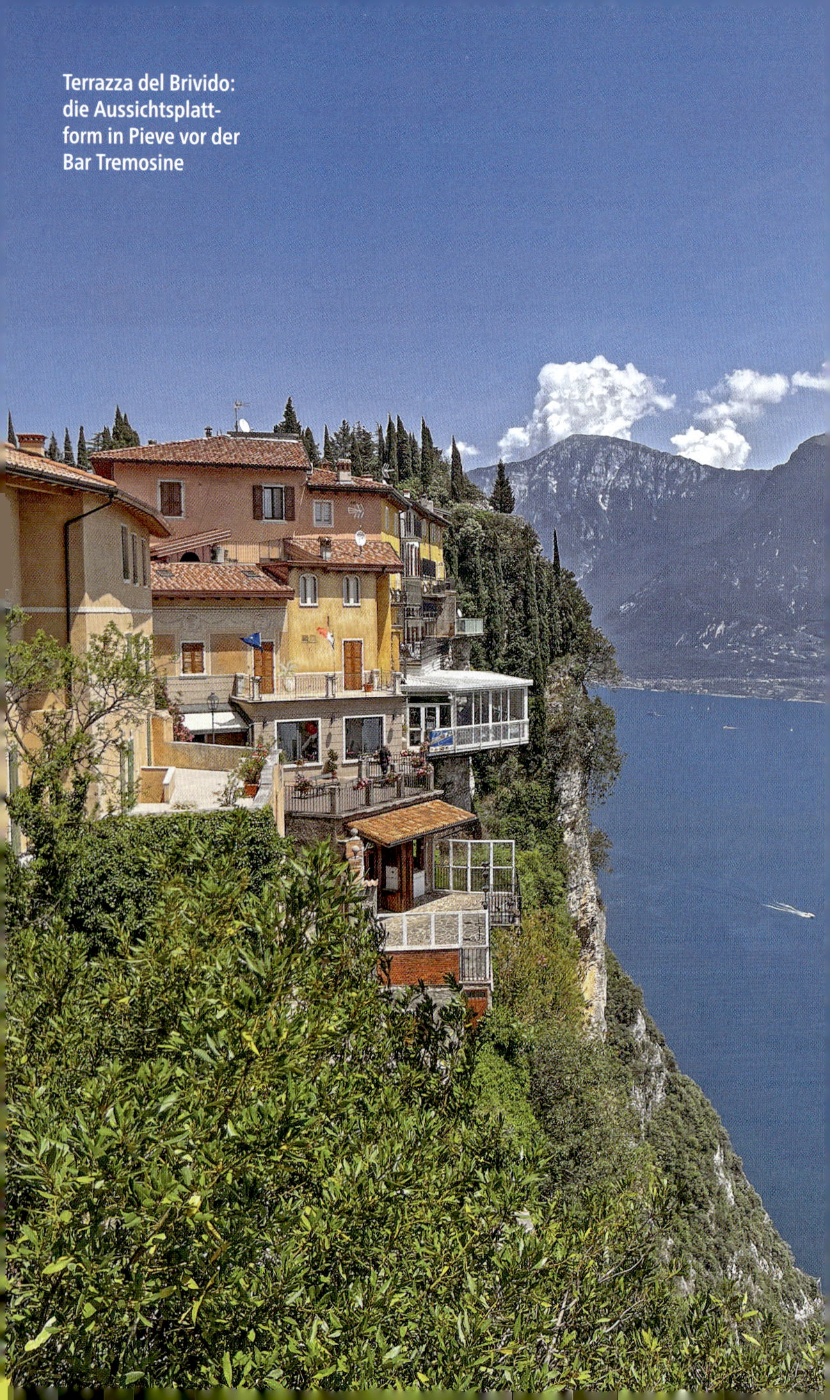

Terrazza del Brivido: die Aussichtsplattform in Pieve vor der Bar Tremosine

EINS DER SCHÖNSTEN DÖRFER ITALIENS

Tour für die Sinne
TOUR 14

Schauderterrasse und Hinterland von Tremosine

Tremosine umfasst 18 Dörfer im Nationalpark »Alto Garda Bresciano« hoch über dem Gardasee. Eine Wanderung führt durch die Dörfer, die üppig grüne Landschaft und die alpine Umrahmung. Plus atemberaubende Aussichtsplattform!

Startpunkt Pieve Unsere Wanderung führt uns über die Hochebene, auf der die 18 Dörfer von Tremosine liegen. Startpunkt ist der schnuckelige Ort Pieve, von dem aus wir schnell und nahezu unbemerkt etwas Höhe gewinnen. Der Weg verläuft zum größten Teil auf den Wegen und Straßen des Gemeindeverbundes, da aber so gut wie kein Verkehr herrscht, stört das nicht und die Wege sind bequem zu begehen. Viele Sinneseindrücke prasseln auf uns ein: Das üppige Grün ist eine Wohltat fürs Auge, das Bimmeln der Kuhglocken für die Seele. Die traumhaften Ausblicke nicht nur auf der Hochebene, sondern vor allem von der Schauderterrasse aus lassen uns im wahrsten Sinne des Wortes schaudern. Und wer sich zuletzt mit einem Eis oder einem Kaffee im entzückenden Ort Pieve belohnt und dabei den Blick über den Gardasee schweifen lässt, wähnt sich gar im Himmel …

Höhlenforschung Große Teile der Fläche, die wir durchschreiten, werden landwirtschaftlich genutzt. Kuhwiesen, Graswiesen zur Heugewinnung, große Kuhställe, aber auch alte und neue schmucke Häuser und sogar groß angelegte Villen bereichern den Weg, während wir im Uhrzeigersinn wandern. Man fragt sich, wer hier wohl wohnt und ob der traumhafte Blick und die unberührte Natur die schlechte Erreichbarkeit und die abgelegene Lage aufwiegen? Es geht vorbei an der alten Geschützstellung Grotte di Mezzema, bestehend aus mehreren Höhlengängen. Für einen Euro Eintritt kann man die gut beleuchteten Stollen aus dem Ersten Weltkrieg erkunden.

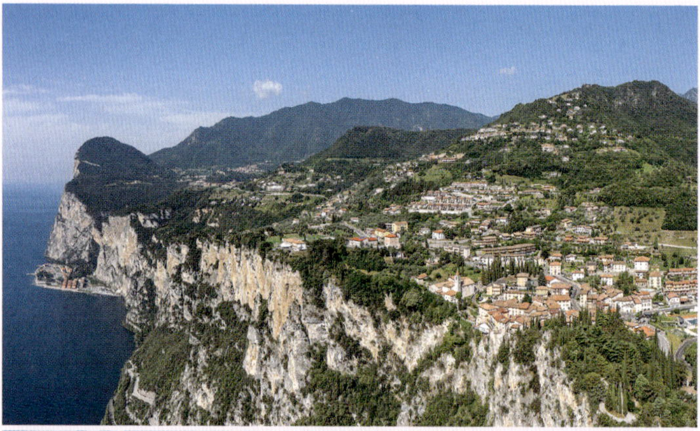

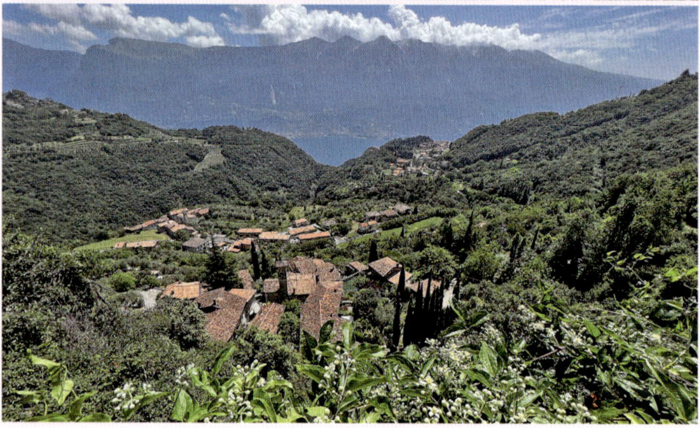

»Blicke in die schöne Natur
und beruhige dein Gemüt.«

Ludwig van Beethoven

Beim Freilegen der Tunnel von eingespültem Schutt wurden viele Relikte geborgen, die jetzt entlang der Tunnelwände ausgestellt sind: Helme, Schaufeln, Soldaten-Geschirr und eine alte Kanone – das alles ist sehr aufwendig und schön aufbereitet, man kann hier einige Zeit verbringen. Es wird überliefert, dass auf der Hochebene auch schon vor dem Ersten Weltkrieg kleine Höhlen als Unterschlupf und zur Lebensmittelaufbewahrung genutzt wurden. Auf dem weiteren Weg erfreuen wir uns an zahlreichen wunderschönen Aussichtspunkten, auch auf den Gardasee.

Blütenpracht Links und rechts am Wegesrand blühen riesige Oleanderbüsche, die trotz Trockenheit Jahr für Jahr eine rosafarbene Blütenpracht hervorbringen. Unterwegs stoßen wir auf einen alten Kalkbrennofen, dann umrunden wir in Somprezzio die alte, kleine Ortskirche, hinter der wir noch einmal eine tolle Sicht auf die Gemeinde und einen Teil des Sees erhaschen.

Schauder … Der Weg endet wieder in Pieve, wo wir zum Abschluss einen Gang auf die Schauderterrasse wagen, die auch schon Ziel in Tour 13 war. Pieve thront an der Kante der Hochebene Tremosine, die steil zum Gardasee abfällt und deshalb traumhafte Blicke auf den See und das gegenüberliegende Monte-Baldo-Massiv von abenteuerlichen Positionen aus bietet. Es gibt mehrere Plattformen im Ort, auf denen man wahrhaftig über dem Abgrund schwebt – beispielsweise von der Terrasse des Hotels Paradiso

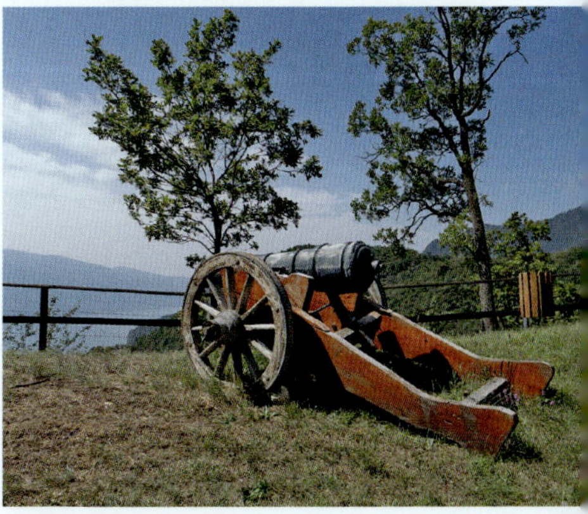

↑ **Die Hochebene von Tremosine, vorne Pieve, hinten Montecastello**
↓ **Perfekter Blick über die Teile der Verbandsgemeinde Tremosine**
→ **Militärische Relikte an der Grotte di Mezzema**

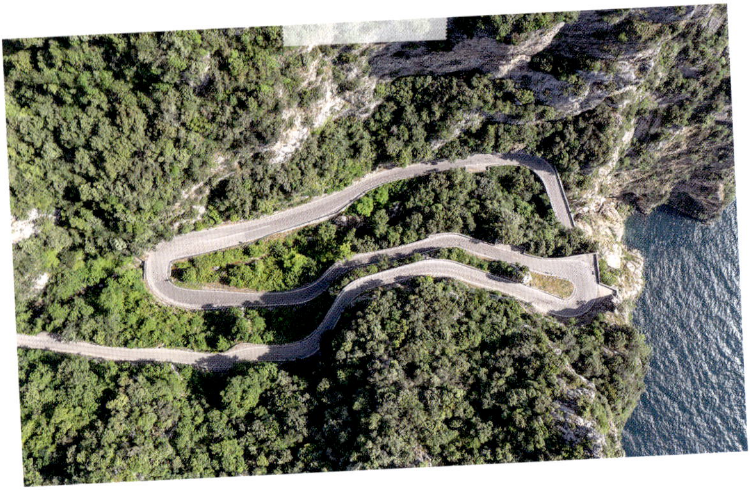

↑ **Mittlerer Teil der James-Bond-Straße Strada della Forra**

aus, aber auch von der kommunalen Plattform, auf die jeder gelangen kann. Da die Plattformen über den Rand des Hochplateaus hinausragen, sind drei Seiten der mit einem Geländer gesicherten Plattform frei; wie Balkone ragen sie hinaus über dem 350 Meter tiefer liegenden See, es fühlt sich ein bisschen wie fliegen an, hier zu stehen und einfach nur zu genießen!

Info

Die Straße, die zum Startpunkt führt, ist spektakulär und spätestens seit dem James-Bond-Film »Ein Quantum Trost« weltberühmt: Die Strada della Forra fungierte als Kulisse für eine wilde Verfolgungsjagd. Davon abgesehen ist sie aber nicht nur die schönste Panoramastraße am Gardasee, sondern sie wird wegen der atemberaubenden Ausblicke und den vielen zum Teil in den Fels gehauenen Kurven oft als eine der schönsten Panoramastraßen der Welt bezeichnet. Sie verbindet den Gardasee mit der Hochebene von Tremosine, ist nur für kleinere Fahrzeuge geeignet und kann außer abends ab 20 Uhr nur in eine Richtung von unten nach oben befahren werden. Tagsüber fährt man dann weiter nördlich oder südlich zurück auf die Staatsstraße am Gardasee (stradadellaforra.com/de).

AUF EINEN BLICK

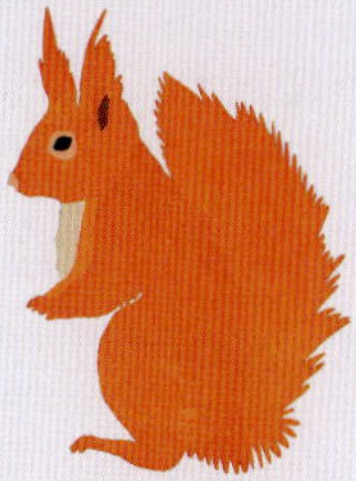

Tour 14: Tour für die Sinne

Dauer: 2.30 Std.

Höhenmeter: 410 Hm

Länge: 8,8 km

Schwierigkeit: Mittel

Tourencharakter: Wanderung durch herrliche Natur auf bequem zu begehenden, oft asphaltierten Wegen mit wenig Verkehr. Moderate Höhenmeter, da es ja eine Hochebene ist. Spektakulärer Aussichtspunkt Schauderterrasse

Ausgangs-/Endpunkt: Parkplatz an der Via Liver nahe der Schauderterrasse in Pieve

GPS-Koordinaten: 45.770986, 10.759840

Einkehr: Unterwegs keine, Gastronomie in Pieve

Information: gardasee.de/tremosine-sul-garda

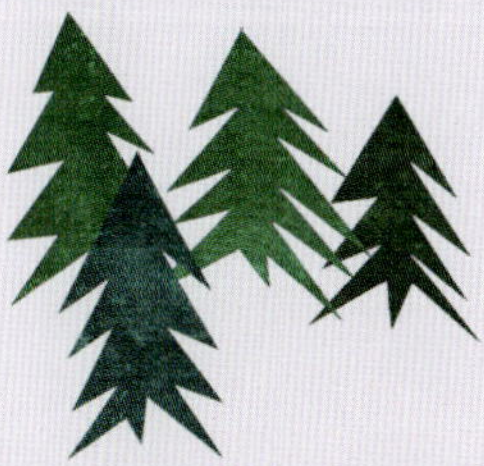

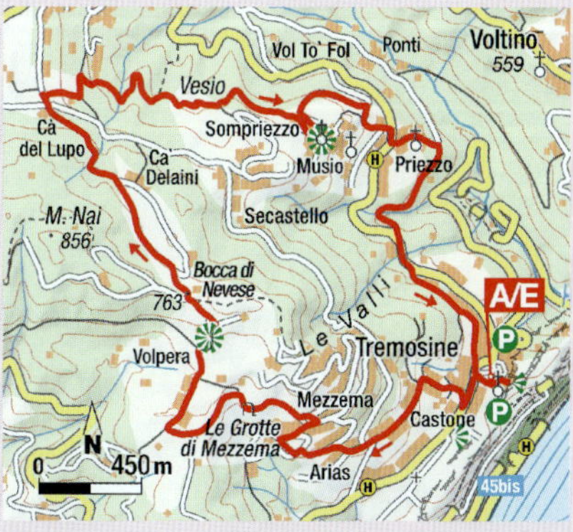

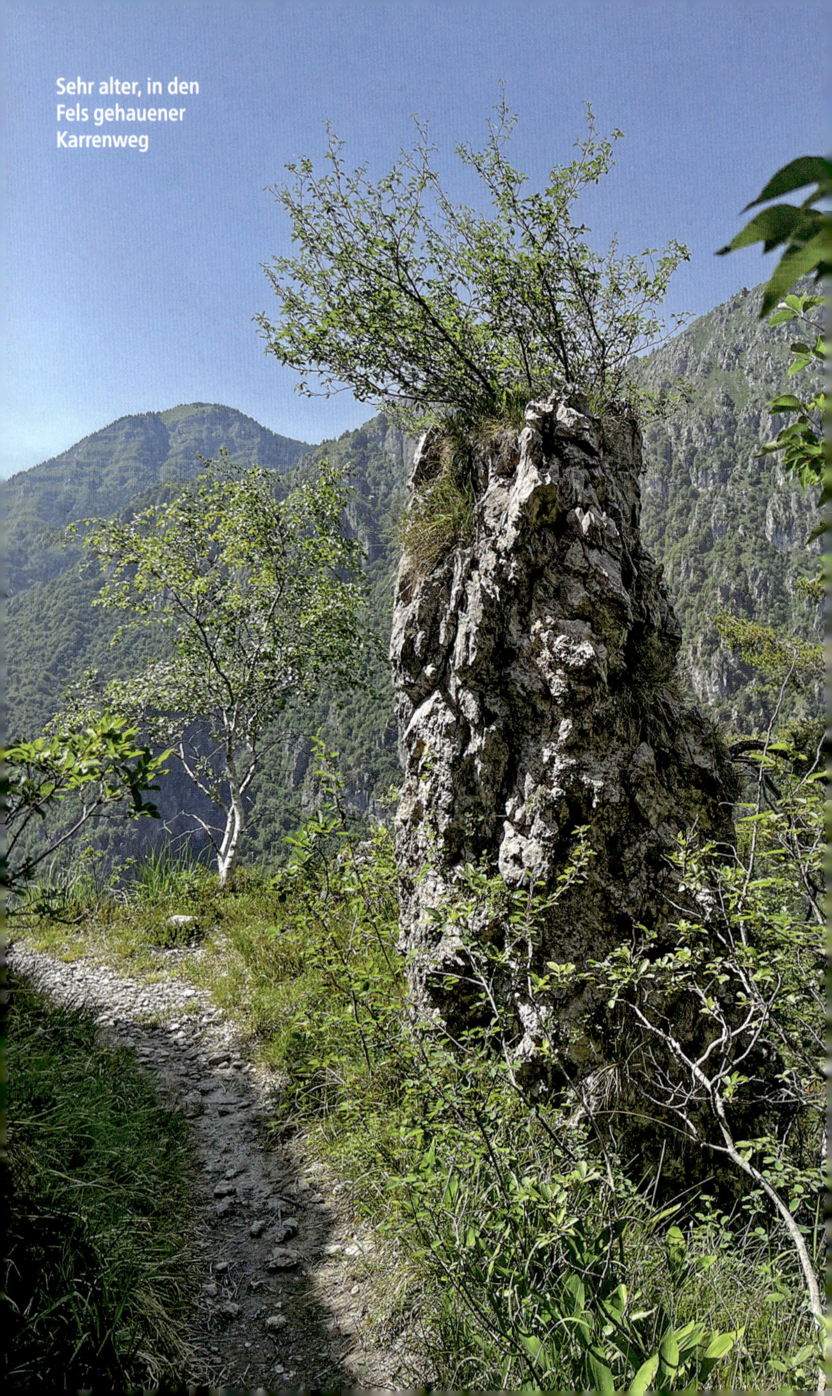

Sehr alter, in den Fels gehauener Karrenweg

FRIEDVOLLER ORT IM HINTERLAND

Tour der Stille
TOUR 15

Eremo di San Michele und Monte Zenone

Von der Hochebene von Tremosine aus geht es zur franziskanischen Eremitage des Heiligen Sankt Michael. Ein friedlich vor sich hin plätschernder Fluss, die alten Gemäuer der Eremitage und ein Berggipfel sind die Highlights dieser Tour.

Traumhaft schönes Hinterland … Das steht auf dem Programm dieser abwechslungsreichen, zugleich herausfordernden, aber vor allem genussvollen Wanderung. Nach dem Startpunkt bei Polsone wandern wir zunächst sanft bergab und entlang von Wiesen ins Val de Michele. Wir tauchen direkt ein in die Einsamkeit dieser Gegend, ihre Stille und friedvolle Aura. Am Talende spitzt auch schon das erste Ziel hervor, das Eremo San Michele. Auf einem breiten Landwirtschaftsweg und vorbei an zwei Bauernhöfen wandern wir diesem entgegen, das Tal verengt sich, wir überqueren einen Bachlauf und hören bereits das fröhliche Plätschern des Flüsschens Torrente San Michele. Ein kleiner Stausee produziert hier den Strom für die Hochebene. Der Bach taucht in eine kleine Schlucht ab.

Eremitage Die Einsiedelei liegt auf einem schönen Felsvorsprung, den wir erklimmen und auch wieder hinabsteigen müssen. Das mittelalterliche Gemäuer hat sich wunderbar in die Natur eingeschmiegt, von oben hat man zudem sowohl einen Blick ins Tal als auch bis zum Monte-Baldo-Massiv. Die Eremitage datiert wohl auf das Jahr 1000, was Funde belegen – ihr heutiges Erscheinungsbild stammt aus der Zeit um das 13. Jahrhundert. Offiziell wurde das alte Gemäuer jedoch erst im Jahr 1679, als ein veronesischer Dichter dort lebte und starb. Im 19. Jahrhundert wurde das Gebäude verlassen, derzeit ist es den Franziskanermönchen anvertraut. San Michele gilt übrigens als der Schutzpatron derer, die mit Feuer arbeiten –

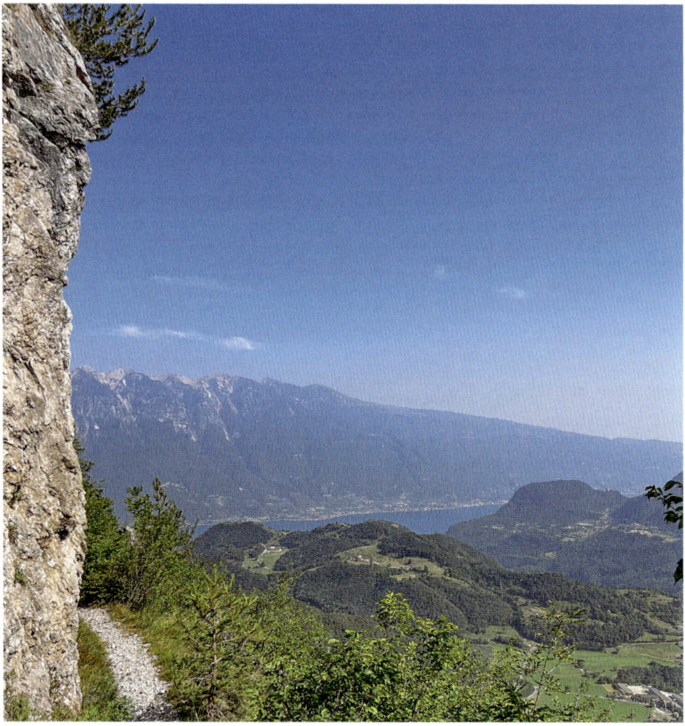

»Kannst du nicht wie der Adler fliegen,
klettre nur Schritt für Schritt bergan;
wer mit Mühe den Gipfel gewann,
hat auch die Welt zu Füßen liegen.«

Victor Blüthgen

also zum Beispiel der Schmiede und Köhler, die in diesem Tal zahlreich ansässig waren.

Am Wasser entlang Nach den Momenten der Stille wandern wir am Bach entlang weiter ins Tal hinein und biegen dann ins Valle Prato delle Noci ab. Der Weg wird immer schmaler und quert mehrfach den Bach. Wir passieren auch zwei Ferienhäuser, die richtig gut in Schuss sind, und fragen uns, wie die Besitzer wohl hierherkommen. Nach sechseinhalb Kilometern kommen wir an mehreren großen und kleinen Wasserfällen vorbei. Die Becken laden zum Baden ein, oder wie wäre es mit einer kalten Dusche? Auf jeden Fall füllen wir unsere Flaschen mit dem frischen, kühlen Wasser. An dieser Stelle könnte man abkürzen und denselben Weg wieder zurückgehen. Machen wir einen Rundweg aus der Wanderung, folgen jetzt weitere 13 Kilometer und 500 Höhenmeter – und tolle Ausblicke!

Auf dem Höhenweg Auf 1170 Metern Höhe erforschen wir mitten im Wald die Malga Fobia, die Ruine einer ehemaligen Almhütte. Hier wenden wir uns gen Süden und erklimmen allmählich den Kamm. Nun verläuft der Weg über einen alten Karrenweg, der im 19. Jahrhundert angelegt wurde – hierfür mussten zahlreiche Sprengungen und Felsarbeiten vorgenommen werden. Wir gehen durch Tunnel und an weggeschlagenen Felsüberhän-

← **Blick auf die Hochebene von Tremisone, den See und das Monte-Baldo-Massiv**
→ **Einer von vielen kaskadierten Wasserfällen im traumhaften Tal**

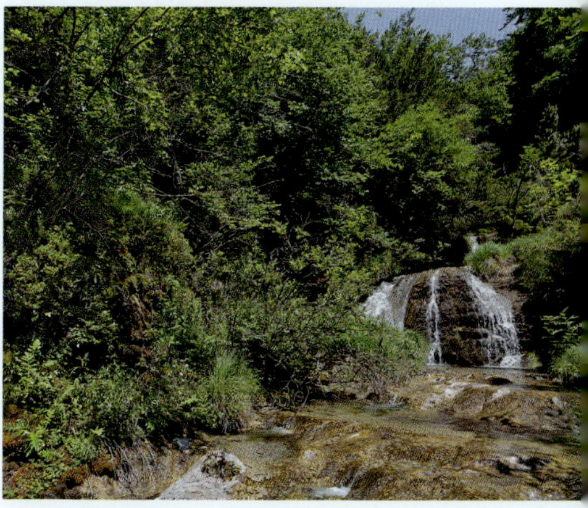

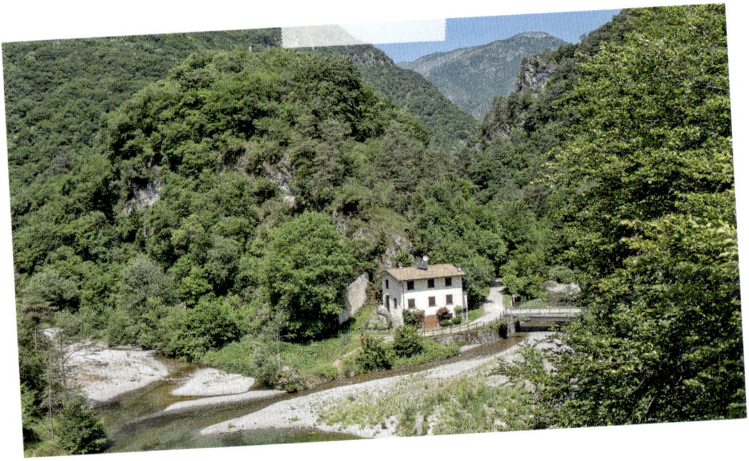

↑ Idyllisch versteckt sich die Einsiedelei am kleinen Stausee.

gen vorbei. Dabei versuchen wir uns vorzustellen, wie es wohl früher war, als täglich Handelskarren hier vorbeifuhren.

Monte Zenone Noch einmal haben wir die Wahl, den Weg zu verlängern: Mit einem Mehraufwand von einem Kilometer und 150 Höhenmetern gelangen wir auf den Monte Zenone, von dem aus man sogar den Gardasee sieht. Der Weg zum Gipfel ist jedoch nur von Süden aus möglich, von Norden ist die Bergspitze nicht mehr zugänglich. Nach dem Gipfelerlebnis geht es mit einem wunderschönen Panorama weiter entlang des Karrenweges nach Süden und schließlich im Zickzack moderat bergab zum Ausgangspunkt.

Info

Von der gleichnamigen Genossenschaft verwaltet, befindet sich 500 Meter östlich des Startpunktes der Wanderung die Alpe del Garda, bestehend aus einem tollen Lebensmittelladen mit regionalen Produkten und einer Gaststätte, die ebenfalls Gerichte aus regionalen Zutaten, auch für Vegetarier und Veganer, sowie Kaffee und Kuchen anbietet (alpedelgarda.it).

AUF EINEN BLICK

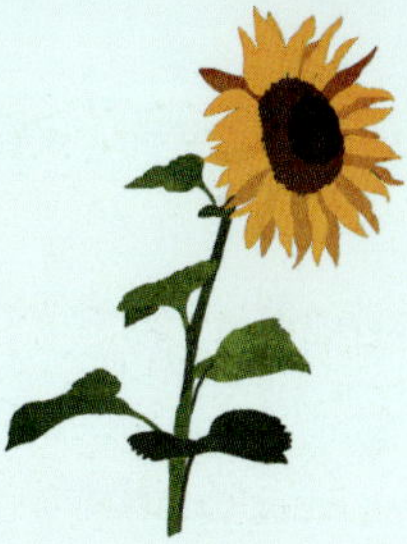

Tour 15: Tour der Stille

Dauer: 6 Std.

Höhenmeter: 1010 Hm

Länge: 20 km

Schwierigkeit: Schwer

Tourencharakter: Lange Wanderung mit vielen Höhenmetern, sehr gute Kondition, gute Trittsicherheit, festes Schuhwerk und alpine Erfahrung erforderlich. Mehrere Highlights und Bademöglichkeiten

Ausgangs-/Endpunkt: Östlich des Mini-Ortes Polsone

GPS-Koordinaten: 45.782744, 10.724856

Einkehr: Unterwegs keine, nahe dem Startpunkt Lebensmittelladen und Restaurant (siehe Info)

Information: gardasee.de/tremosine-sul-garda/eremo-san-michele

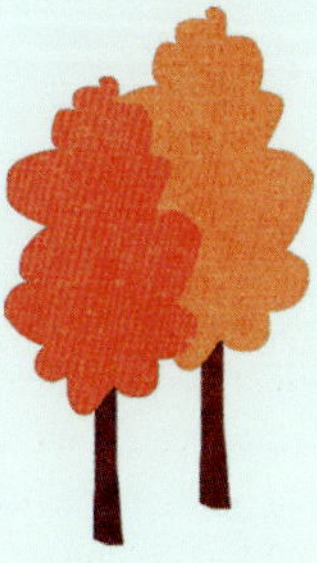

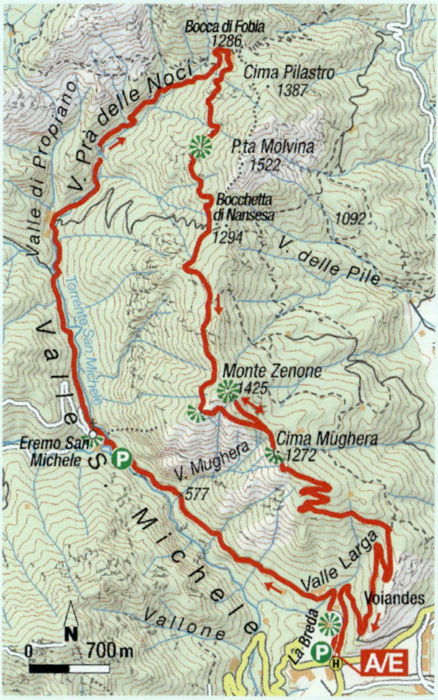

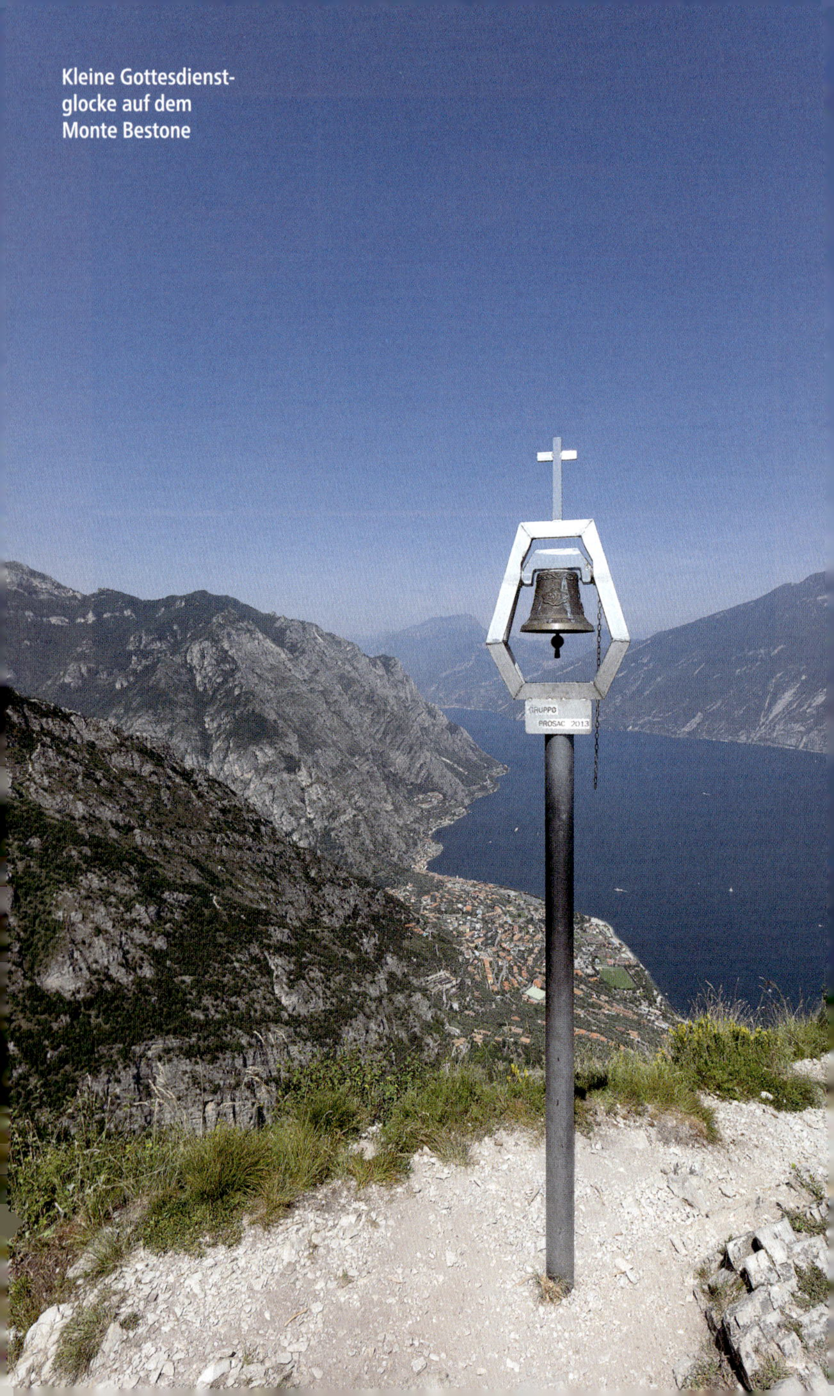

Kleine Gottesdienstglocke auf dem Monte Bestone

EIN SPAZIERGANG DURCH DIE NATUR

Tour der Stille
TOUR 16

Einmaliges Panorama um den Monte Bestone

Ein Geheimtipp in Sachen Panoramablick ist der 910 Meter hohe Monte Bestone – und man muss dafür vom Startpunkt aus gar nicht so viele Höhenmeter bewältigen! Diese Tour beschert grandiose Blicke in die Tiefe und in die Bergwelt.

Spaziergang Am großen Wanderparkplatz in Tremosine lockt uns ein Schild zu dieser Wanderung: »Ein Spaziergang durch die Natur«. Wir sind gespannt und wandern entlang einer kleinen Straße, passieren einige Ferienanlagen und kleinere Bergbauernhöfe, bevor wir in den Wald eintauchen. Es gäbe einen Alternativweg nach oben, der etwa einen halben Kilometer kürzer wäre, aber wegen der Ausblicke, die uns unterwegs schon erfreuen, wurde die hier beschriebene Route gewählt.

Aufstieg Erst wenn es Richtung Gipfelsturm geht, wird der Weg recht mühsam, und vor allem müssen wir viel kraxeln. Der Pfad ist schmal und steinig, eher wie ein Steig – aber er macht Spaß, weil wir ja auch im Hinterkopf haben, dass es nicht allzu weit und lange so steil bergauf geht. Der Weg ist zu keiner Zeit ausgesetzt oder gefährlich. Und wir können auch bereits während des Aufstiegs die grandiosen Blicke auf den nördlichen und den südlichen See genießen.

Moderner Gipfel Auf dem Monte Bestone stehen seit einigen Jahren ein sehr modernes Gipfelkreuz, eine Glocke und ein kleiner Altartisch – tatsächlich wird das Arrangement manchmal auch für Andachten und kleine Gottesdienste genutzt. Was uns aber den Atem stocken lässt, und zwar im wahrsten Sinne des Wortes: Der Blick ist atemberaubend! Während uns die Stille hier oben wie Watte einhüllt, blicken wir auf das rege Schiffstreiben

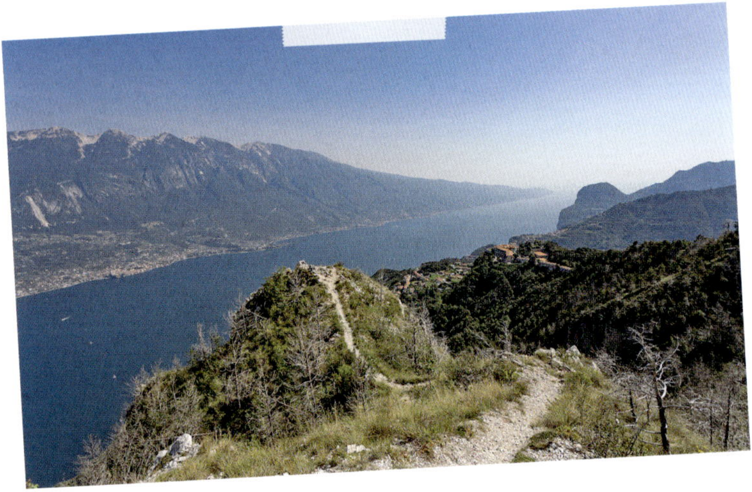

↑ **Großartige Sicht auf die gesamte Breite des Monte-Baldo-Massivs beim Abstieg**

auf dem See, auf den Ort Limone und die Punta Larici (siehe Tour 18). Außerdem können wir auf der gegenüberliegenden Seeseite die Gipfel des Monte Baldo so gut erkennen wie von nirgendwo sonst. Besonders imposant ist es, wenn die Abendsonne alles in ein rötliches Licht taucht.

Entspannter Rückweg Hinunter geht es ganz angenehm und einfach. Wir wandern stets entlang des Grates, größtenteils im schattigen Wald, haben aber trotzdem rechts und links des Weges immer wieder tolle Ausblicke auf ein ganz einzigartiges Panorama.

Info

Damit wir auch wissen, auf welche Berge wir blicken, wenn wir glücklich den Gipfel erklommen haben: Über dem Nordende des Gardasees prangt der Monte Stivo, im Osten ist es die Monte-Baldo-Kette mit ihren verschiedenen Gipfeln, im Nordosten erstreckt sich die Bergwelt der Traversole-Kette und im Süden linst der markant geformte Monte Cas aus der Hochebene von Tremosine heraus.

AUF EINEN BLICK

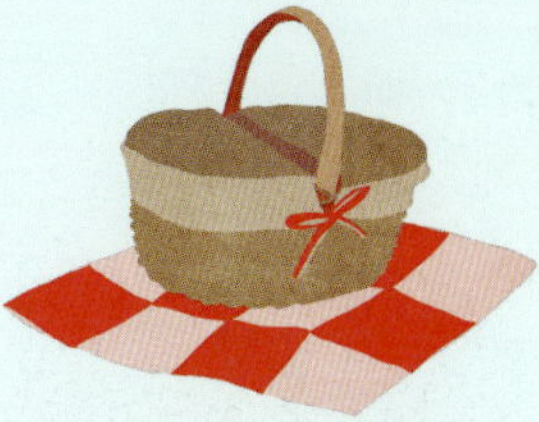

Tour 16: Tour der Stille

Dauer: 2 Std.

Höhenmeter: 260 Hm

Länge: 7 km

Schwierigkeit: Mittel

Tourencharakter: Der Aufstieg zum Gipfel ist felsig, steil und unwegsam, hier sind Stöcke unbedingt nötig. Die Aussicht vom Gipfel sucht ihresgleichen! Fernglas mitnehmen

Ausgangs-/Endpunkt: Großer Wanderparkplatz an der Via Dalvra in Tremosine

GPS-Koordinaten: 45.794233, 10.748129

Einkehr: Unterwegs keine, Pizzerien und Restaurants im Ortsteil des Startpunktes

Information: gardasee.de/tremosine-sul-garda

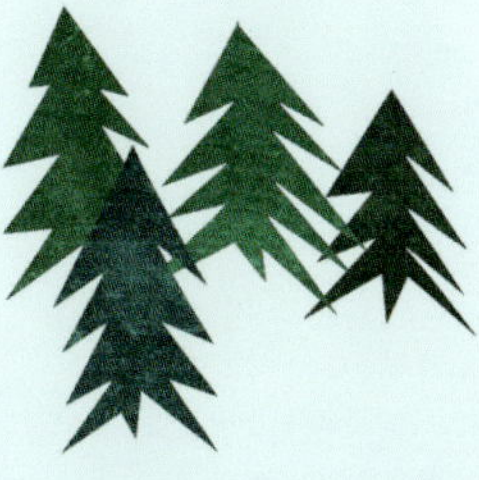

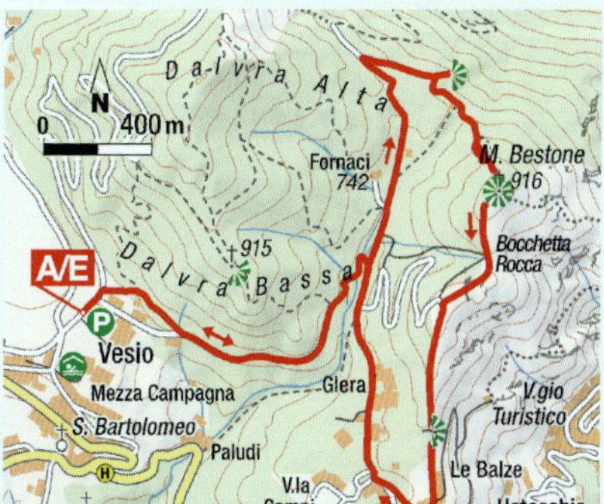

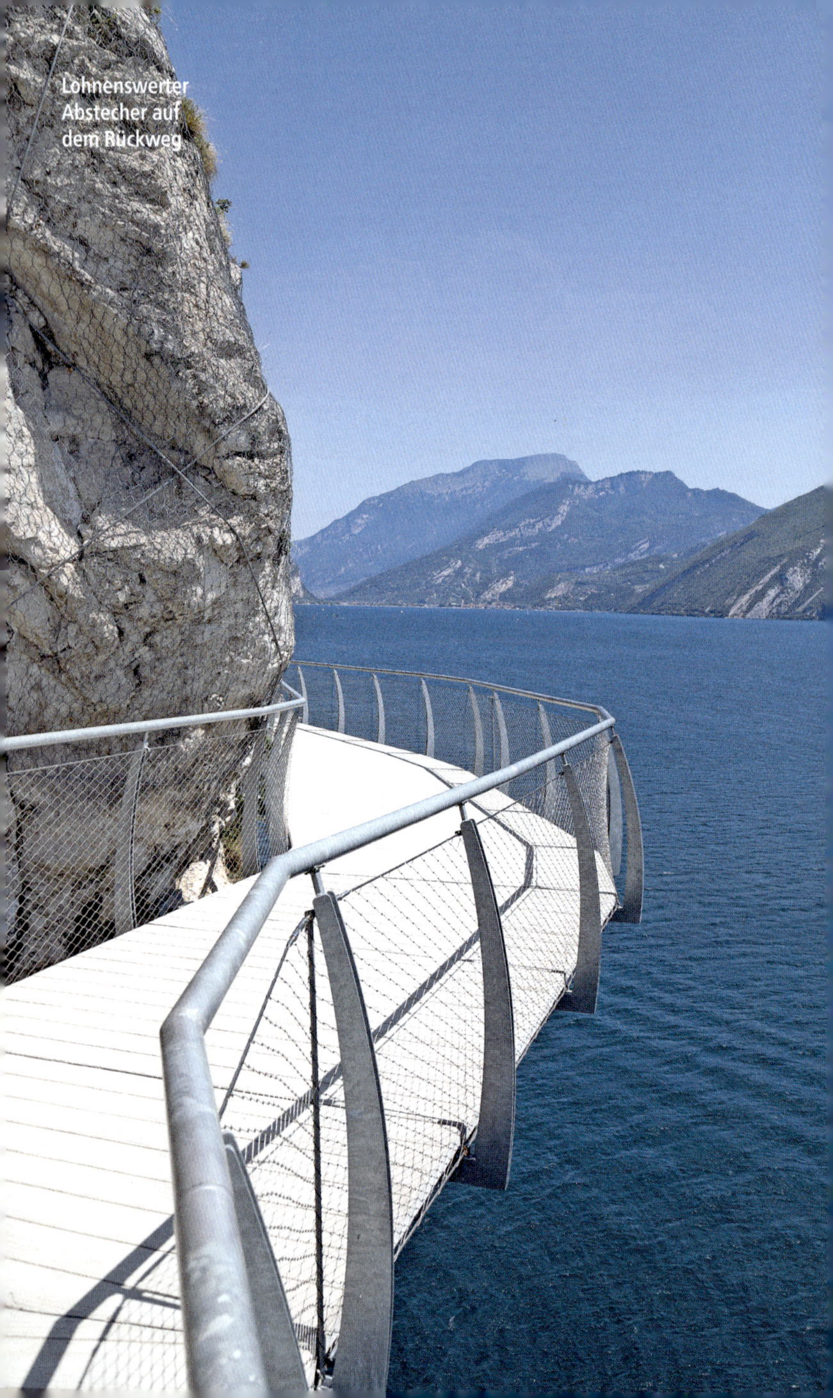
Lohnenswerter Abstecher auf dem Rückweg

SONNENWEG MIT WASSERFALL UND BADESTOPPS

Tour
TOUR 17
ohne Uhr

Von Limone auf den Sentiero del Sole

Auf diesem Weg können wir die Sonne genießen, aber es gibt auch Wasser und wir wandern wie auf einer Galerie über dem Gardasee. Dabei können wir uns alle Zeit der Welt lassen und uns den vielen mediterranen Eindrücken hingeben.

Auf dem Sonnenweg Da Hin- und Rückweg fast identisch sind, können wir den Gang über diesen außergewöhnlichen Wanderweg umso mehr genießen und alle »verpassten« Impressionen, Ausblicke und Besonderheiten des Sonnenwegs auf dem Rückweg nachholen. Der Weg ist sehr gut ausgeschildert mit »Sentiero del Sole« – dieser Wegmarkierung unbedingt immer folgen, denn es verläuft unterhalb von diesem noch ein anderer Weg. Unserer führt manchmal direkt über dem See, manchmal ist er in den Berghang hineingefräst. Der bequeme Weg ist etwas ganz Besonderes mit herrlichem Seepanorama, friedvoller Atmosphäre und historischen Überresten.

Betriebsames Limone Der malerische und quirlige Ort Limone sul Garda ist mehr als nur Start- und Zielpunkt. Terrassenförmig ist das charmante Örtchen mit seinen verwinkelten Gässchen und der malerischen Altstadt an den Berghang über dem See gebaut, Olivenhaine und Zitronengärten sind überall präsent. Die Zitronen sind allerdings nicht verantwortlich für die Namensgebung des Ortes – Limone leitet sich vom lateinischen Wort »Limes« ab, also »Grenze«. Lange verlief hier nämlich die Grenze zwischen Österreich und Italien. Wir starten mitten im Ort und können so die mediterrane Atmosphäre in vollen Zügen genießen.

Auf den Sonnenweg Wir passieren den romantischen alten Hafen mit Restaurants, Souvenirläden und Eisdielen sowie das kleine Kirchlein Di San

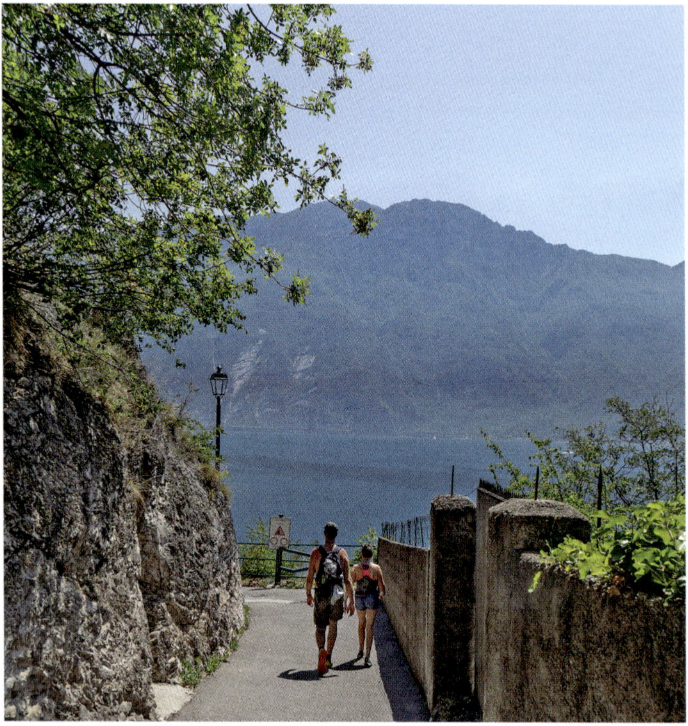

»Wer recht in Freuden wandern will,
der geh' der Sonn' entgegen.«

Emanuel Geibel

Rocco und wandern auf der Via Nova. Dieses Sträßchen mündet schließlich in die Via Reamol, das ist der Startpunkt des Sentiero del Sole. Von Felsen gesäumt ist der Promenadenweg, der die ganze Zeit in unmittelbarer Seenähe an Olivenhainen und üppiger mediterraner Vegetation entlangführt. Ein Abstecher vom Weg führt (ausgeschildert) zum Sopino-Wasserfall – ein wahres Kontrastprogramm zu dem mediterranen Limone und dem sonnigen Panoramaweg. Da wir zeitlos unterwegs sind, setzen wir uns an den Fuß des Wasserfalls und schauen dem beeindruckenden Naturschauspiel zu.

Herrlicher Abschnitt Zurück auf dem Hauptweg geht es weiter Richtung Norden und vorbei an einem großen Parkplatz. Nun teilt sich der Weg. Der Hinweg führt weiter am Ufer und unterhalb der Straße entlang (rechts von dieser). Der Rückweg kommt vom Berg herunter und trifft an dieser Stelle auf den Parkplatz. Nun folgt eine spektakuläre Wegstrecke. Immer an die Klippen der Küste geschmiegt, führt uns ein neuer Fahrradweg am Berghang entlang. Am Aussichtspunkt Corno di Reamol halten wir inne und genießen den Gardasee in all seiner Schönheit, bevor wir bis zum Ende dieses Sträßchens laufen, zum Umkehrpunkt der Wanderung. Dort steht ein kleines Denkmal.

Schlenker auf dem Rückweg Wir wandern denselben Weg zurück und biegen über eine Lücke in der Leitplanke rechts ab in den Hang hinein. Am Ende des Abstechers befand sich laut den Beschilderungen die südlichste Verteidigungsstellung am Gardasee, die im Zweiten Weltkrieg auch von den Deutschen ausgebaut und genutzt wurde. Es gab neben einigen Artillerie-Einheiten auch eine Scheinwerfereinheit, die den See bei Nacht absuchen sollte. Heute noch kann

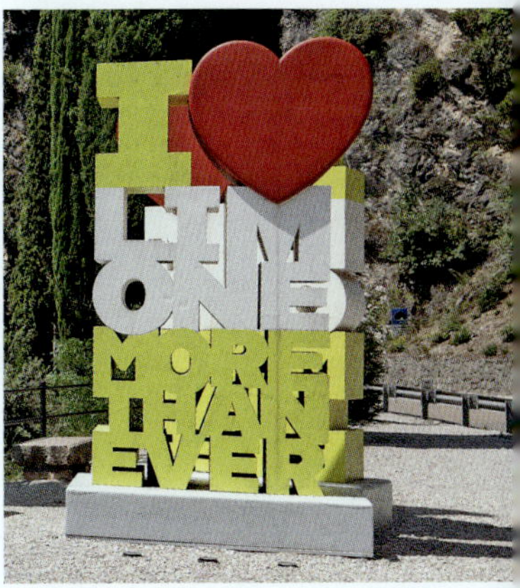

← **Der Weg ist nur selten so menschenleer.**
→ **So wird man am Ortseingang von Limone willkommen geheißen.**

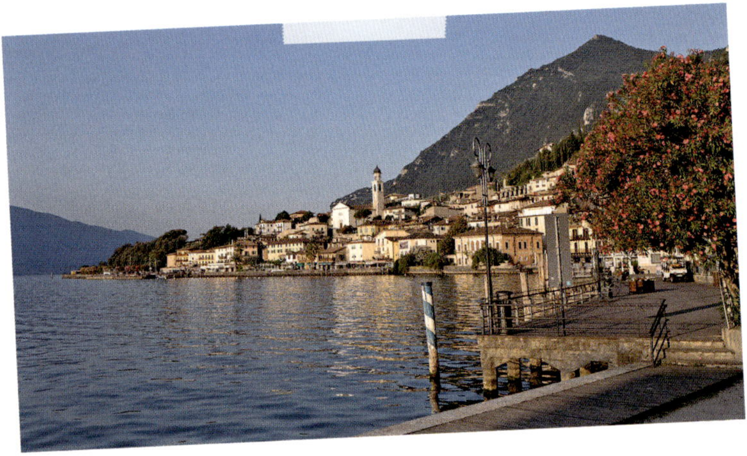

↑ Sonnenaufgang über der Altstadt von Limone

man einen der Tunnel begehen (Taschenlampe vorteilhaft, die Handy-Taschenlampe reicht nicht aus). Da diese Einheiten auf einer Art Kap angeordnet sind, gesellt sich zu den geschichtlichen Erkenntnissen auch ein wunderschöner Ausblick!

Ausschlendern Der Rückweg nach Limone führt uns an einem verlassenen Wasserwerk vorbei, das als Wasserspeicher für Limone und die Gärten fungiert hat, außerdem an einem alten Kalkofen, in dem früher Löschkalk gebrannt wurde. Wir erreichen wieder Limone und gehen, vorbei an der einen oder anderen Aussichtsplattform, seeseitig auf dem bekannten Hinweg wieder zurück. Beim Hotel Astor kann man an den Strand (gebührenpflichtig) oder wir stürzen uns kurz vor der Altstadt am Hundestrand ins Wasser – das ist kostenlos und die Vierbeiner haben sicher nichts dagegen.

Info

Die Kalkproduktion stellte am Gardasee einst eine wichtige Einnahmequelle dar. Kalkgestein wurde in großen Kalköfen bei hohen Temperaturen erhitzt und so in Kalk verwandelt. Er diente vor allem als Baustoff und als Tünche.

AUF EINEN BLICK

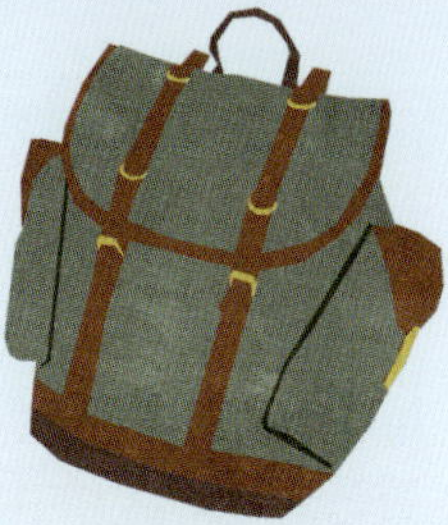

Tour 17: Tour ohne Uhr

Dauer: 3 Std.

Höhenmeter: 220 Hm

Länge: 12 km

Schwierigkeit: Mittel

Tourencharakter: Herrlicher Spazierweg am See entlang, zwei kurze, steile Anstiege durchgehend der Sonne ausgesetzt – Sonnenschutz ist unbedingt notwendig! Badesachen und eine Taschenlampe mitnehmen

Ausgangs-/Endpunkt: Parkplatz bei der Tourist-Info Limone

GPS-Koordinaten: 45.812993, 10.791568

Einkehr: Unterwegs Hotel Astor (mit kostenpflichtigem Strandzugang), Hotel-Restaurant Villa Romantica, am Start- und Endpunkt in Limone zahlreiche gastronomische Angebote

Information: gardasee.de/limone-sul-garda

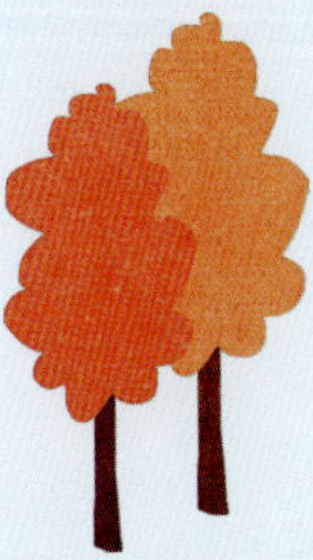

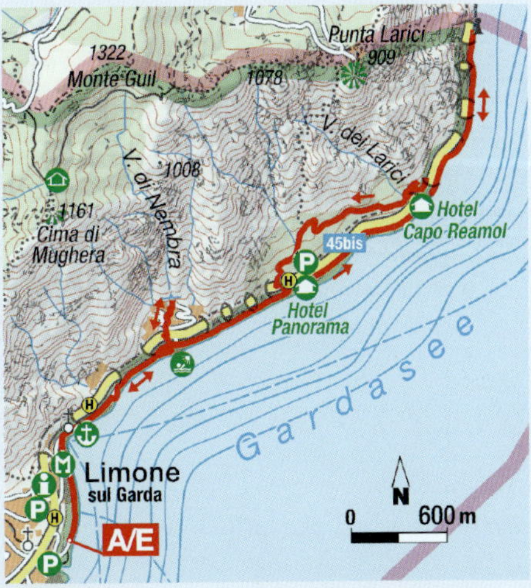

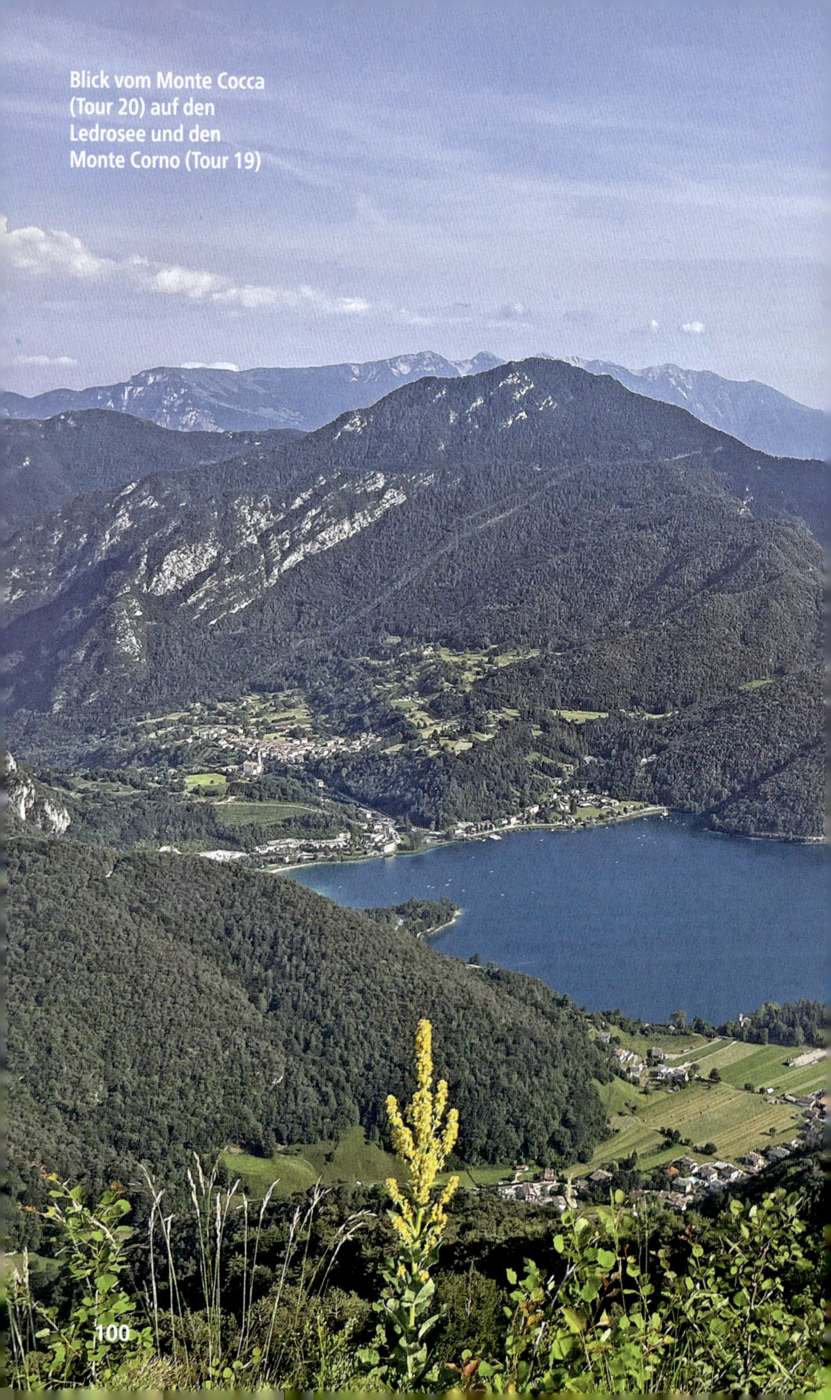

Blick vom Monte Cocca (Tour 20) auf den Ledrosee und den Monte Corno (Tour 19)

NÖRDLICHER GARDASEE UND LEDROSEE

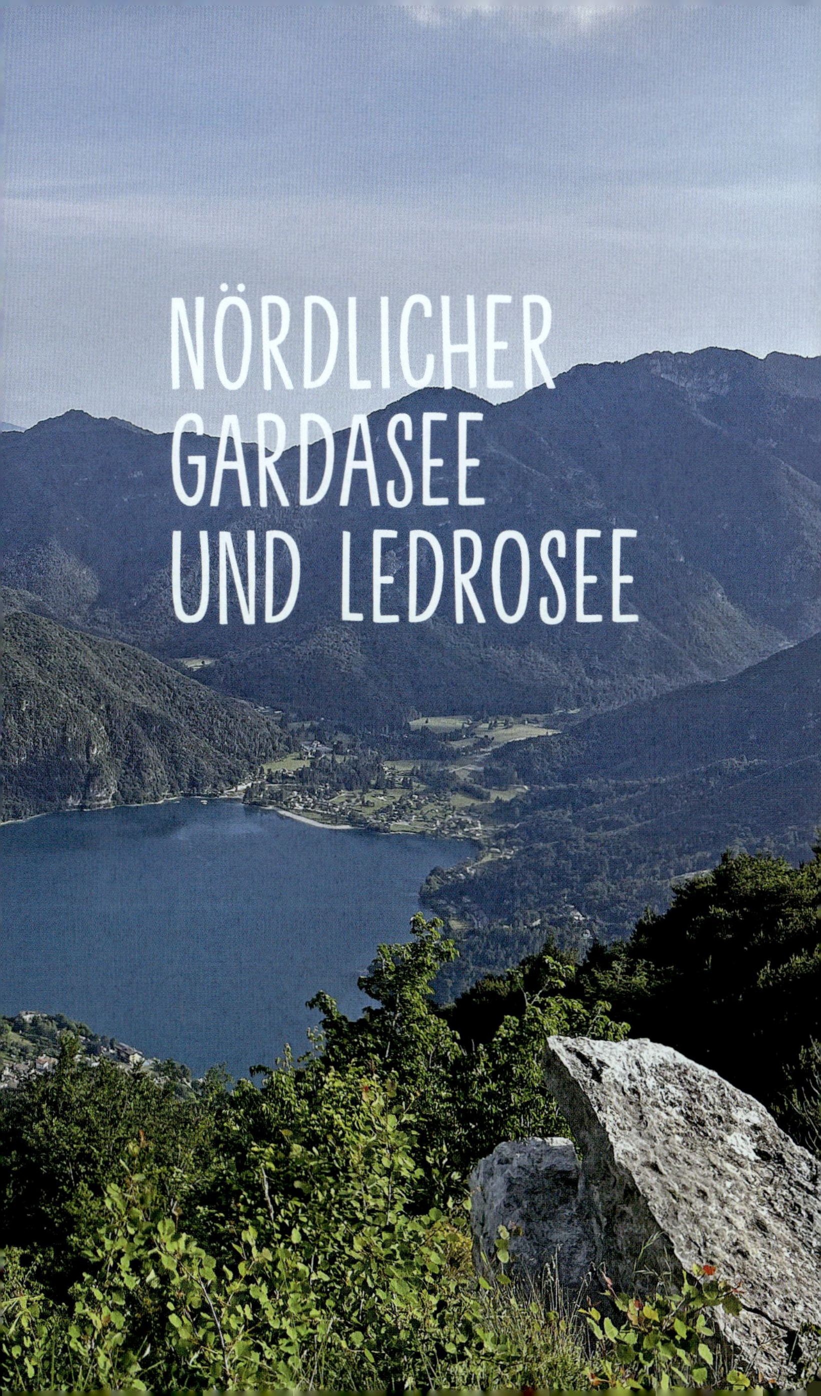

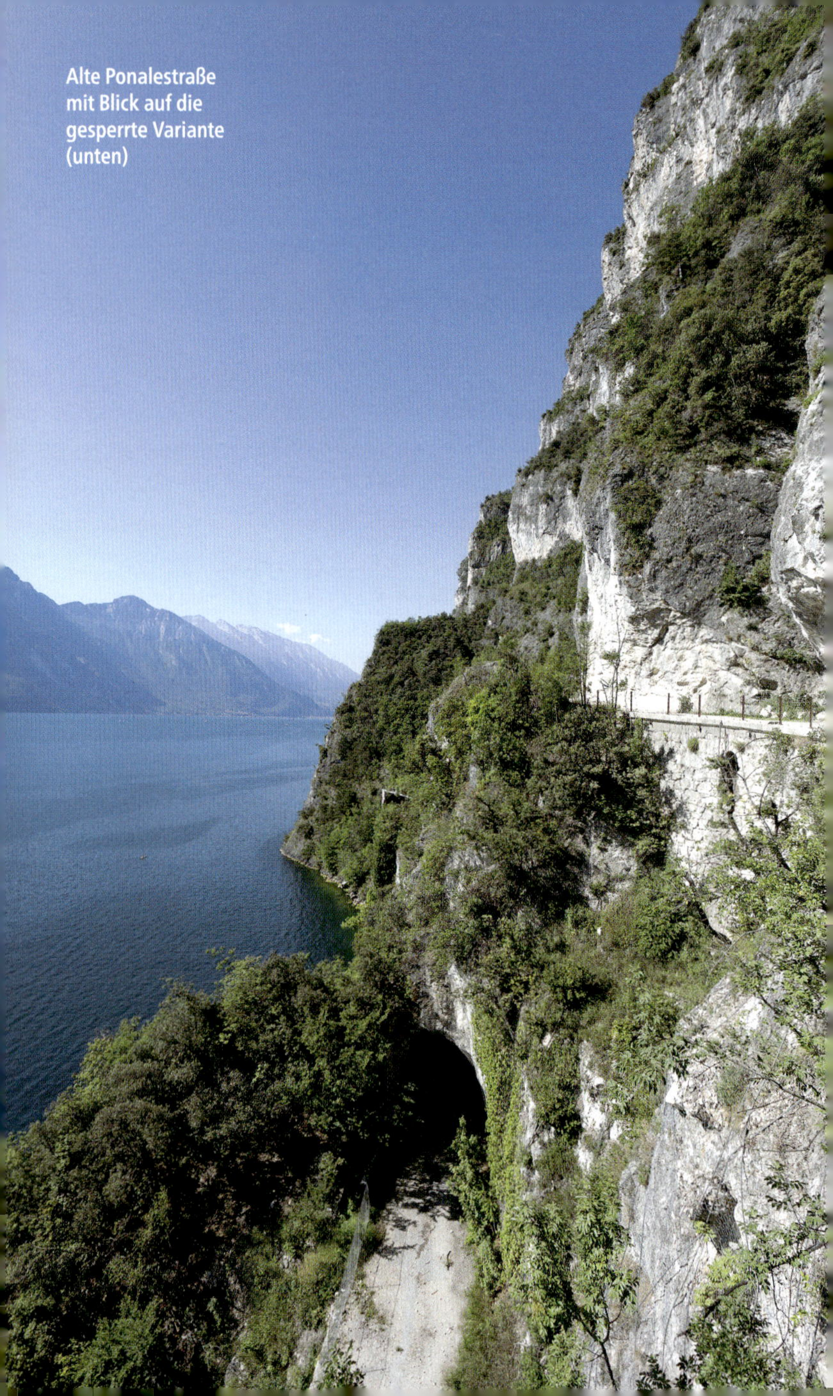

Alte Ponalestraße mit Blick auf die gesperrte Variante (unten)

SENSATIONELLER AUSSICHTSPUNKT

Tour
TOUR 18
ohne Uhr

Über die Ponalestraße zur Punta Larici

Beeindruckend fräst sich die alte Verbindungsstraße Ponale in die Berghänge zwischen Riva del Garda und der Ortschaft Biacesa im Ledrotal. Man MUSS diese »Straße« mit ihren zahlreichen Ausblicken entlanggegangen sein!

Ponalestraße Die Ponalestraße wurde 1848 bis 1851 erbaut, um das Ledrotal mit dem Gardasee zu verbinden – sie war damit die erste und einzige Verbindungsstraße und beendete die Isolation des Ledrotals. Die Straße wurde in den Fels gesprengt, was vor allem von Riva del Garda und Torbole aus betrachtet spektakulär aussieht – denn von dort aus sieht man das Profil der alten Straße mitten im Felsen sehr gut. 1990 wurde die Straße aufgegeben und nach einem Erdrutsch im Jahr 2000 gesperrt. 2004 wurde sie dann in einen Pfad umgewandelt und für die Allgemeinheit zugänglich gemacht – sie wird heute von Wanderern und Radfahrern gleichermaßen genutzt. Mit ihrer ungewöhnlichen Lage und Bauweise zählt die Ponalestraße zu den beeindruckendsten historischen Panoramawegen Europas; kein Wunder also, dass sie sehr beliebt und viel begangen ist. Das ist allerdings unkritisch, denn die Wanderer verteilen sich gut auf eine lange Strecke. Man sollte sich viel Zeit für die Ponalestraße nehmen, immer wieder innehalten, die Ausblicke genießen und sich bewusst machen, wie ungewöhnlich sich dieser Wanderpfad an den Felsen klammert. Übrigens wurde erst Anfang der 2000er-Jahre die Ponalestraße durch den aktuellen modernen Autotunnel ersetzt.

Wegbeschaffenheit Zwar ist der Weg technisch nicht schwierig oder anspruchsvoll, es kann aber aufgrund der Wegführung an einer Felswand entlang zu Steinschlägen kommen, hier ist Vorsicht geboten. Auch die

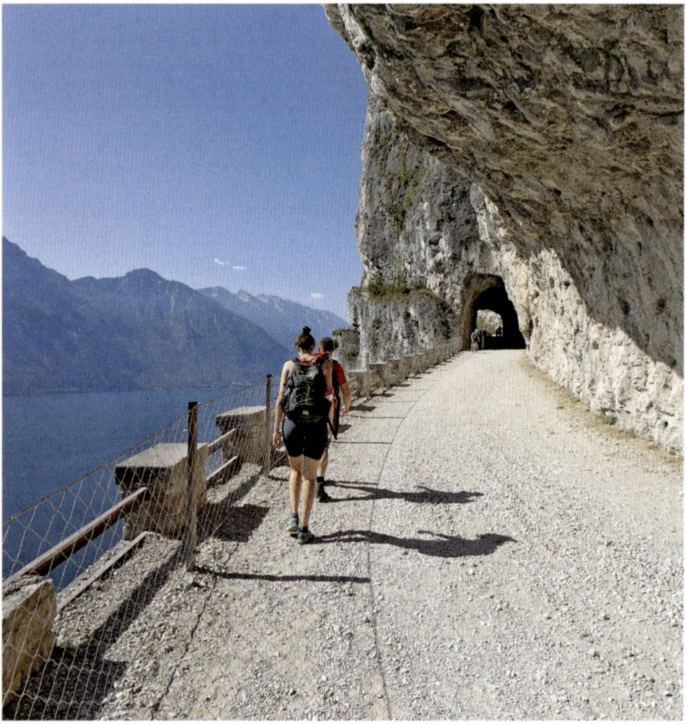

»Auch der längste Marsch beginnt
mit dem ersten Schritt.«

Laotse

Höhenmeter sind eine Herausforderung, jedoch steigt der Weg kontinuierlich und auf einem bequem zu gehenden Weg an. Insofern kann man den Weg trotz aller Randdaten wie Höhenmeter und Länge als nur mäßig anstrengend bezeichnen. Die Wegetappe führt vom Ort Riva del Garda über den Ort Pregasina bis hinauf zur Punta Larici, einem Nebengipfel des Monte Palaer. Die Ostflanke der Punta Larici fällt steil zum Gardasee hin ab, sodass man einen gigantischen Blick nach Nordost und Südwest über den Gardasee erhält. Wir wählen anschließend nicht komplett denselben Rückweg, sondern begehen eine kleine Schleife über Malga Palaer.

Auf historischen Pfaden Los geht's am südlichen Ortsrand von Riva del Garda, wo wir das historische Wasserkraftwerk passieren. Schon bald folgt der erste Tunnel, von denen es im weiteren Verlauf mehrere gibt. Manchmal werden die Fahrradfahrer durch die Tunnel durch und die Fußgänger außenherum geleitet – das hat den Vorteil, dass wir als Wanderer durchgehend den Blick auf den Gardasee und den Monte Baldo auf der gegenüberliegenden Seeseite genießen dürfen. Über einen Rechtsknick gelangen wir ein Stück ins Ledrotal hinein und an einen Wasserfall, der sich direkt aus dem Berg heraus ergießt. Nach etwa drei Kilometern und 150 Höhenmetern erreichen wir die erste Einkehrmöglichkeit, das Ausflugslokal Ponale Alto Belvedere mit fantastischem Ausblick. Kurz darauf trennen wir uns von der Ponalestraße, die sich in engen Schlaufen weiter den Berg hinauf ins Ledrotal windet.

Steil bergauf Wir halten uns links Richtung Pregasina und bewältigen auf dem folgenden Wegabschnitt einige der vielen Höhenmeter in aller Ruhe. Dann ist die hübsche Ortschaft Pregasina mit wunder-

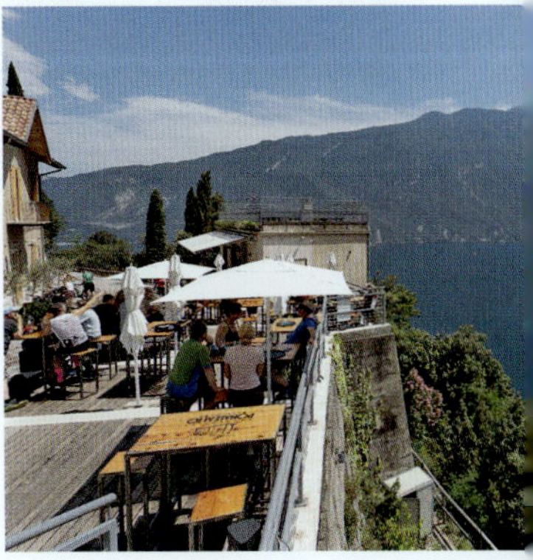

← **Am Vormittag liegt der Weg in der Sonne.**
→ **Die Gaststätte Ponale Alto Belvedere auf halbem Hin- und Rückweg**

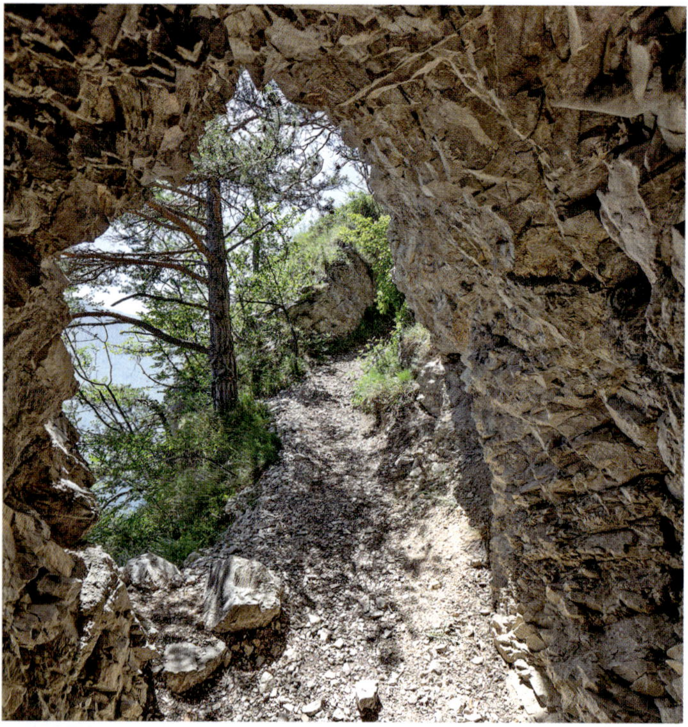

»Bei jedem Schritt in der Natur
bekommt man weit mehr, als man sucht.«

John Muir

barem Panoramablick über den Lago erreicht. Die Statue der Regina Mundi markiert den schönsten Aussichtspunkt. An zwei Trinkwasserbrunnen können wir unsere Wasserflaschen auffüllen oder wir kehren in der gastfreundlichen Gemeinde ein. Nach der Kirche tauchen wir in den Wald hinein, in dem wir jetzt zwei Kilometer lang unterwegs sind. Dann haben wir die Möglichkeit, über einen schmalen Wanderweg über den Bergkamm und entlang der Abbruchkante zum Aussichtspunkt auf den See zu laufen – das ist ohne Kletterei möglich. Eine andere Variante würde über eine asphaltierte Straße führen, aber auf diesem Wanderpfad gibt es die schönere Aussicht.

Herrlicher Zielpunkt Die Punta Larici ist Ziel- und Umkehrpunkt dieser außergewöhnlichen Wanderung. Sie wird oft als der spektakulärste Aussichtspunkt am Gardasee bezeichnet und wer einmal dort oben stand und den Blick über den See und die Bergwelt hat schweifen lassen, wird das ohne Weiteres bestätigen. Aus allen Richtungen kommen plötzlich die Wanderer und Radfahrer, die sich hier versammeln und staunend vor diesem Panorama stehen.

Zusatzschleife Kaum können wir uns losreißen von diesem ergreifenden Ausblick. Glücklicherweise hält unser Weg bei der Option, nicht einfach wieder zurückzugehen, noch weitere schöne Momente bereit. So wandern wir entlang eines Ziegengeheges und über den Berggipfel Bocca Larici zur Malga Palaer, eine idyllisch gelegene, nicht bewirtschaftete Almhütte. Hier biegen wir rechts ab und die gute Nachricht ab sofort lautet: Es geht nur noch bergab!

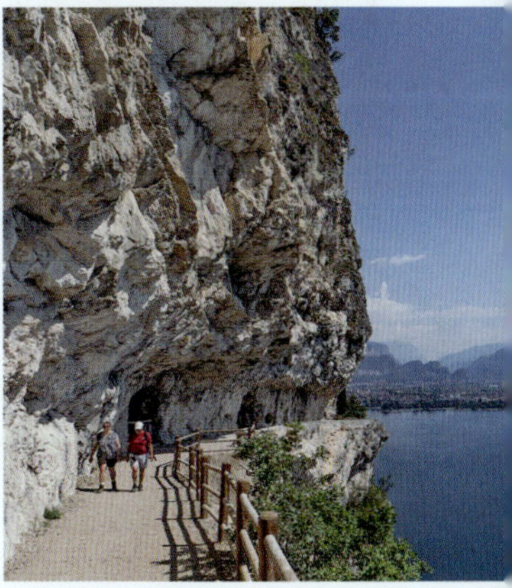

← Kleine Tunnel und Bunker auf dem Schlussspurt zur Punta Larici
→ Die Tunnel belüften den aktuellen Straßentunnel.

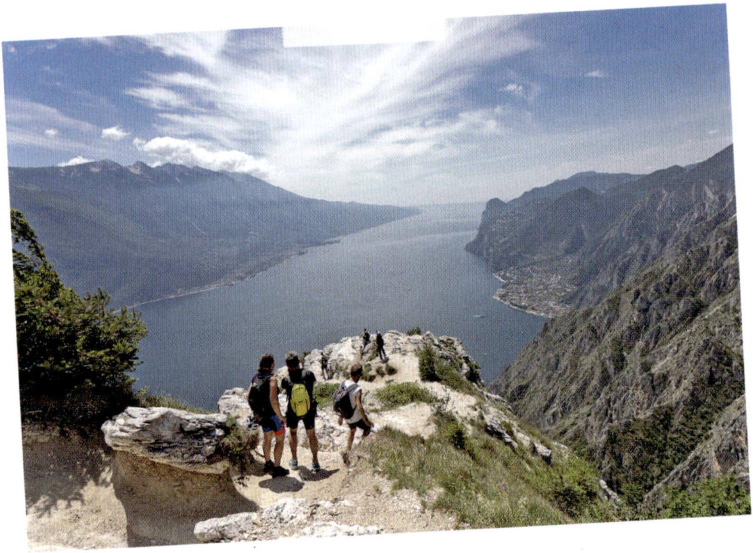

↑ **Punta Larici: spektakulär, schwindelerregend, aber gut gesichert**

Zuletzt über sehr viele Serpentinen, gelangen wir drei Kilometer nach der Hütte wieder in den Ort Pregasina, den wir an der Kirche betreten. Jetzt spätestens wäre es Zeit, sich im sehr empfehlenswerten Hotel Albergo Panorama eine Portion Spaghetti aglio e olio schmecken zu lassen. Auf jeden Fall können wir die Wasservorräte auffüllen und sind dann gewappnet für die letzten fünf Kilometer zurück nach Riva del Garda – auf demselben Weg, den wir nach Pregasina gekommen sind.

Tipp

Die Albergo Panorama im Ortskern der kleinen Ortschaft Pregasina macht ihrem Namen alle Ehre: Bei sensationellem Ausblick kann man sich das klassisch italienische Essen auf der Terrasse schmecken lassen. Es werden lokale Produkte verwendet, die Portionen sind dem großen Wanderer-Hunger absolut angepasst und das Preis-Leistungs-Verhältnis ist sehr gut (panoramapregasina.it).

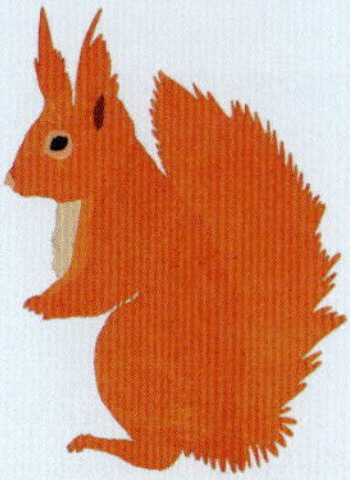

AUF EINEN BLICK

Tour 18: Tour ohne Uhr

Dauer: 6 Std.

Höhenmeter: 900 Hm

Länge: 18,3 km

Schwierigkeit: Schwer

Tourencharakter: Lange und schwere Wanderung mit vielen Höhenmetern, sehr gute Grundkondition ist Voraussetzung, gute Trittsicherheit und festes Schuhwerk sind notwendig. An heißen Sommertagen sollte man die Tour meiden, da die Ponalestraße, von den Tunneln abgesehen, kaum Schatten bietet.

Ausgangs-/Endpunkt: Parkhaus Monte Oro

GPS-Koordinaten:
45.886222, 10.837863

Einkehr: Ponale Alto Belvedere, Albergo Panorama in Pregasina

Information: gardasee.de/riva-del-garda/ponale-radweg

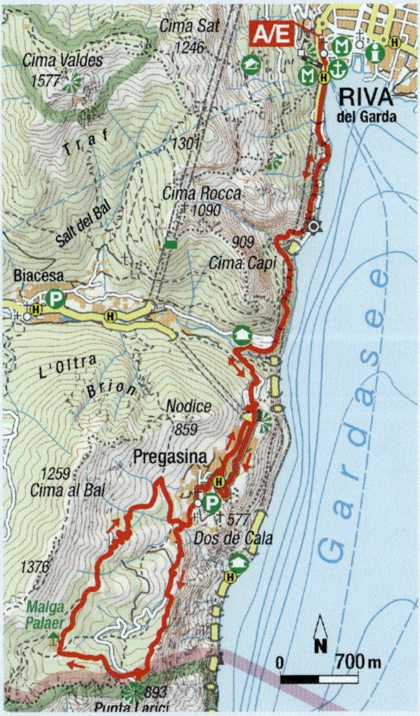

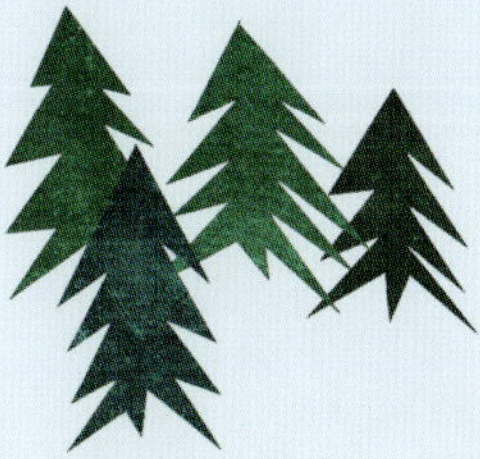

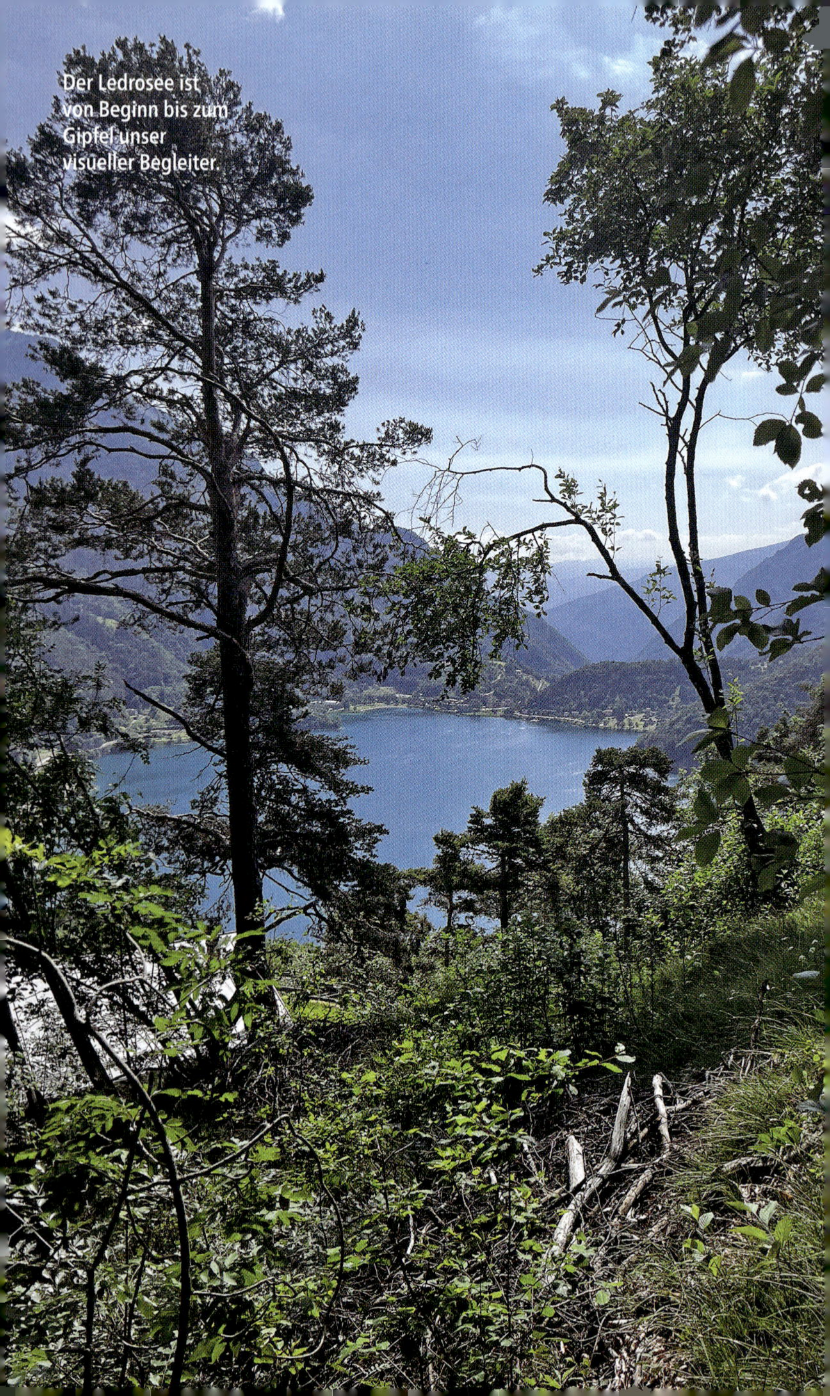

Der Ledrosee ist von Beginn bis zum Gipfel unser visueller Begleiter.

Tour

TOUR 19

der Stille

BALKON ÜBER DEM LEDROSEE

Von Pieve auf den Monte Corno

Die türkisfarbene Perle Ledrosee ist vom Monte Corno aus betrachtet besonders schön, weil der 1645 Meter hohe Berg in der ersten Reihe steht und deshalb klar und umfassend den Blick auf den gesamten See preisgibt.

Start am Bergsee Es ist eine der schönsten Wanderungen am Ledrosee, weil sie sowohl am Seeufer als auch im Gebirge von einer friedvollen Stimmung begleitet wird. Wir starten direkt am See und sind binnen kurzer Zeit mitten im Gebirge, von wo aus wir hinunter auf den Bilderbuchsee schauen. Von der Ortschaft Pieve aus umrunden wir zunächst ein Viertel des Sees, auf dem Motorsport nicht erlaubt ist. Es fahren also keine Jetskis oder Motorboote auf dem See – das lässt die Gegend umso verträumter wirken.

Vom See auf den Berg Wir wandern kontinuierlich bergauf durch den Wald. Immer wieder präsentieren sich neue Blicke auf den See, jedes Mal von einer etwas höheren Ebene aus. Wir genießen das weiche Gehen auf dem Waldboden, auf dem unsere Schritte federn, und der uns kaum merklich viele Höhenmeter bergauf führt. Wir erreichen kleine Berghüttchen und die malerische Kapelle San Martino. Die Stille, die das Kirchlein umgibt, ist garniert mit einem wunderschönen Blick auf den Ledrosee. Auch die blühende Blumenwiese bietet einen traumhaft schönen Anblick.

Monte Corno Wir passieren im weiteren Wegverlauf Schützenstellungen, die bereits vor dem Ersten Weltkrieg errichtet wurden. An einem Aussichtspunkt mit Höhle angekommen, müssen wir den Monte Corno noch zu einem Drittel umrunden, weil sich der Aufstieg zwischen seinem Gipfel und der dahinterliegenden Cima Caset befindet. Wir erklimmen den Sattel und

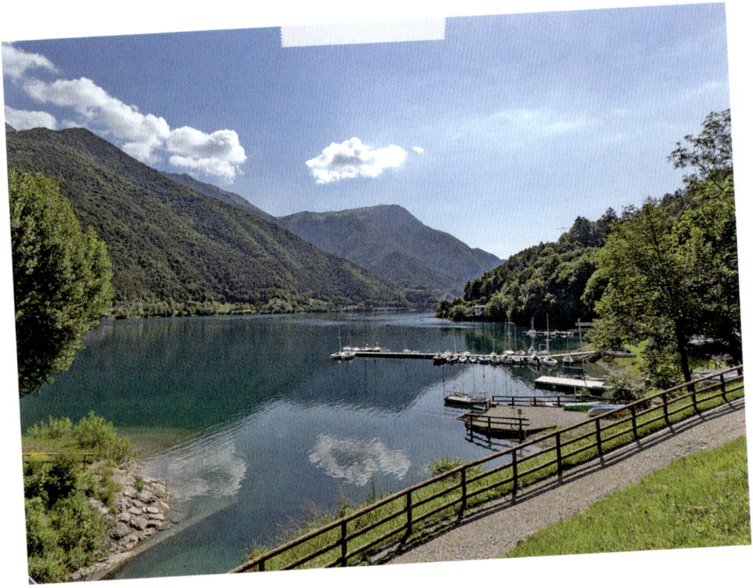

↑ Vom Ledrosee Richtung Gardasee und Cima d'Oro

50 Höhenmeter später haben wir es geschafft! Der Gipfel des Monte Corno ist bewachsen und begrünt. Die Aussicht auf den See und die Bergwelt rundherum schlägt alle bisherigen dieser Wanderung. Es verwundert nicht, dass dieser Gipfel der »Balkon über dem Ledrosee« genannt wird. Zwar gibt es hier oben keinen Schatten, aber man kann trotzdem kurz verweilen und genießen. Die ersten eineinhalb Kilometer des Rückwegs sind identisch mit dem Hinweg. Dann biegen wir scharf links ab und gehen durch den Wald hinab. Der Weg führt in moderater Steigung bergab über weichen Waldboden zurück an den Ledrosee.

Info

Auf dem Weg können wir die Finger-Zahnwurz bewundern, eine besondere Form des bei uns bekannten Springkrauts; sie gedeiht nur hier auf den mullhaltigen Böden.

AUF EINEN BLICK

Tour 19: Tour der Stille

Dauer: 4.30 Std.

Höhenmeter: 990 Hm

Länge: 11,9 km

Schwierigkeit: Schwer

Tourencharakter: Schwere Wanderung mit vielen Höhenmetern, gute Grundkondition erforderlich. Überwiegend gut begehbare Wege, keine ausgesetzten Stellen auf dem Weg zum Gipfel. Viel Schatten beim Aufstieg

Ausgangs-/Endpunkt: Pieve di Ledro (Parken südöstlich des Camping Al Lago an der Via Alzer möglich)

GPS-Koordinaten: 45.881293, 10.734732

Einkehr: Unterwegs keine, Gastronomie in der Ortschaft Pieve di Ledro

Information: vallediledro.com/de/pieve-di-ledro

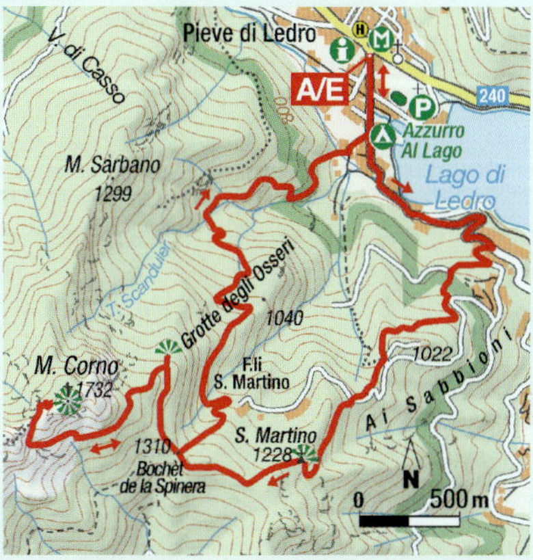

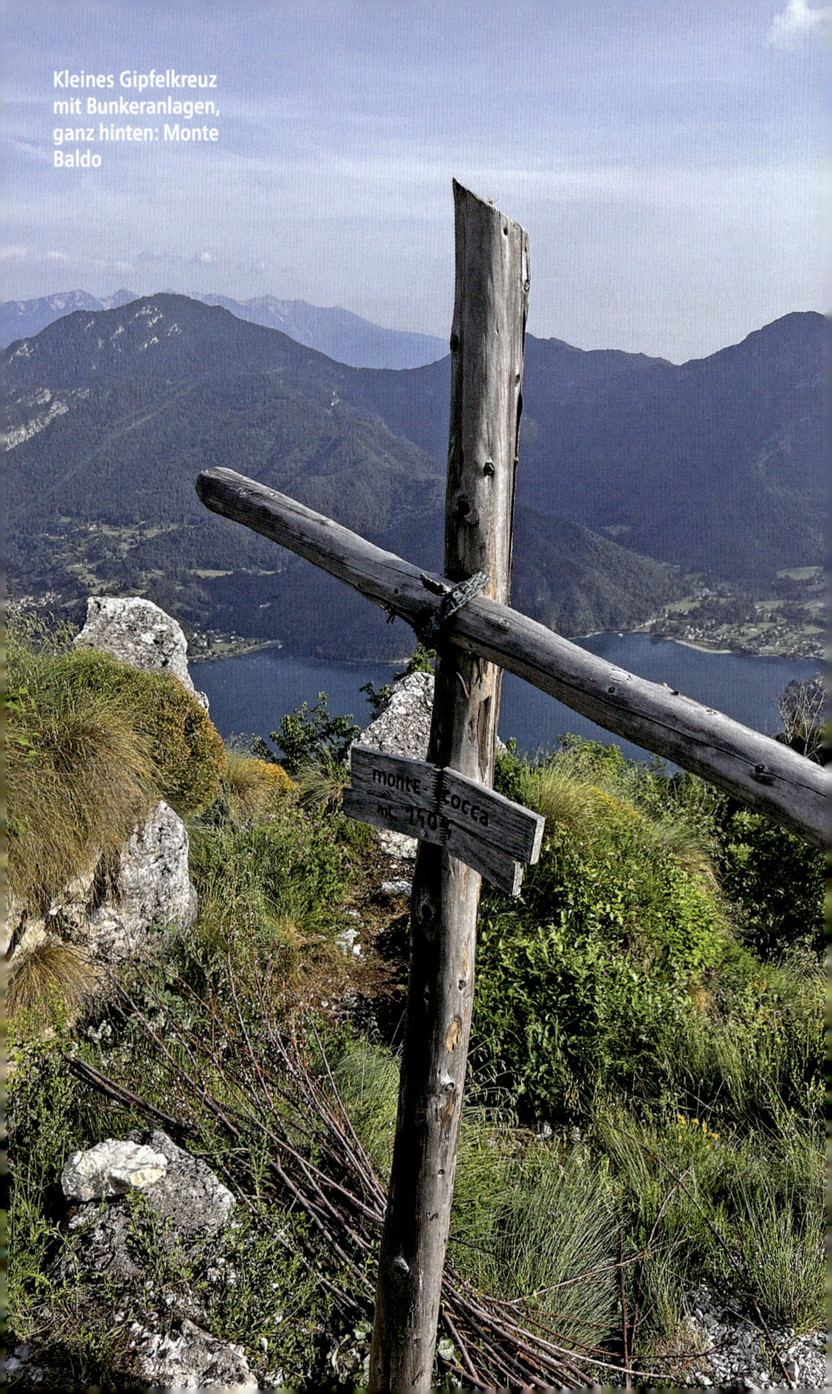

Kleines Gipfelkreuz mit Bunkeranlagen, ganz hinten: Monte Baldo

BILDERBUCHSEE AUS DER VOGELPERSPEKTIVE

Tour für TOUR 20 die Sinne

Vom Nordzipfel des Sees auf den Monte Cocca

Wenn tief unten der Bilderbuchsee Lago di Ledro eingebettet in einer majestätischen Berglandschaft liegt und man aus hoher Höhe auf dieses Naturidyll hinabblickt, ist das ein Gänsehautmoment. Wir gehen auf den Gipfel des Monte Cocca.

Überragend Der 360-Grad-Blick, wie von einem Adlerhorst über den türkisfarbenen Ledrosee, die Dörfer am Talboden und die umliegende Bergwelt – all das ist fantastisch. Es sind die Gardaseeberge, die die Romantik im Ledrotal ausmachen – und die Wasserfälle, die kleinen Ortschaften, Berge und natürlich der smaragdgrüne See. Mit allen Sinnen genießen wir also den Weg hinauf zu diesem exklusiven Aussichtspunkt und vor allem den Ausblick, mit dem wir oben belohnt werden.

Schnuckeliger Ort Am Strandparkplatz können wir das Auto abstellen und während wir den Ort Pieve di Ledro durchschreiten, betrachten wir Bilder aus alten Zeiten (noch vor dem Zweiten Weltkrieg), die in einer Art Dauerausstellung in der Altstadt verteilt sind – beispielsweise alte Sportfotografien oder Schulfotos der hiesigen Schule. Am Brunnen auf dem Dorfplatz können wir unsere Wasservorräte für die Tour auffüllen. Dann verlassen wir den Ort in nördlicher Richtung mit Blick nach oben. Ob wir wohl den fabelhaften Aussichtspunkt bereits erahnen können? Nein, das ist noch nicht möglich, weil ein kleiner Nebengipfel den eigentlichen Gipfel verdeckt. Dafür haben wir während unseres Aufstiegs immer wieder Ausblicke auf die anderen Berge, die den Ledrosee umgeben. Der Weg ist mit »SAT 454« (Senter de Saval) und der Markierung rot-weiß-roter Balken ausgewiesen. Noch einmal passieren wir einen Brunnen, in dem munter das Wasser plätschert.

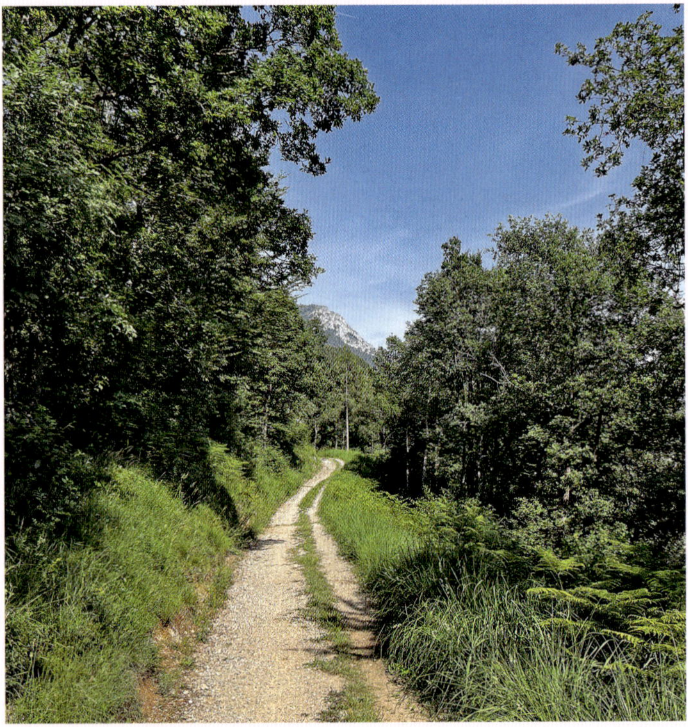

»Es gibt Berge,
über die man hinüber muss,
sonst geht der Weg nicht weiter.«

Ludwig Thoma

Sportliche Einlage Nach dem entspannten Auftakt der Tour müssen fast 700 Höhenmeter bewältigt werden. Wir wandern – bis auf die letzten zwei Kilometer des Abstiegs – auf steinigem oder losem Waldboden. Es geht in die westliche Richtung und wir legen einen Stopp an einem wunderschönen Aussichtspunkt über dem Ledrosee ein. Diese Stelle markiert bereits ein großartiges Highlight dieser Wanderung. Anschließend ändern wir die Richtung und wenden uns gen Norden, wo der Weg bald in einen Zickzackkurs übergeht und in nordöstliche Richtung führt. Ist es die ganze Zeit noch kontinuierlich, aber moderat bergauf gegangen, so verlangen uns die letzten 300 Höhenmeter jetzt einiges ab. Diesen letzten Anstieg sollten wir in zwei Etappen unterteilen und dazwischen eine Rast einlegen. Der steilste Teil verläuft glücklicherweise im Schatten der eng stehenden Bäume. Wir erreichen einen Sattel zwischen den höheren Bergen und dem Monte Cocca im Süden – von diesem Sattel aus sind es noch 30 Höhenmeter.

Auf dem Dach der Welt Ehrfurchtsvoll und alle Strapazen vergessend stehen wir auf dem 1404 Meter hohen Gipfel des Monte Cocca, der mit einem hölzernen Gipfelkreuz versehen ist. Auch Reste einer militärischen Anlage befinden sich hier oben. Wir betrachten die majestätische Bergwelt um uns herum, blicken auf den still und tief unter uns ruhenden See, der mit seinem unwirklichen Blau eine ganz besondere Magie ausstrahlt, und fühlen uns von den hohen Bergen um uns herum umarmt. Der Wind weht uns sanft um die Nase, während wir die Sinneseindrücke aufsaugen. Hinter uns wirken die beiden grasbewachsenen Berggipfel Cima Pari und Monte Tomeabrû wie zwei Wächter.

Noch ganz ergriffen Doch irgendwann müssen wir diesen traumhaften Ort verlassen. Wir sind noch ganz überwältigt

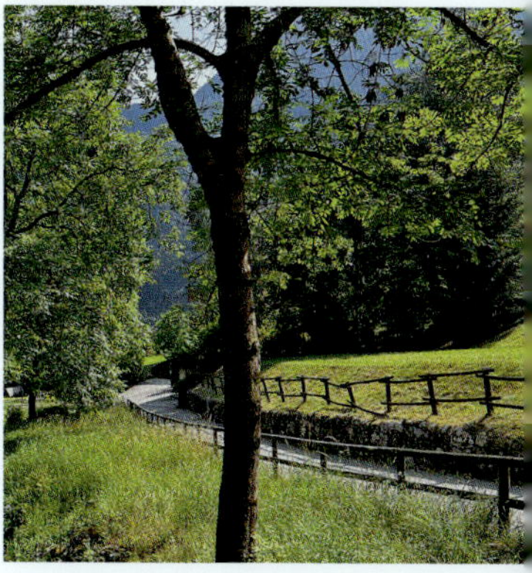

← **Noch wandern wir entspannt auf einem bequemen Forstweg.**
→ **Am Ortsausgang erahnt man die Anstrengung nicht.**

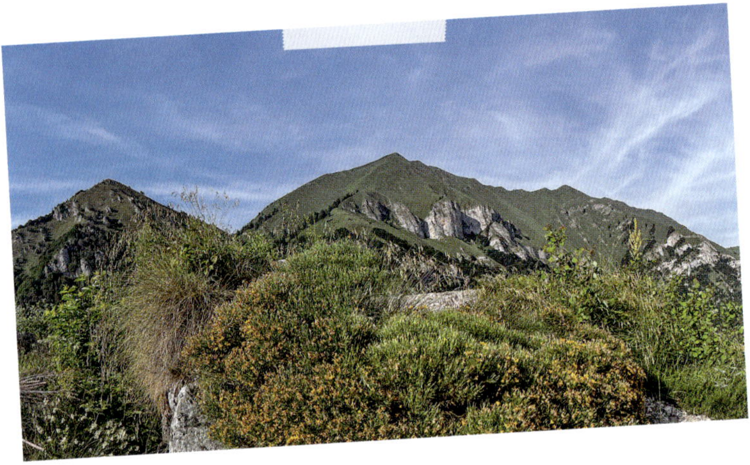

↑ **Diese beiden Gipfel sind 300 Meter und 600 Meter höher als unserer.**

von den Eindrücken auf dem Berggipfel und treten den Rückweg inspiriert an, zumal er sehr angenehm ist. Zunächst wandern wir wieder zum Sattel, dort wenden wir uns jetzt aber nach links Richtung Westen, es folgt ein Wegabschnitt mit einigen Kehren. Anschließend gelangen wir nach und nach wieder zurück in die Zivilisation. Auf den letzten zwei Kilometern ist der Weg zwar steil, verläuft aber auf einem betonierten Weg. Auf diesem wandern wir direkt in die Ortschaft hinein, wo wir wieder am Brunnen vorbeikommen. Jetzt ist das kühle Nass eine willkommene Erfrischung, schmeckt herrlich und belebt unsere Sinne.

Info

Das Val di Ledro (Ledrotal) ist ein Tal im Südwesten des Trentino in den Gardaseebergen. Es ist in Ost-West-Richtung ausgerichtet und es befinden sich darin die Gemeinde Ledro und der Ledrosee. Dieser wird vom Ponale entwässert, der südlich von Riva del Garda über einen Wasserfall in den Gardasee mündet. Von Riva del Garda aus gelangt man über die Straße SS240 an den Ledrosee – das sind 14 Kilometer und man fährt mit dem Auto etwa 20 Minuten.

AUF EINEN BLICK

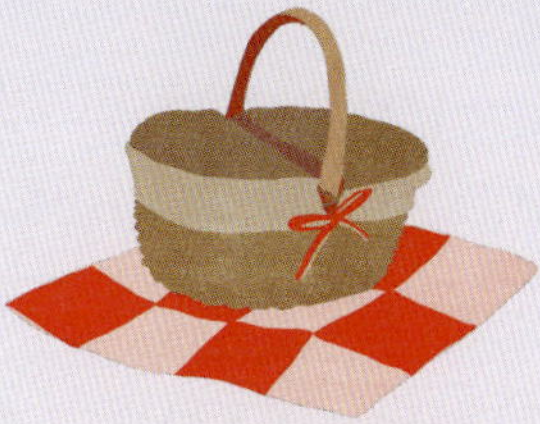

Tour 20: Tour für die Sinne

Dauer: 3 Std.

Höhenmeter: 670 Hm

Länge: 7,5 km

Schwierigkeit: Mittel

Tourencharakter: Sehr steiler Gipfelanstieg mit fantastischer Aussicht vom Monte Cocca auf die umgebende Bergwelt und den Ledrosee, ansonsten mittelschwere Wanderung

Ausgangs-/Endpunkt: Großer Parkplatz am Strand von Pieve di Ledro

GPS-Koordinaten: 45.886019, 10.733983

Einkehr: Unterwegs keine, Einkehrmöglichkeiten in Pieve di Ledro

Information: gardasee.de/ledrosee

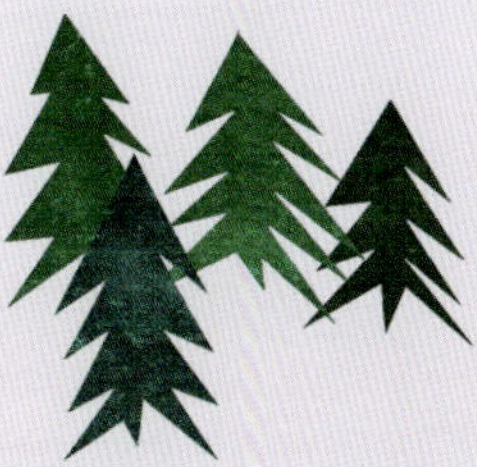

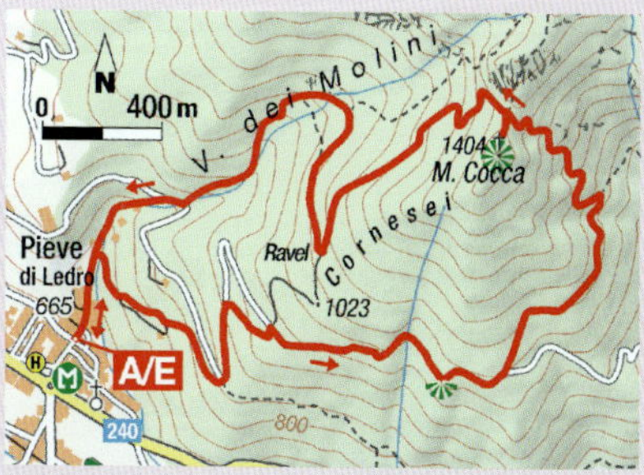

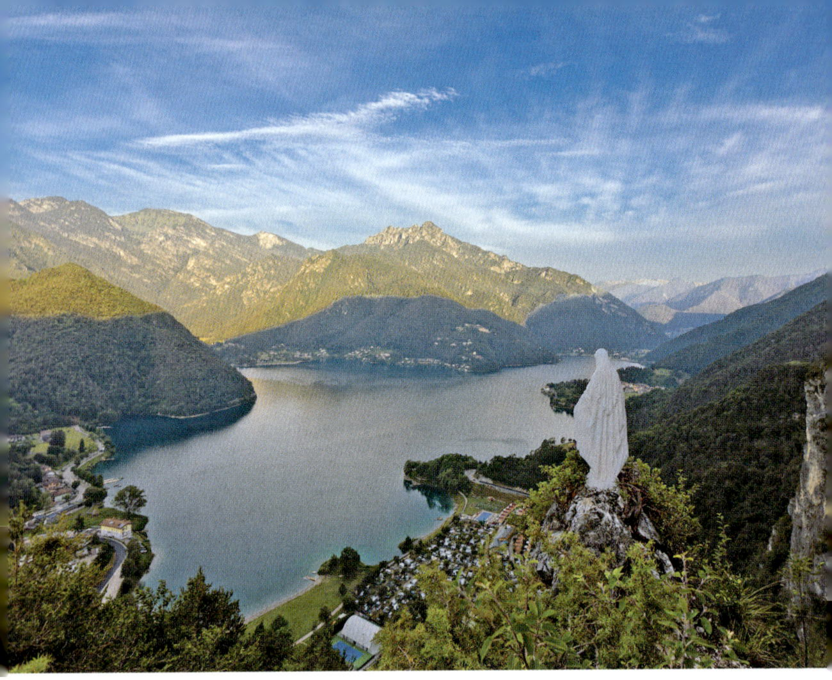

↑ Die »kleine Madonna« wacht über dem See. ↓ Pfahlbaumuseum

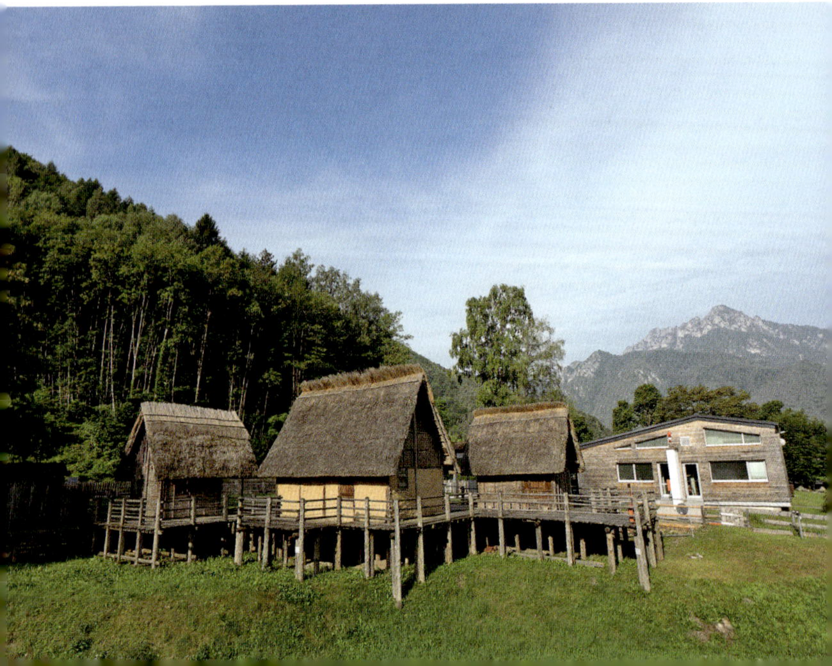

VON OBEN BESCHÜTZT

Tour
TOUR 21
der Stille

Runde der Madonnina di Besta

Die kleine Madonnenstatue wacht über den Ledrosee. Ein aussichtsreicher Rundweg führt zu ihr, stets mit dem See im Blick. Dabei lernen wir auch einiges über die unterirdische Wasserverbindung zwischen Ledro- und Gardasee.

Ziel in Sicht Dort, wo der Fluss Ponale dem Ledrosee entspringt, startet diese beschauliche Wanderung, die nicht nur etwas Besinnliches hat, sondern auch verschiedene historische Elemente enthält. Die Prominenz der Tour, die Madonnenstatue, kann man bereits vom See aus erspähen, wie sie weiß leuchtend auf einem Felsvorsprung thront. Zunächst geht es durch die Straßen des friedvollen Ortes Molina di Ledro, vorbei an kleineren Bauernhöfen, die im Sommer ihre Erzeugnisse verkaufen – es gibt sogar einen Automaten, der mit Eiern und Milch gefüllt ist. Der Rundweg um den Hausberg und zur Madonnina ist gut ausgeschildert. Schon zu Beginn können wir einige der hohen Berge ringsum ausmachen. So erblickt man auf der anderen Seeseite den höchsten Berg am Ledrosee, den schroffen Monte Corno (siehe Tour 19), der mit seiner Höhe von 1730 Metern die ganze Szene beherrscht.

Das Madonnchen Bereits nach 1,7 Kilometern, etwa einem Viertel der Wanderung, treffen wir auf die Madonnenstatue. Hat sie vom See aus noch recht mächtig gewirkt, so ist man nun fast enttäuscht über ihre Größe – Madonnina halt, also ein Madonnchen. Die Statue befindet sich auf 850 Metern Höhe, wir steigen aber weiter auf 1020 Meter auf. Dabei passieren wir einige Höhlen, die im Sommer von Fledermäusen oder auch mal von einem Turmfalkenpaar bewohnt werden. Zuletzt wandern wir am fotogenen alten Wasserschloss vorbei – hier startet der alte Wassertunnel vom Ledrosee zum Gardasee, der Wanderweg führt oberhalb des Eingangs zum Wasserstollen entlang.

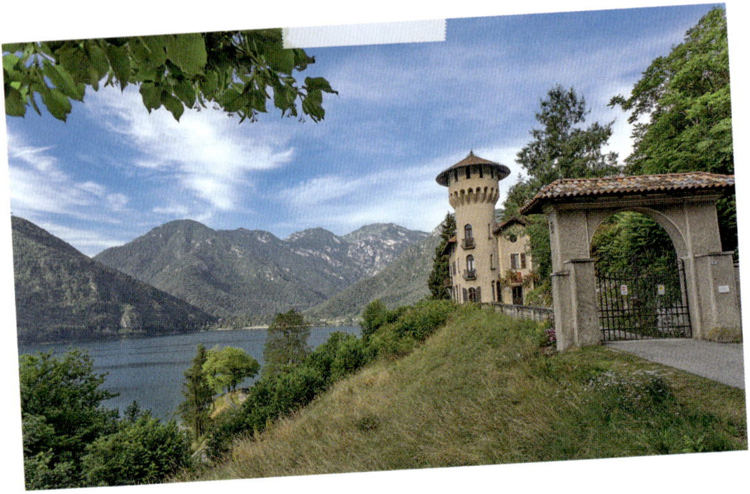

Die Villa Dianella kann man wochenweise als Unterkunft buchen.

Zurück am See Nach dem steilen Abstieg über den gut begehbaren Weg erreichen wir wieder den Ledrosee. Über die Seepromenade wandern wir zurück zum Ausgangspunkt. Dabei kommen wir an einem wunderschönen Gebäude mit Türmchen vorbei, das an ein Märchenschloss erinnert (Villa la Dianella). Zuletzt passieren wir einen Campingplatz und kommen wieder in die Ortsmitte, wo man sich beispielsweise auf der Aussichtsterrasse des Restaurants San Carlo mit schönem Ausblick eine Pizza schmecken lassen kann. Ein Abstecher zum Pfahlbaumuseum (siehe Info) direkt beim Startpunkt ist empfehlenswert.

Info

Am Startpunkt der Wanderung befindet sich das Pfahlbaumuseum, eine archäologische Stätte, die die menschliche Ansiedlung im Ledrotal zeigt. Denn während der Bronzezeit gab es ein Pfahlbautendorf am Ledrosee, wovon mehr als 10 000 Pfähle gefunden wurden – wodurch der Ledrosee zum UNESCO-Weltkulturerbe wurde. In einem Museum werden die Fundstücke ausgestellt, einzelne Hütten wurden rekonstruiert.

AUF EINEN BLICK

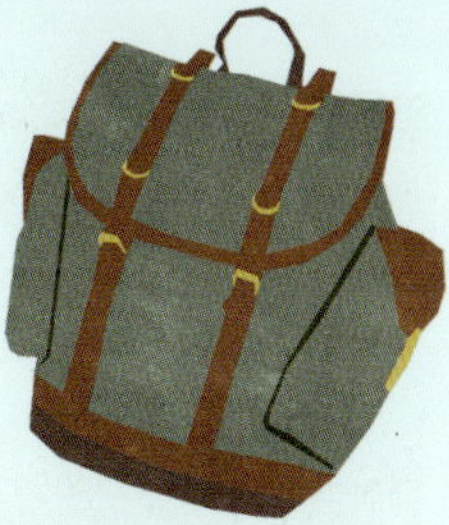

Tour 21: Tour der Stille

Dauer: 2.30 Std.

Höhenmeter: 380 Hm

Länge: 6,5 km

Schwierigkeit: Leicht

Tourencharakter: Kurze Wanderung mit moderaten Höhenmetern, Aufstieg auf weichem Waldboden, Abstieg zwar steil, aber gut befestigt (Forstweg, zum Teil asphaltiert)

Ausgangs-/Endpunkt: Östlicher Ortsausgang von Biacesa di Ledro

GPS-Koordinaten: 45.873569, 10.766977

Einkehr: Unterwegs keine, Gastronomie in Molina di Ledro

Information: vallediledro.com/de/molina-di-ledro, vallediledro.com/de/das-pfahlbautenmuseum

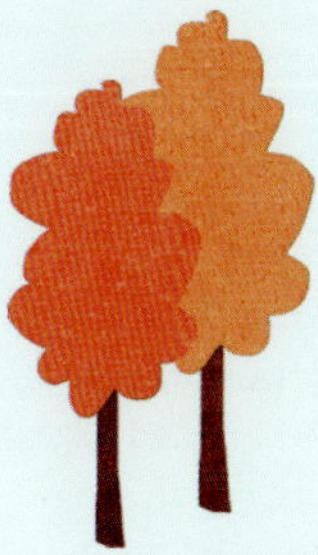

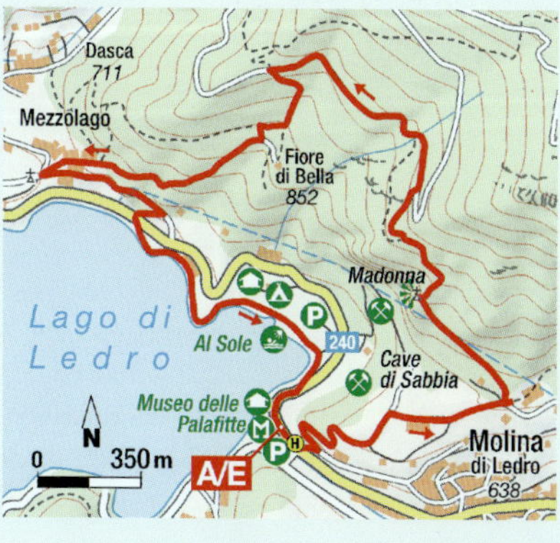

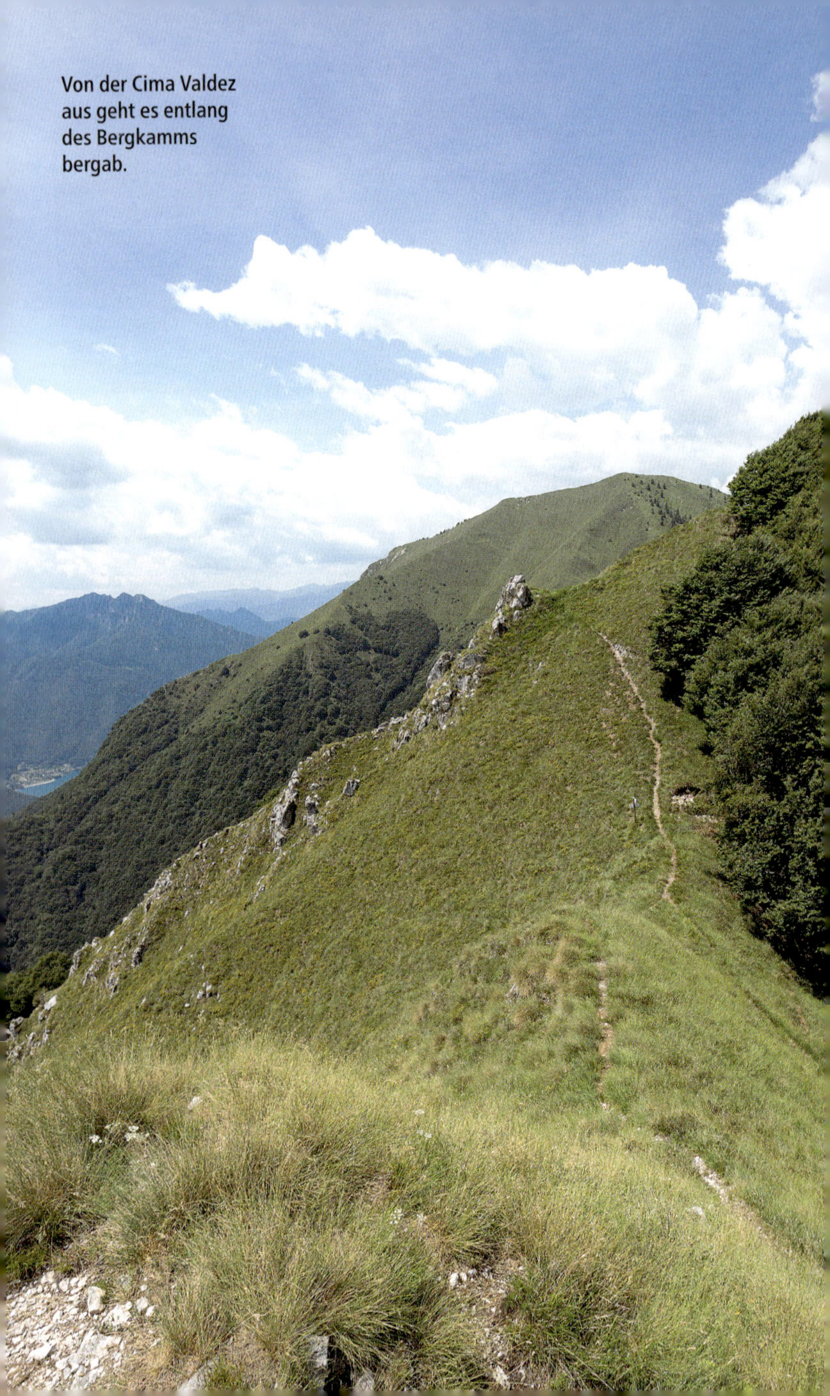

Von der Cima Valdez aus geht es entlang des Bergkamms bergab.

BERG- UND TALWANDERUNG

Tour
TOUR 22
ohne Uhr

Auf die Gipfel Giochello und Valdes

Zwischen Gardasee und Ledrosee befindet sich das Rochetta-Massiv und darin die beiden Gipfel Cima Giochello (1519 Meter hoch) und Cima Valdes (1575 Meter hoch). Die Blicke auf die umliegende Bergwelt und den Gardasee sind atemberaubend!

Doppelspitze Die beiden Gipfel, die heute auf dem Programm stehen, begrenzen das Val di Ledro, das Tal, durch das der Fluss Ponale fließt, an dessen nördlicher Seite. Der Ponale ist ein sieben Kilometer langer Bergbach, entspringt im Ledrosee und mündet in den Gardasee. Startpunkt ist der östliche Ortsausgang des kleinen, beschaulichen Dörfchens Biacesa im Ledrotal – dort folgen wir entgegen dem Uhrzeigersinn der Wegmarkierung 417. Für diesen Weg sollte man sich Zeit lassen – nicht nur, um die sagenhaften Ausblicke zu genießen und betört dazustehen und zu staunen, sondern auch, weil ja doch einige Höhenmeter zu bewältigen sind.

Talwanderung Abwechslungsreich führt der Weg, auf dem man kaum jemanden trifft, ins Val Vasotina – es geht durch den Wald, über Felsbrocken und an alten Schützenstellungen aus dem Ersten Weltkrieg vorbei. Hierfür sollte man unbedingt eine Taschenlampe im Rucksack haben, um die alten Bunkeranlagen in den Felsen zu erforschen. Im Sommer erfreut man sich außerdem an satten, grünen Almen. Durch den Wald geht es dann auch sehr steil, aber glücklicherweise schattig bergauf. Wir erreichen den 1207 Meter hoch gelegenen Sattel Bochet dei Concoli, an dem wir uns links Richtung Rocchetta halten.

Und Gipfelsturm! Wir kommen über der Baumgrenze aus dem Wald heraus und treffen auf einen schönen Höhenweg, der uns oberhalb der

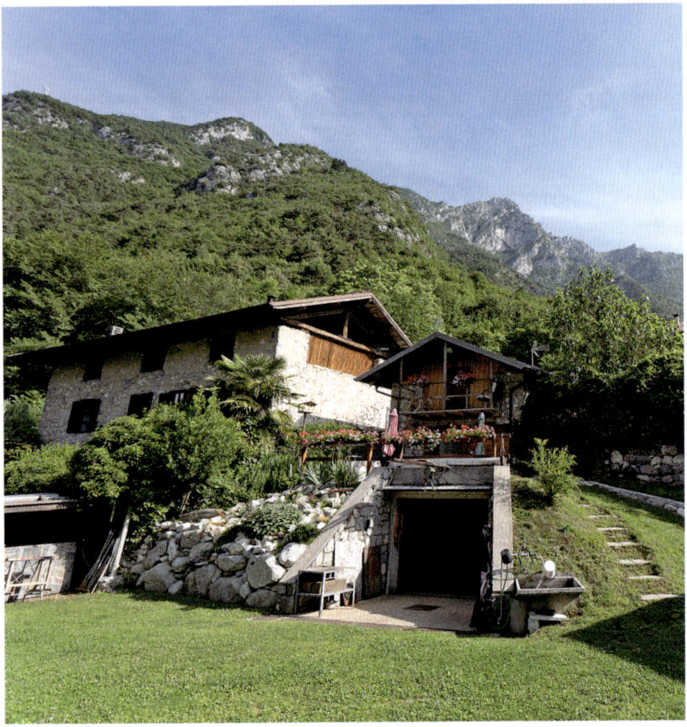

»Alle Menschen werden die Wahrnehmungen machen,
dass man auf hohen Bergen,
wo die Luft rein und dünn ist, freier atmet und
sich körperlich leichter und geistig heiterer fühlt.«

Jean-Jacques Rousseau

Cima SAT vorbeiführt. Nun nehmen wir bewusst die vielen Eindrücke auf, die sich ringsum bieten – allen voran der sensationelle Blick auf den nördlichen Gardasee, der tiefblau weit unter uns liegt. Aber auch die Bergketten und Gipfel im Süden ziehen uns in ihren Bann. So erreichen wir schließlich über einen Bergpfad, der in Serpentinen zum Bergkamm führt, Gipfel Nummer 1, die Cima Giochello auf dem Monte Rocchetta. Auf der Seeseite sehen wir die steilen, schroffen Abbrüche, die Rückseiten der grünen Gardaseeberge wirken im Kontrast dazu regelrecht sanft. Wir haben ja Zeit, deshalb schauen wir uns in Ruhe um, setzen uns vielleicht zu einem Picknick und lassen einfach die himmlische Kulisse auf uns wirken. Wir hören einen Kuckuck rufen und betrachten Schmetterlinge. Weiter verläuft dann unser Weg an der Nordflanke des Rocchetta entlang, wir passieren wieder Stellungen des Ersten Weltkriegs, während wir auf dem Kamm bleiben. Es folgt Gipfel Nummer 2, die Cima Valdes – noch einmal verweilen wir in einer solch erhabenen Position und können es gar nicht glauben, dass wir uns auf einer Höhe von 1575 Metern befinden! Der Gardasee, auf den wir blicken, scheint unendlich weit weg zu sein.

Auf dem Almweg Irgendwann wird es aber doch einmal Zeit für den Abstieg. Über den Sentiero Rino Zanetti wandern wir zu den Almwiesen der Malga Giumella Inferiore. Der Almweg ist kaum markiert, zum Teil jedoch betoniert, und führt hinab durch den Wald zurück Richtung Biacesa. Auf

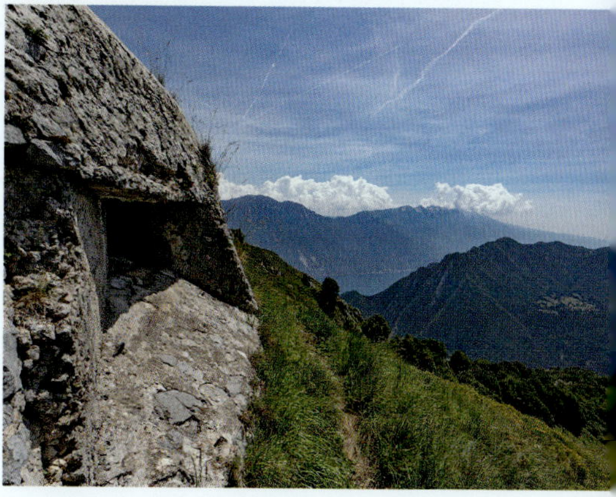

← Wunderbare Bauernhäuser am Ortsausgang von Biacesa
→ Militärische Stellungen finden wir überall auf dem Kamm.

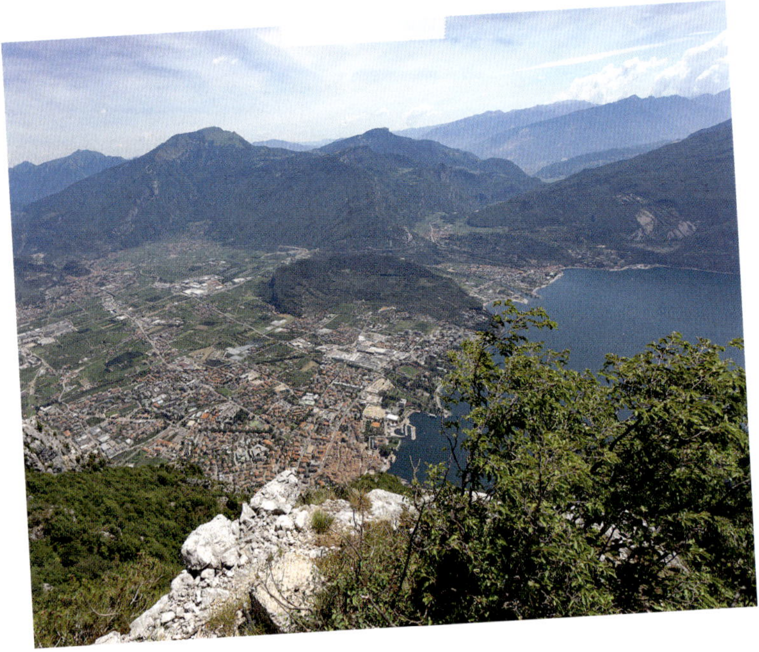

↑ **Unglaubliche Sicht auf Riva di Garda und den Monte Brione**

einer Höhe von etwa 850 Metern stoßen wir auf einen gepflasterten Weg, auf dem wir den stetigen Weg weiter bergab begehen. Wir erreichen schließlich wieder das Ledrotal, haben einige Höhenmeter überwunden, vermutlich viel Zeit gebraucht, sind aber glücklich über das, was wir geschafft haben. Der Weg bietet zwar keine Einkehrmöglichkeiten, aber Berge, See, Historie und Ausblicke – Eindrücke der überwältigenden Art!

Info

So klein und schnuckelig der Ort Biacesa di Ledro ist, so bedeutsam ist er dennoch: Es führt sowohl die alte Ponalestraße (siehe Tour 18) durch den Ort als auch die moderne Autostraße SS240 – man kommt also auf dem Weg vom Garda- zum Ledrosee auf jeden Fall durch Biacesa durch.

AUF EINEN BLICK

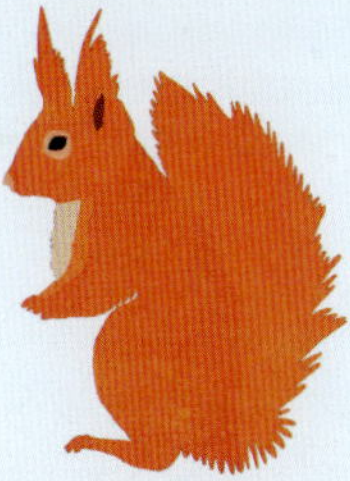

Tour 22: Tour ohne Uhr

Dauer: 6 Std.

Höhenmeter: 1120 Hm

Länge: 10,3 km

Schwierigkeit: Schwer

Tourencharakter: Schwere Wanderung auf zwei Gipfel, die aufgrund der vielen Höhenmeter eine gute Grundkondition erfordert, außerdem Trittsicherheit und festes Schuhwerk. Alpine Erfahrung vorteilhaft

Ausgangs-/Endpunkt: Östlicher Ortsausgang von Biacesa di Ledro

GPS-Koordinaten: 45.866543, 10.809394

Einkehr: Unterwegs keine, Gastronomie in Biacesa di Ledro

Information: valledileddro.com/de/biacesa, gardatrentino.it/de/entdecken/ortschaften/ledrotal

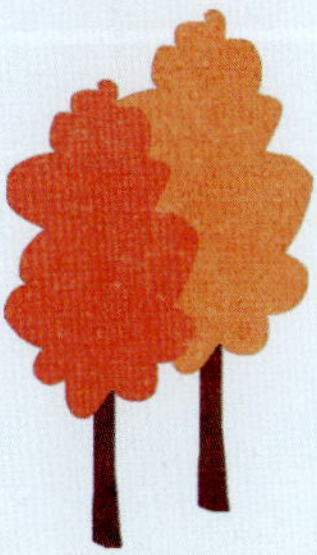

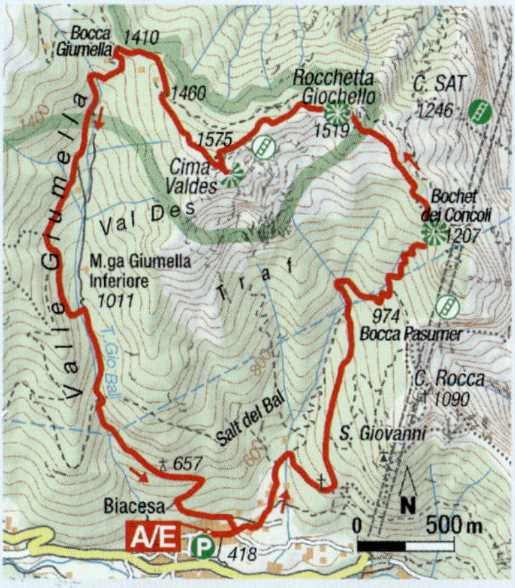

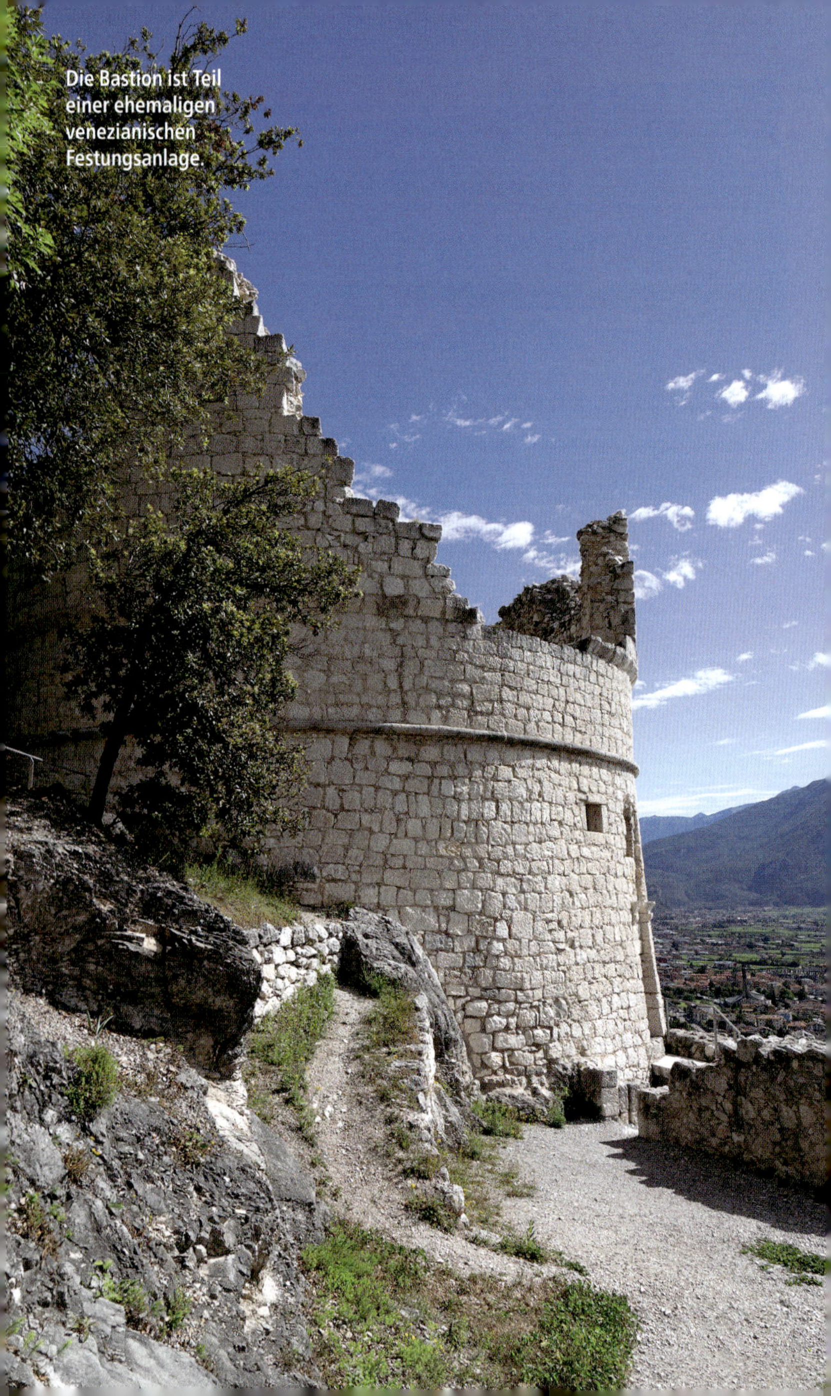

Die Bastion ist Teil einer ehemaligen venezianischen Festungsanlage.

HOCH ÜBER RIVA DEL GARDA

Tour TOUR 23 der Stille

Spektakuläre Bergtour

Der Hausberg von Riva del Garda steht auf dem Programm – und mit ihm der Aufstieg zur schnuckeligen Kapelle Santa Barbara sowie eine abenteuerliche Leitereinlage, die jedoch ohne Ausrüstung machbar ist. Eine grandiose Tour!

Anspruchsvolle, lohnenswerte Tour Dass dies eine Tour der Stille ist, liegt wohl hauptsächlich daran, dass sie ganz schön anspruchsvoll ist. Schon der Aufstieg zu der malerischen, kleinen weißen Kapelle Chiesetta di Santa Barbara ist nicht ganz ohne – 550 Höhenmeter wollen auf nur drei Kilometern zurückgelegt werden. Das ist ein steiler Anstieg, der jedoch auf einem wunderschönen Wanderweg verläuft und sich am Hang des Berges hinaufschlängelt. An der Kapelle angekommen, ist Entspannung, Genuss und Wohlgefühl angesagt. Wanderer sitzen auf den Stufen des Kirchleins, hoch über dem Ort Riva del Garda, und lassen die Beine im wahrsten Sinne des Wortes über dem Abgrund baumeln. Für gewöhnlich muss man diesen idyllischen Ort auch nicht mit Menschenmassen teilen, sondern kann in Ruhe genießen.

Los geht's in Riva del Garda Aber fangen wir von vorne an: Schon der Auftakt in dem lebhaften, mondänen Urlaubsort Riva del Garda ist ein Erlebnis – zwar keins der Stille, aber eins fürs Auge. Bunte Häuser säumen den wunderschönen Hafen in der Altstadt, alles hier umgibt die Aura von Dolce Vita. Von Weitem sehen Adleraugen schon die Kapelle Santa Barbara oben am Hang des Berges Monte Rochetta kleben – vor allem am Vormittag, wenn die Sonne den Hang beleuchtet, sticht das weiße Gebäude ins Auge. Das Auto können wir im Parkhaus Monte Oro abstellen, nah an der Altstadt und am Startpunkt der Wanderung, die mit Wanderweg

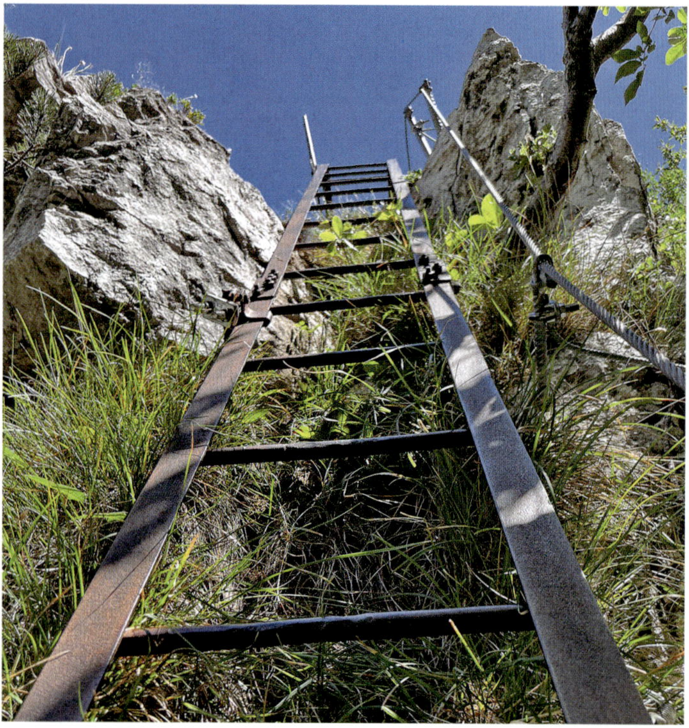

»Wie komme ich am besten den Berg hinan?
Steig nur hinauf und denk nicht dran!«

Friedrich Nietzsche

Nummer 404 ausgewiesen ist. Der Einstieg ist sehr moderat, auf einem breiten, gepflasterten, schattigen Weg durch einen Steineichenwald geht es in Serpentinen steil bergauf.

Relikt aus venezianischer Zeit Wir erreichen die Bastion. Sie ist das Überbleibsel einer venezianischen Festung aus dem 16. Jahrhundert und thront erhaben am Berg über der Stadt Riva del Garda. Nebenan gibt es ein Restaurant, das wir eventuell für das Ende der Wanderung im Hinterkopf behalten (ebenso die zahlreichen gastronomischen Angebote im Ort Riva). Wir halten inne und erfreuen uns an dem Traumblick über die Stadt, bevor wir einmal tief durchatmen und den Anstieg zur deutlich höher gelegenen Kapelle Santa Barbara in Angriff nehmen. Ein steiniger Pfad führt uns zu einer Bergstraße, bis sich der Weg an den Wasserkraftrohren, die das Wasserkraftwerk von Riva mit dem Ledrosee verbinden, teilt. Nun wird es anspruchsvoller und der Pfad besteht teils aus Waldboden, teils aus Kieseln, aber über größere Strecken aus Steinblöcken. Wir hören nichts mehr außer das Tuten der Fähre und das Läuten der Kirchenglocken. Beides durchbricht die wohltuende Stille nicht, sondern bereichert sie eher …

Kleines Gotteshaus In vielen Serpentinen passieren wir die unbewirtschaftete Hütte Capanna Santa Barbara, die dennoch zu einer Rast einlädt, und gelangen wenig später zur entzückenden kleinen Kapelle. Sie ist offen gebaut, sodass man aus ihrem Innenraum über das ganze Umland mit den Städten Riva und Arco und dem Monte Brione (siehe Tour 25) blicken kann – aber das kann man auch von den Treppen und Plateaus um die Kapelle herum sehr gut. Wer die Stille und den Ausblick hinreichend auf sich wirken lassen hat, kann nun, idealerweise mit Stöcken, den Rückweg antreten.

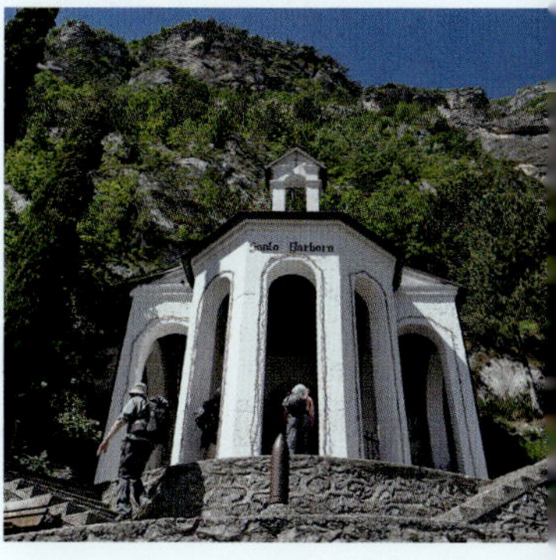

← **Die beiden Leitern folgen zehn Minuten nach der Kapelle.**
→ **Die weiße Kapelle Santa Barbara ist von Weitem sichtbar.**

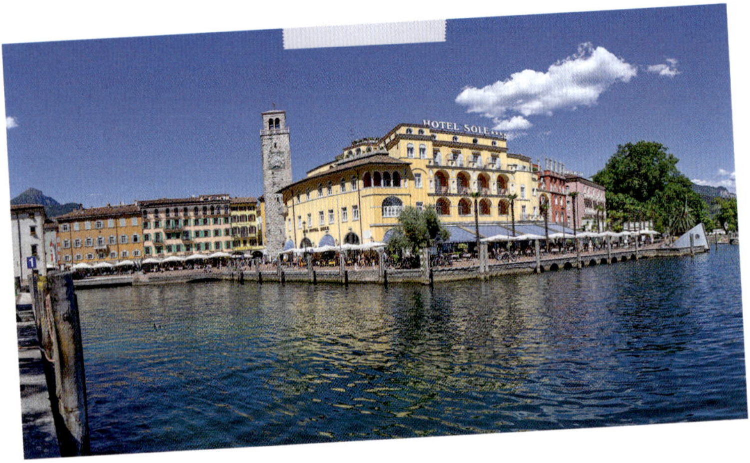

↑ Nach der Tour ein Eis in der traumhaften Altstadt von Riva del Garda

Abenteuereinlage Wer höher hinaus möchte und schwindelfrei ist, geht an der Kapelle vorbei Richtung Süden und erklimmt weiter Rivas Hausberg, den Monte Rochetta. Es wird noch stiller um uns herum. 150 Höhenmeter liegen noch vor uns, ein paar davon bewältigen wir über sechs Stufen aus Metallhaken und über eine etwa zwölf Meter lange Leiter. Der Ausblick vom Berg aus ist überragend und jede Leiterstufe wert. Wir überblicken den Gardasee, den Monte Brione und das Sacratal, ein breites, üppiges Tal, in dem Oliven und Wein gedeihen und das sich von der Nordspitze des Gardasees in Richtung Trento erstreckt. Auf dem nun eher unspektakulären Rückweg kommen wir an einer ehemaligen Militäranlage mit einem Pumpbrunnen vorbei, an dem wir frisches Wasser zapfen – köstlich!

Tipp

Wer sich ein paar Höhenmeter sparen möchte, kann den kleinen, gläsernen Panorama-Aufzug nutzen, der seit Kurzem innerhalb von drei Minuten Gäste auf die Bastion befördert. 130 Höhenmeter kann man damit abkürzen (gardasee.de/news/riva-del-garda/panoramaaufzug-bastione). Hunde müssen angeleint sein und einen Maulkorb tragen.

AUF EINEN BLICK

Tour 23: Tour der Stille

Dauer: 3.30 Std.

Höhenmeter: 750 Hm

Länge: 8,2 km

Schwierigkeit: Schwer

Tourencharakter: Mittellange Tour mit jedoch vielen Höhenmetern auf kurzer Strecke. Mit dem Panorama-Aufzug sind es 130 Höhenmeter weniger (siehe Tipp). Auf der hier beschriebenen Runde ist eine lange Leiter inbegriffen – für Ungeübte nicht geeignet, aber ohne Kletterausrüstung machbar. Schwindelfreiheit ist Voraussetzung.

Ausgangs-/Endpunkt: Parkhaus Monte Oro

GPS-Koordinaten: 45.886222, 10.837863

Einkehr: Bastione Lounge & Restaurant

Information: gardasee.de/riva-del-garda

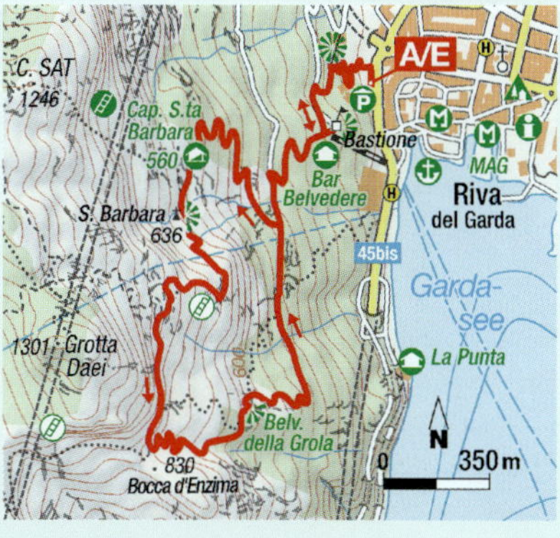

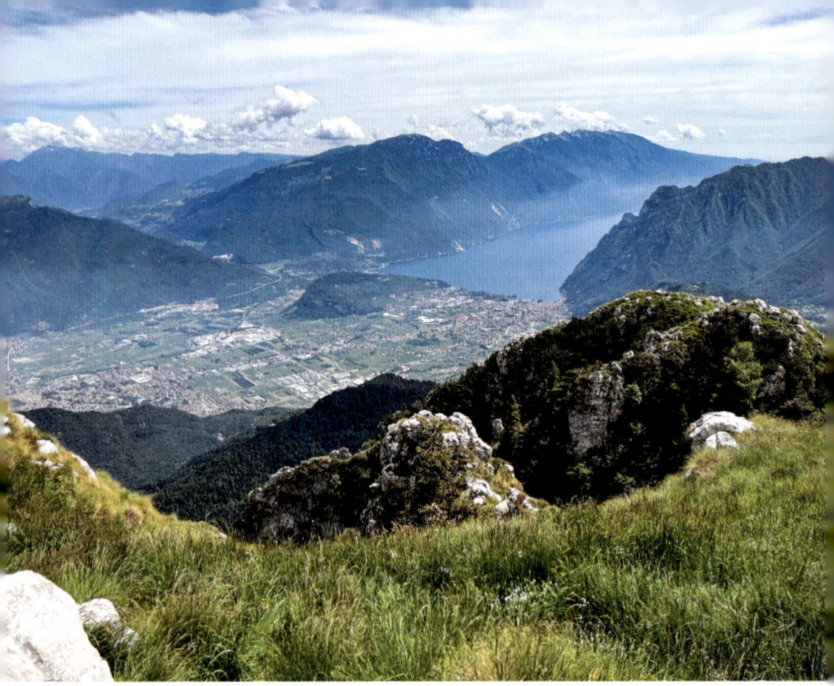

↑ Blick vom Gipfel des Monte Misone ↓ Der türkisfarbene Tennosee

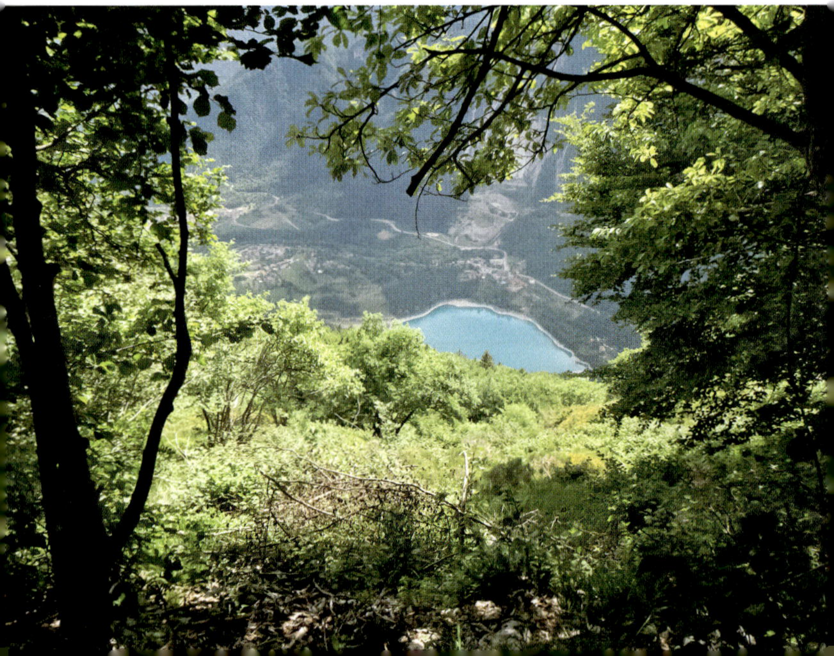

Tour für
TOUR 24
den Genuss

EINSAMER WÄCHTER ÜBER DEM GARDASEE

Kontrastreich: Monte Misone und Tennosee

Der 1803 Meter hohe Monte Misone am nördlichen Gardasee mag ein eher unbekannter Berg sein – der Blick vom Gipfel ist allerdings ein wahrer Augenschmaus. Mit im Panoramablick: der türkisblaue Tennosee.

Unbarmherziger Start Hier wird man gleich zu Beginn gefordert – steil und auf hartem Schotterpfad geht es den Berg hinauf; dieser erste Teil des Anstiegs ist recht anspruchsvoll. Wir arbeiten uns zwei Kilometer und 400 Höhenmeter voran, was ungefähr in einer Stunde bewältigt ist. Dann kommen wir über den Bergrücken Sella di Castiol und befinden uns an der Westseite des Monte Misano. Mit einem kleinen Umweg von 200 Metern erreichen wir auch einen schönen Aussichtspunkt mit Blick nach Westen – und vor allem: auf den in einem unwirklich schönen Blauton tief unter uns liegenden Lago di Tenno (Tennosee). Er befindet sich am Fuße des Monte Misone und ist in einen dichten Nadelwald eingebettet, was ihn noch magischer wirken lässt.

Tennosee die Zweite Am Aussichtspunkt würde nach rechts der sehr steile und nicht empfehlenswerte Direktaufstieg auf den Gipfel des Monte Misone erfolgen – wir gehen jedoch weiter geradeaus und haben nach einem halben Kilometer noch einmal die Freude, auf den Tennosee blicken zu können. Weiter geht es durch den schattigen Wald und nach etwa vier Kilometern und 700 Höhenmetern passieren wir die Berghütte Malga Misone – wo wir entweder jetzt oder nach dem Gipfelsturm einkehren können. Die letzten malerischen knapp 200 Höhenmeter führen uns über grüne Almwiesen. Über diesen letzten, regelrecht genussvollen Anstieg gelangen wir auf den Gipfel des Monte Misone.

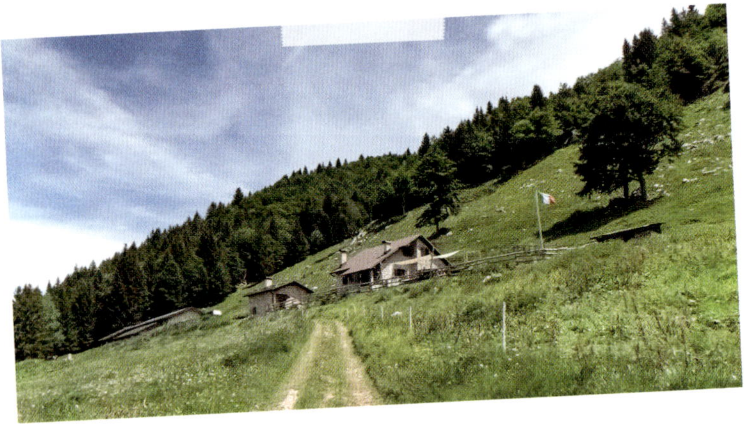

↑ **Highlight dieser Genusstour ist der Bauernhof Malga Misone.**

Urige Einkehr Wir trennen uns von diesem Traumgipfel mit der Panoramasicht. Vor uns liegt ja noch eine wunderbare Einkehr. Die Malga Misone wird von einem netten, jungen, alternativ lebenden Paar betrieben, das hier Milchprodukte (vor allem klassischen Käse und Ziegenkäse) produziert und Vieh züchtet. Der durstige Wanderer erhält etwas Erfrischendes zu trinken und eine sogenannte »Tagliere« – das ist ein Schneidbrett oder Hackbrett mit unterschiedlichen Käse- und Fleischhäppchen und Brot dazu. Wir fühlen uns, als hätten wir nie im Leben etwas so Leckeres gegessen! Die schöne Terrasse inmitten der einsamen Bergwelt und umgeben von grünen Wiesen macht den Genuss perfekt. Mit vielen Glücksgefühlen (nicht nur im Bauch) wandern wir zurück zum Startpunkt.

Tipp

Aus dieser Wanderung kann man auch eine Rundtour machen, indem man in der Gemeinde Ballino oberhalb des Tennosees startet, von dort etwa einen Kilometer die Straße entlang nach Norden läuft und dann rechts in den Wald in Richtung Monte Misone abbiegt. Der Weg ist durchgehend rot-weiß gekennzeichnet, 17 Kilometer lang und hat einige Höhenmeter.

AUF EINEN BLICK

Tour 24: Tour für den Genuss

Dauer: 3.45 Std.

Höhenmeter: 840 Hm

Länge: 9,7 km

Schwierigkeit: Schwer

Tourencharakter: Aufgrund der Höhenmeter und des teilweise anspruchsvollen Geländes (felsige Wege) schwere Wanderung, gute Grundkondition, Trittsicherheit, festes Schuhwerk und alpine Erfahrung sind notwendig

Ausgangs-/Endpunkt: Parkplatz des Rifugio San Pietro

GPS-Koordinaten: 45.936042, 10.835963

Einkehr: Unterwegs: Bergbauernhof Malga Misone, nahe dem Ausgangs-/Endpunkt: Rifugio San Pietro

Information: gardasee.de/tennosee

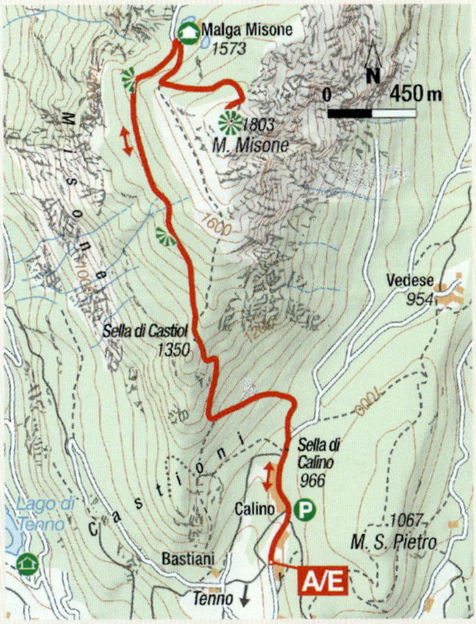

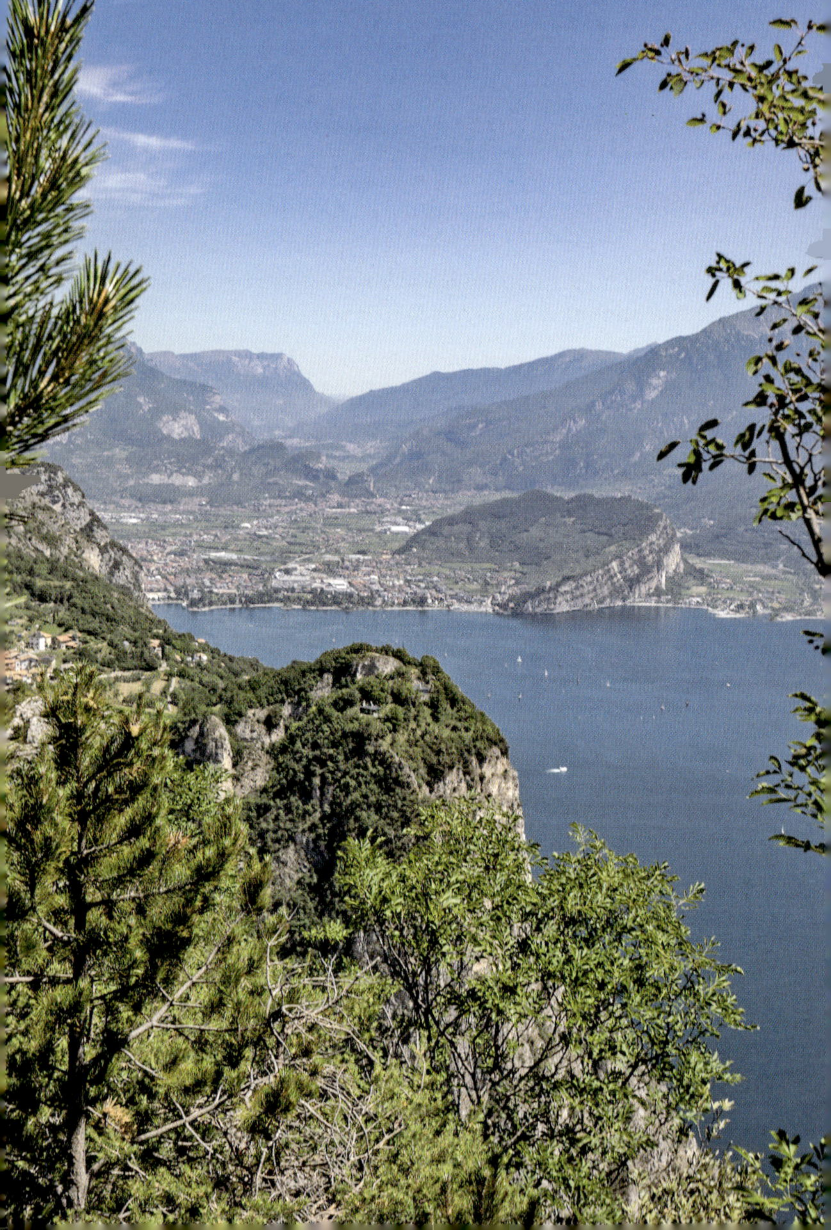

Wie ein Meniskus: der Monte Brione zwischen Riva del Garda und Torbole

MARKANT UND SICHELFÖRMIG

Tour für
TOUR 25
die Sinne

Rivas Hausberg Monte Brione

Geschichtsträchtig geht es zu auf dem Monte Brione, dem Hausberg von Riva del Garda. Er ist nicht nur ein schöner Berg mit weiter Sicht, sondern auf ihm befinden sich auch noch imposante Bunkeranlagen aus dem Krieg.

Auf dem Friedenspfad Wie eine schräge Steinplatte (manchmal auch als »Meniskus« bezeichnet) liegt der Monte Brione über dem nördlichen Gardaseeufer und bildet die Trennung zwischen den beiden Orten Riva und Torbole. Die Südflanke fällt direkt in den Gardasee ab. Gegen den Uhrzeigersinn laufend, starten wir am Hafen San Nicolò und folgen der Beschilderung »Forti Monte Brione«. Wir wandern entlang der Ostflanke des Monte Brione (durch einen engmaschigen Zaun immer gut gesichert) und genießen herrliche Ausblicke über den Gardasee und die Umgebung. Es ist ein Fest für das Auge, wie der Lago tiefblau unter uns liegt.

Bunkeranlagen inmitten der Natur Über Treppen gewinnen wir schnell an Höhe. Die erste Festungsanlage, die wir bald nach dem Start erreichen, ist das Forte Garda. Steineichen mit ihren dunkelgrünen Blättern säumen den Weg, wir kommen aber auch an Olivenhainen vorbei. Es folgt die große Militäranlage Forte Batteria di Mezzo, die wir nun erkunden.

Eingezwängter Gipfel Ein Abzweig bringt uns schließlich zum Gipfel des Monte Brione auf 376 Metern Höhe. Das Gipfelkreuz verschwindet ein wenig neben einer Sendemast-Anlage. Der Monte Brione ist geologisch betrachtet der jüngste Berg im Trentino und auch der niedrigste. Trotzdem bietet sich vom Gipfel eine unglaublich schöne Rundumsicht auf die umgebenden Orte, die umliegenden Berge und natürlich den Lago.

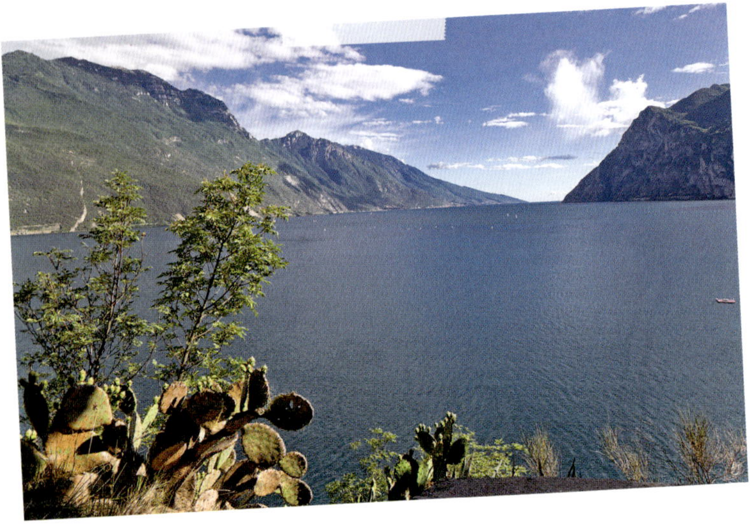

↑ Herrliche Aussicht auf den See schon ab Beginn des Aufstiegs

Weitere Forts Wir setzen unseren Weg Richtung Norden fort und erreichen am Nordgrat des Berges das Forte Sant'Alessandro. Von hier aus können wir Richtung Norden spähen und sehen beispielsweise den Ort Arco mit seiner Burg. Nachdem wir uns weitere kleinere, aber gut zugängliche Militäranlagen angeschaut haben, wandern wir an der Ortschaft Sant'Alessandro vorbei, haben kurz darauf die Möglichkeit, im Restaurant La Colombera einzukehren (schöner Biergarten!) und erreichen schließlich wieder den Hafen.

Info

Rund um den Monte Brione errichtete die österreichisch-ungarische Monarchie ein Netz von Festungswerken, um das nördliche Gardaseeufer zu schützen. An der Seeseite diente hierzu die Festung San Nicolò, auf der Spitze das Forte Sant'Alessandro und dazwischen die Befestigung Batteria di Mezzo. Wegen der guten Übersicht in alle Richtungen gibt es viele Reste von militärischen Anlagen auf dem Berg.

AUF EINEN BLICK

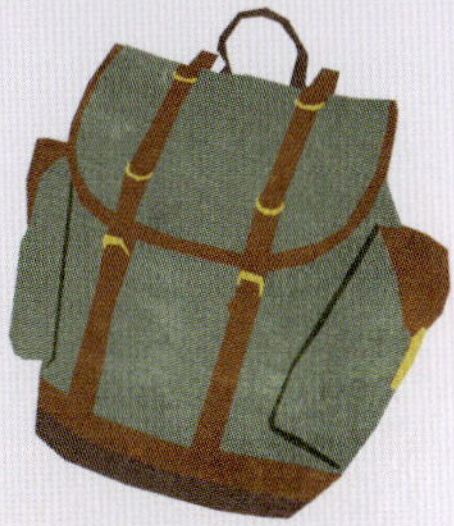

Tour 25: Tour für die Sinne

Dauer: 2 Std.

Höhenmeter: 300 Hm

Länge: 6,8 km

Schwierigkeit: Leicht

Tourencharakter: Kurze, einfache und genussvolle Wanderung mit schönen Seeblicken auf überwiegend gut begehbaren Wegen. Wenig Schatten, deshalb für den späten Nachmittag am besten geeignet

Ausgangs-/Endpunkt: Parkplatz beim Hafen San Nicolò zwischen Riva und Torbole

GPS-Koordinaten: 45.878268, 10.857067

Einkehr: Ristorante La Colombera

Information: gardasee.de/riva-del-garda/monte-brione

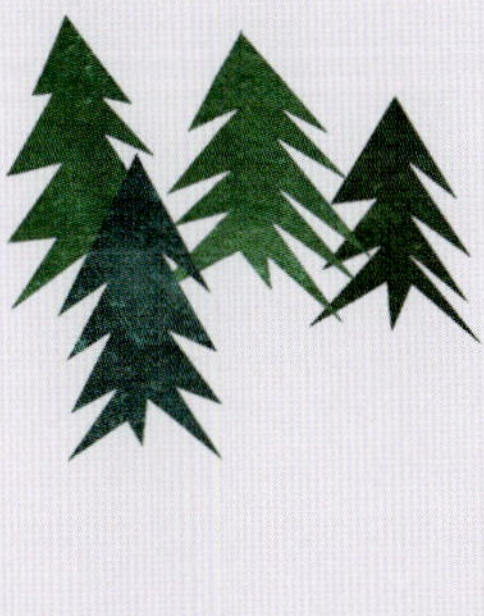

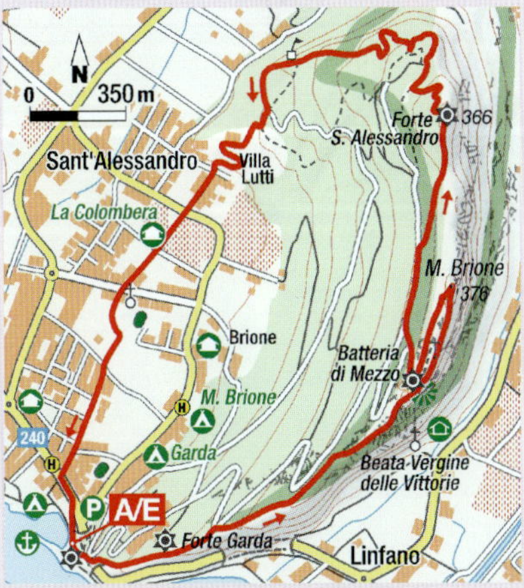

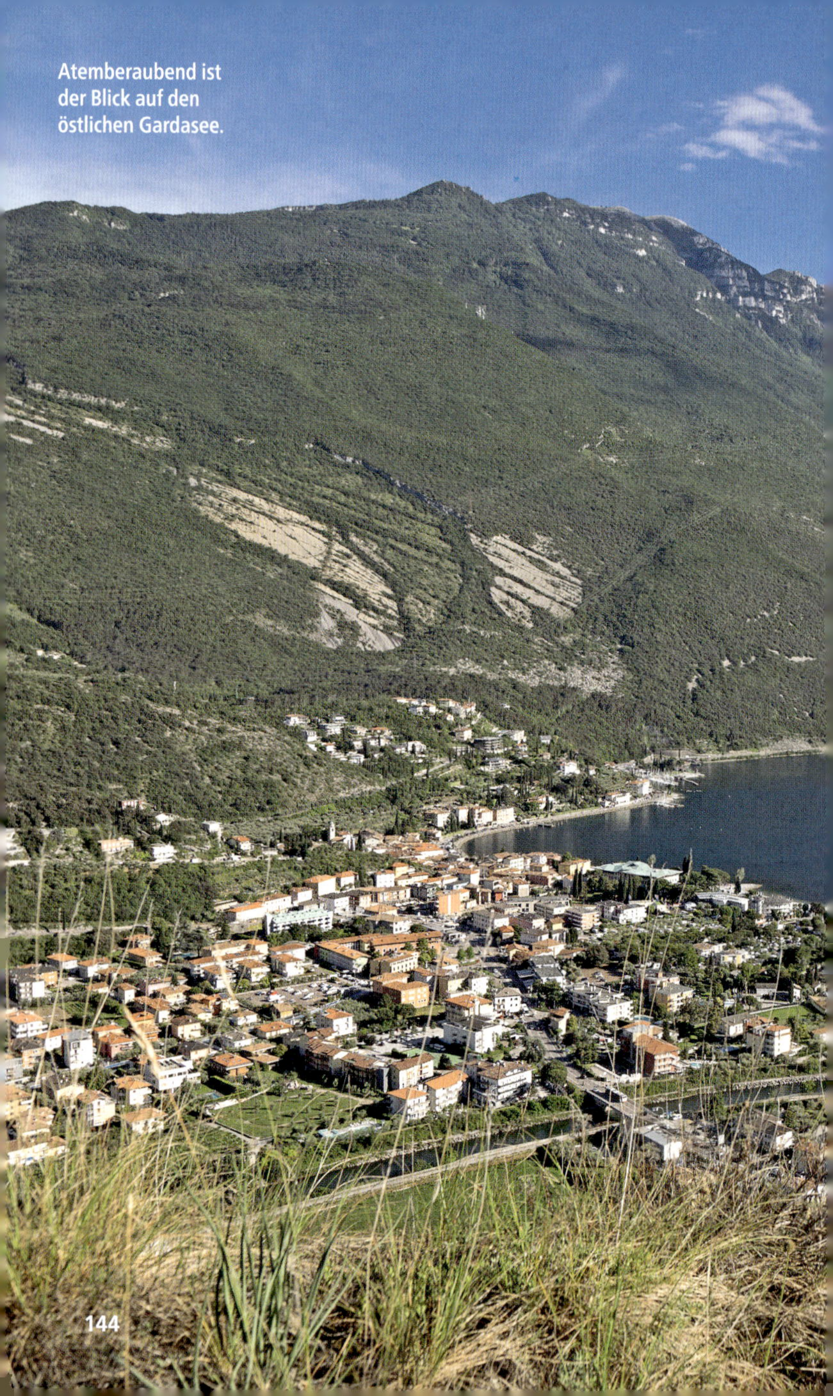

Atemberaubend ist der Blick auf den östlichen Gardasee.

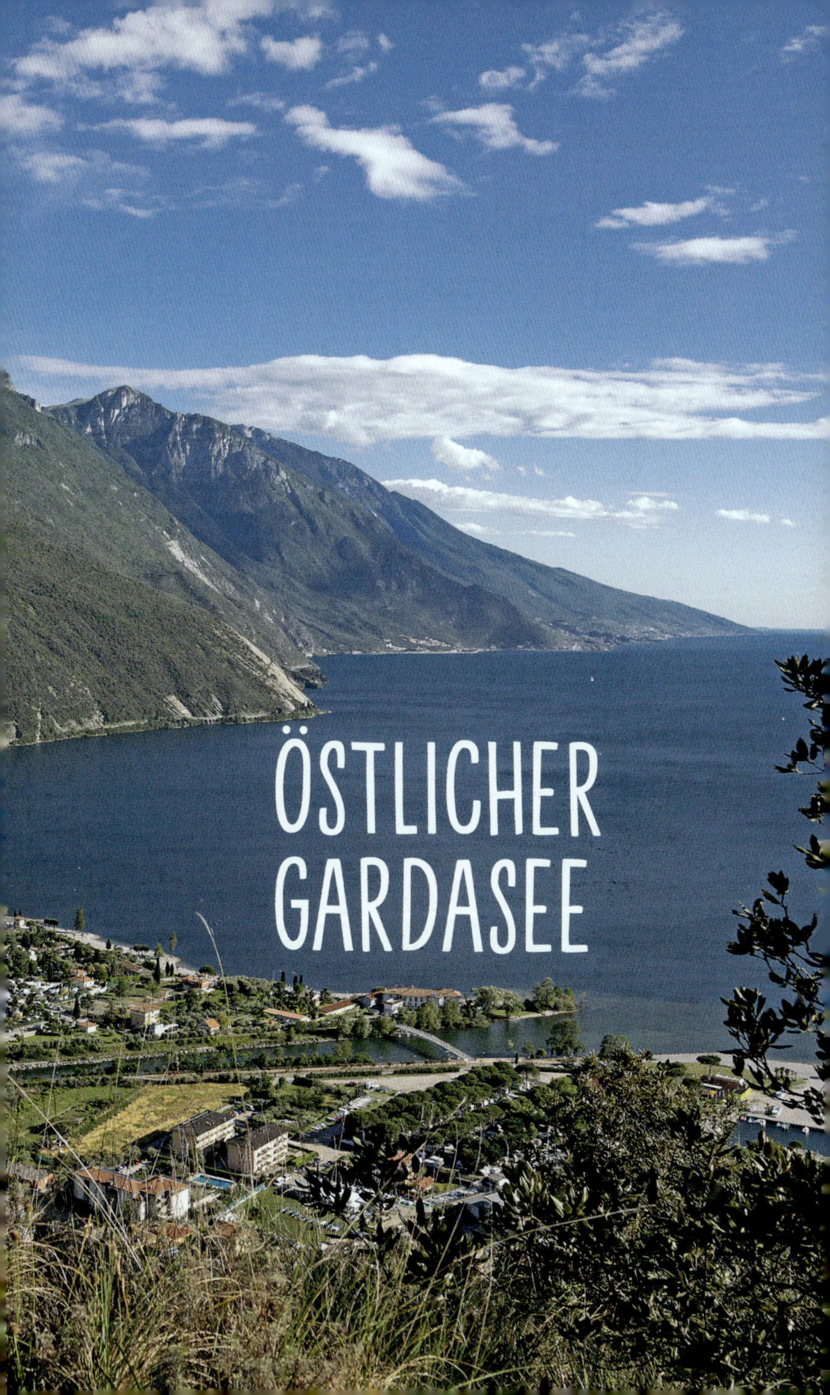

ÖSTLICHER GARDASEE

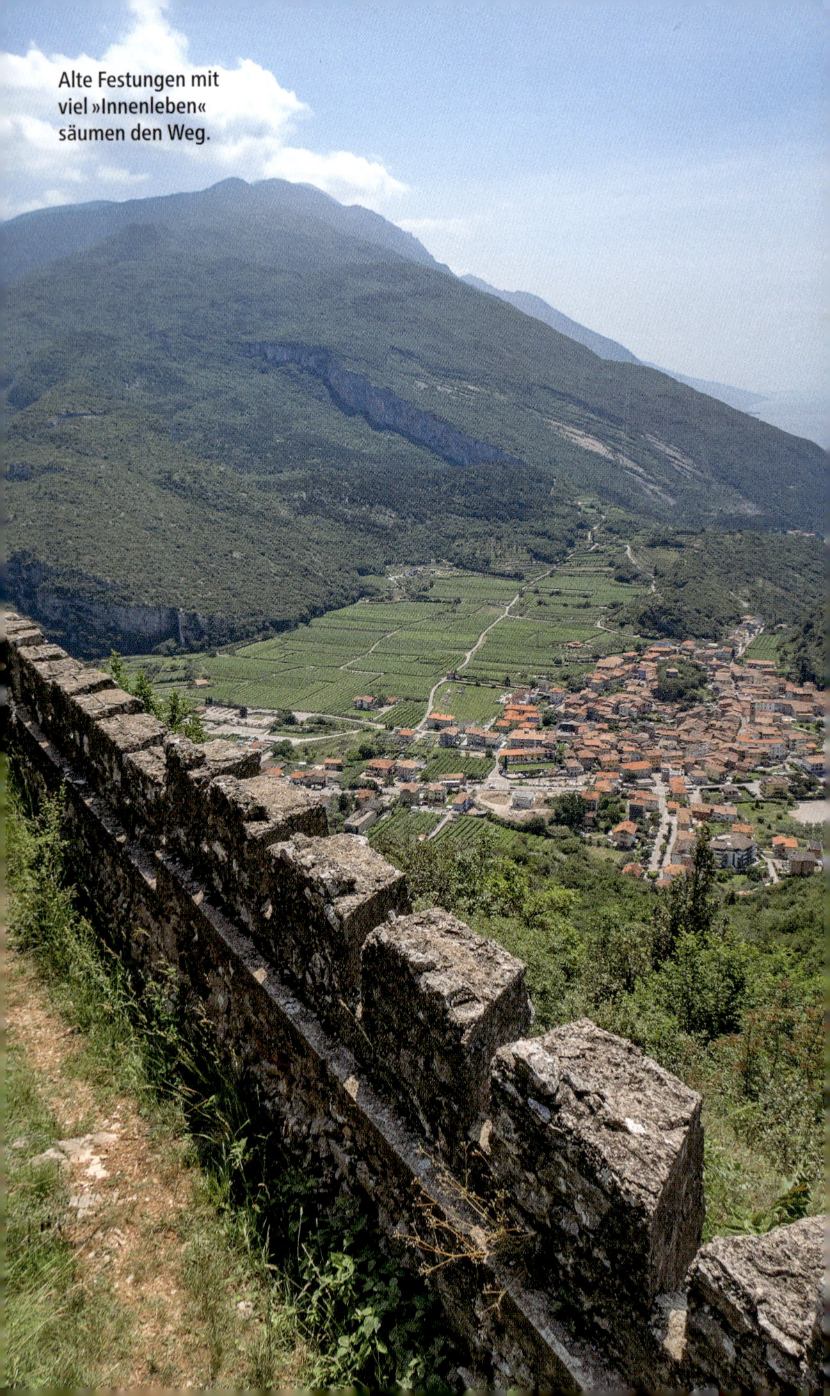

Alte Festungen mit viel »Innenleben« säumen den Weg.

Tour

TOUR 26

der Stille

GERÄUSCHLOSE VERGANGENHEIT

Verteidigungssystem auf dem Monte Corno

Es geht die Hänge des Monte Corno hinauf. Viele Zeugnisse des Ersten Weltkriegs säumen den Weg und es gibt Panoramablicke in drei Richtungen. An klaren Tagen reicht der Blick sogar bis ans südliche Ende des Gardasees.

Bergsicht In Nago, Ortsteil der Gemeinde Nago-Torbole nordöstlich des Gardasees, wandern wir entgegen dem Uhrzeigersinn los. Schilder mit rotweißem Pfeil zeigen uns den Weg. Unterwegs nach oben ergeben sich tolle Ausblicke auf die nördliche Kante des Monte Baldo (siehe Touren 28, 29 und 31) und auf die Ostflanke des markanten Monte Brione (siehe Tour 25). Auf der rechten (westlichen) Seeseite ragt der Monte Cas steil über den See empor (siehe Tour 12). Teilweise reicht der Wanderweg bis an die Abbruchkante heran, die man von Nago aus auch sehen kann – er ist aber immer gut gesichert und ganz neu stabilisiert. So führt uns der Weg entlang des Kamms bis zu den höchsten befestigten Gebieten von Predabusa.

Soldatenposten Schützengräben und Wachposten befanden sich zur Zeit des Ersten Weltkriegs auf der Anhöhe nördlich von Nago – auch heute noch sind zahlreiche Relikte dieser früheren Verteidigungsanlagen der österreichisch-ungarischen Armee vorhanden – meist ausgestattet mit Informationstafeln und Zeichnungen, die uns mit auf eine Zeitreise nehmen. Die Feldposten waren zur Kontrolle der Berghänge eingerichtet worden, denn die Lage war perfekt, um einen Durchzug feindlicher Truppen zu verhindern. Anhand der grandiosen Ausblicke kann man sich sehr gut in die Soldaten hineinversetzen, die einst über den See gewacht haben. Heute sind die Posten des Gebietes rund um den Monte Corno restauriert und

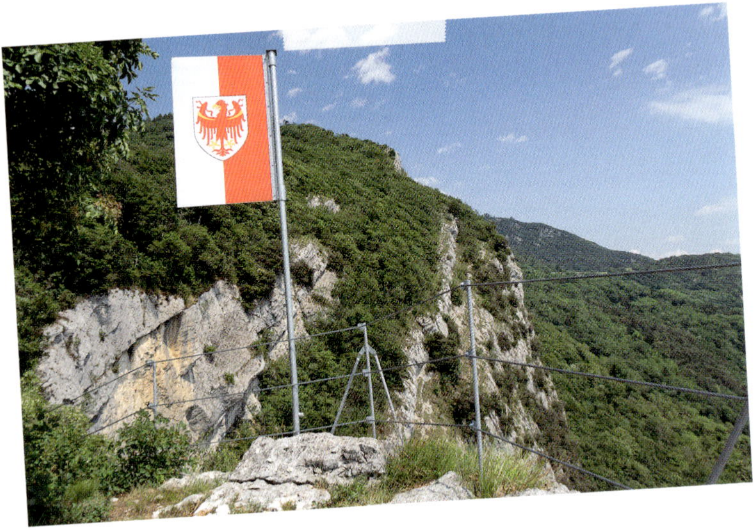

↑ Das Wappen von Südtirol weist auf den Grenzkrieg an dieser Stelle hin.

werden so den Wanderern zugänglich gemacht. Eine andächtige Stille umgibt diese Zeugnisse längst vergangener Tage.

Auf dem Kastanienweg Der Rückweg entlang der Überreste von Kasernen und Militärgebäuden folgt der Ausschilderung »Monte Corno – Rientro/Return«. Wir durchschreiten eine Kastanienplantage – in Reih und Glied stehen die Kastanienbäume. Auf Bänken zwischen den Bäumen gibt es viele Picknickmöglichkeiten. Noch eine Gelegenheit, um in vergangenen Zeiten zu schwelgen, denn früher war die Mehlquelle aus der Kastanie eine zuverlässigere Sache als Korn, wofür man flaches Land brauchte.

Info

Einer der Schützengräben, der »Trincea della Salina«, wurde von österreichisch-ungarischen Soldaten errichtet und genutzt. Es handelte sich dabei um unterschiedlich zusammengesetzte Hilfstruppen, deren Erkennungszeichen der Tiroler Adler am Revers war.

AUF EINEN BLICK

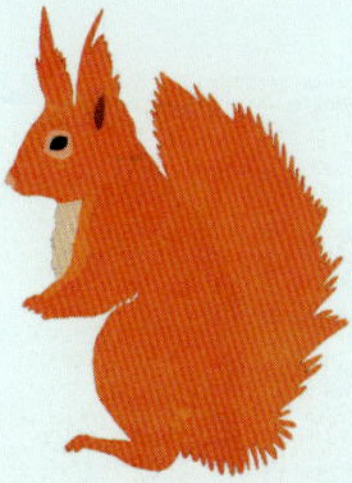

Tour 26: Tour der Stille

Dauer: 3 Std.

Höhenmeter: 500 Hm

Länge: 6,6 km

Schwierigkeit: Mittel

Tourencharakter: Mittelschwere Wanderung mit vielen Relikten aus dem Ersten Weltkrieg (Schützengräben, Wachposten und andere Feldposten), informativen Erklärungstafeln und fantastischen Ausblicken

Ausgangs-/Endpunkt: Großer Parkplatz Coel an der Via al Trenim in Nago

GPS-Koordinaten: 45.878919, 10.889350

Einkehr: Unterwegs keine, Gastronomie im Ortsteil Nago

Information: trentino.com/de/trentino/gardasee/nago-torbole/nago

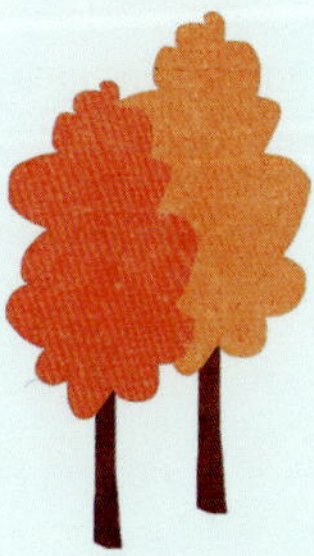

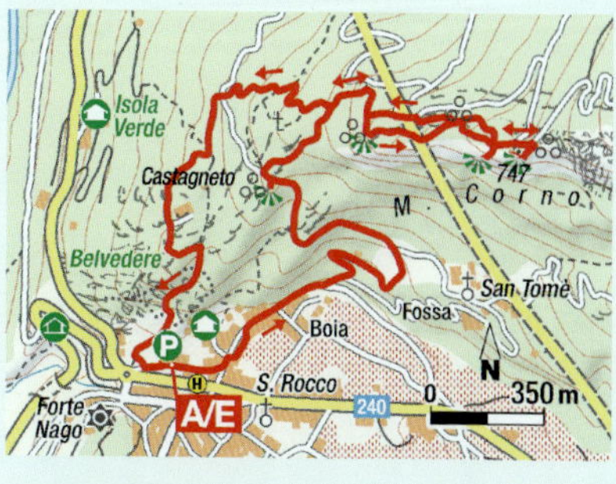

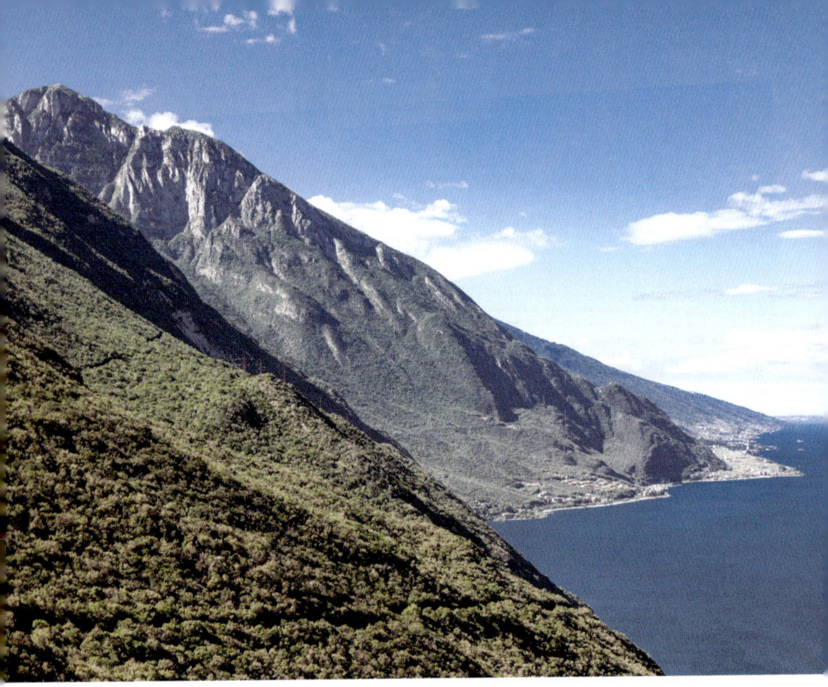

↑ Traumhaftes Ostufer ↓ Torbole vor dem Monte Brione

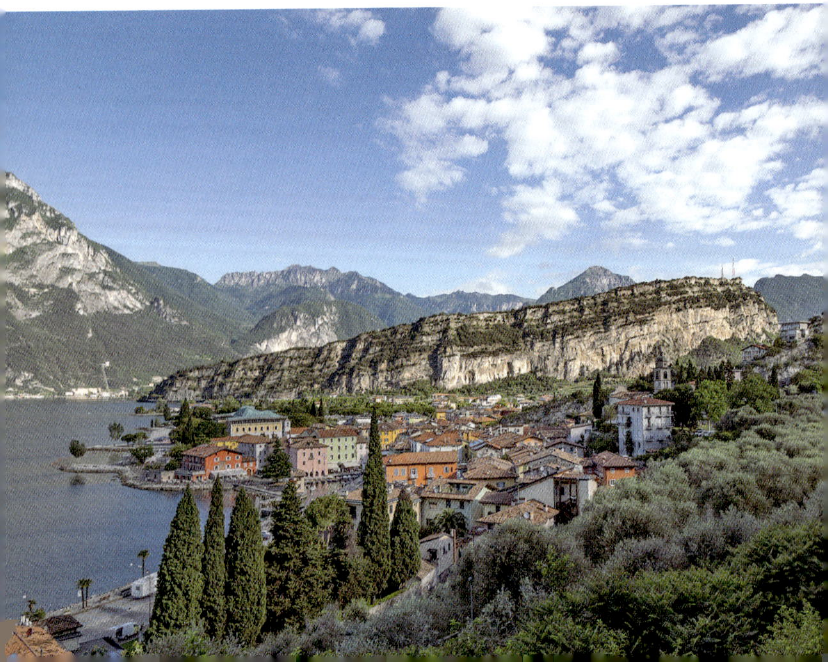

EINE FERNSICHT NACH DER ANDEREN

Tour für TOUR 27 die Sinne

Panoramaweg von Busatte nach Tempesta

Diese Wanderung hat die Bezeichnung »Panoramaweg« mehr als verdient: Mit leichten Steigungen und über Treppenanlagen führt sie aussichtsreich am Berghang entlang etwa 120 Meter über dem See von Torbole Richtung Süden.

Aussichtsreich Beim Abenteuerpark beginnt der »Sentiero Panoramico«, der seinem Namen alle Ehre macht. Die Aussichten auf den nördlichen Gardasee, auf die Ortschaften Riva, Torbole, auf die Segelschiffe, die Surfer und die Berge auf der gegenüberliegenden Seeseite rauben uns buchstäblich die Sinne. Wir kommen aus dem Staunen nicht mehr heraus und betrachten gespannt, wie sich auf dem See die Ausflugsschiffe einen Weg durch die vielen Kite- und Wing-Surfer bahnen – die Surfer sind oft nur als kleine weiße Punkte erkennbar. Wir sind morgens unterwegs, da ist es noch nicht so heiß und es sind noch nicht so viele Mitwanderer auf dem Weg. Wir lassen uns also die warmen Sonnenstrahlen ins Gesicht scheinen, betrachten die Szenerie um uns herum und sind einfach glücklich.

Abwechslungsreich Neben den spektakulären Ausblicken ist auch die Wegbeschaffenheit selbst abwechslungsreich. Wir wandern gegen den Uhrzeigersinn, so hat man weniger »Gegenverkehr« (allerdings kommt man auf den Stahltreppen auch gut aneinander vorbei). Der erste Teil führt über leichte Bergwanderwege, dann geht es über in den mittleren Teil, bei dem mittels dreier aufwendig angelegter Treppenanlagen mit etwa 400 Stufen die felsigen Steilabbrüche zum Ostufer des Gardasees überwunden werden. Auch wenn die Geländer stabil sind, ist Schwindelfreiheit vorteilhaft. Nach der letzten Treppenanlage biegt man links ab und erreicht eine höhergelegene Forststraße. Auf dieser kann man zurückwandern und

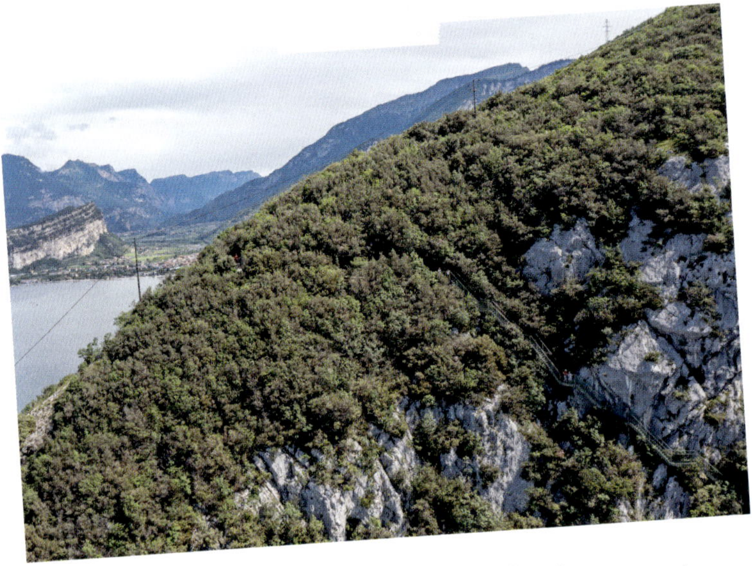

↑ **Die aufwendige Treppenanlage schmiegt sich in den Berghang.**

stößt auf dem letzten Wegteil wieder auf den Panoramaweg. Alternativ kann man bei Tempesta zum See absteigen und mit dem Bus nach Torbole zurückfahren.

Lehrreich Noch mehr kann man die Wanderung auf sich wirken lassen anhand der Infotafeln zu Flora und Fauna. So lernen wir nebenbei etwas über die Steineichen, die häufigste Baumsorte in der Region. Oder über die Moränenlandschaft der Marocche, die aus Ablagerungen des eiszeitlichen Gletscherschliffes besteht. Die Infos gibt's auf Italienisch und Englisch.

Tipp

Der Start- und Endpunkt der Wanderung liegt am Freizeitzentrum Parco Aventura Torbole sul Garda mit Klettergarten, einem Basketballplatz, einer BMX- und MTB-Rennstrecke und viel Grünfläche (busatteadventure.it/il-parco-le-busatte).

AUF EINEN BLICK

Tour 27: Tour für die Sinne

Dauer: 2 Std.

Höhenmeter: 310 Hm

Länge: 8 km

Schwierigkeit: Leicht

Tourencharakter: Einfache, sehr schöne und aussichtsreiche Wanderung; drei Stahltreppenanlagen leiten den Wanderweg um Abbruchkanten herum – hier ist Schwindelfreiheit vorteilhaft; für kleinere Hunde nicht geeignet, da man auf Gitter läuft. Der Weg ist stark der Sonne ausgesetzt.

Ausgangs-/Endpunkt: Parkplatz im Ort Busatte

GPS-Koordinaten: 45.86771, 10.877616

Einkehr: Unterwegs keine, Gaststätten und Restaurants in Torbole

Information: gardasee.at/orte/torbole-nago, trentino.com/de/trentino/gardasee/nago-torbole/torbole

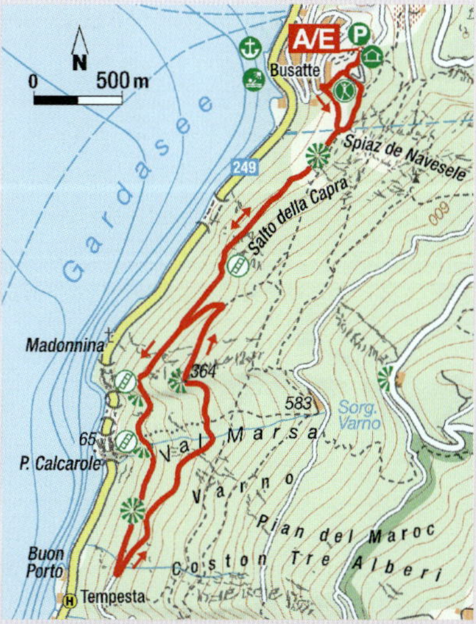

Sattgrüner und
wenig bewaldeter
Nordausläufer des
Monte Baldo

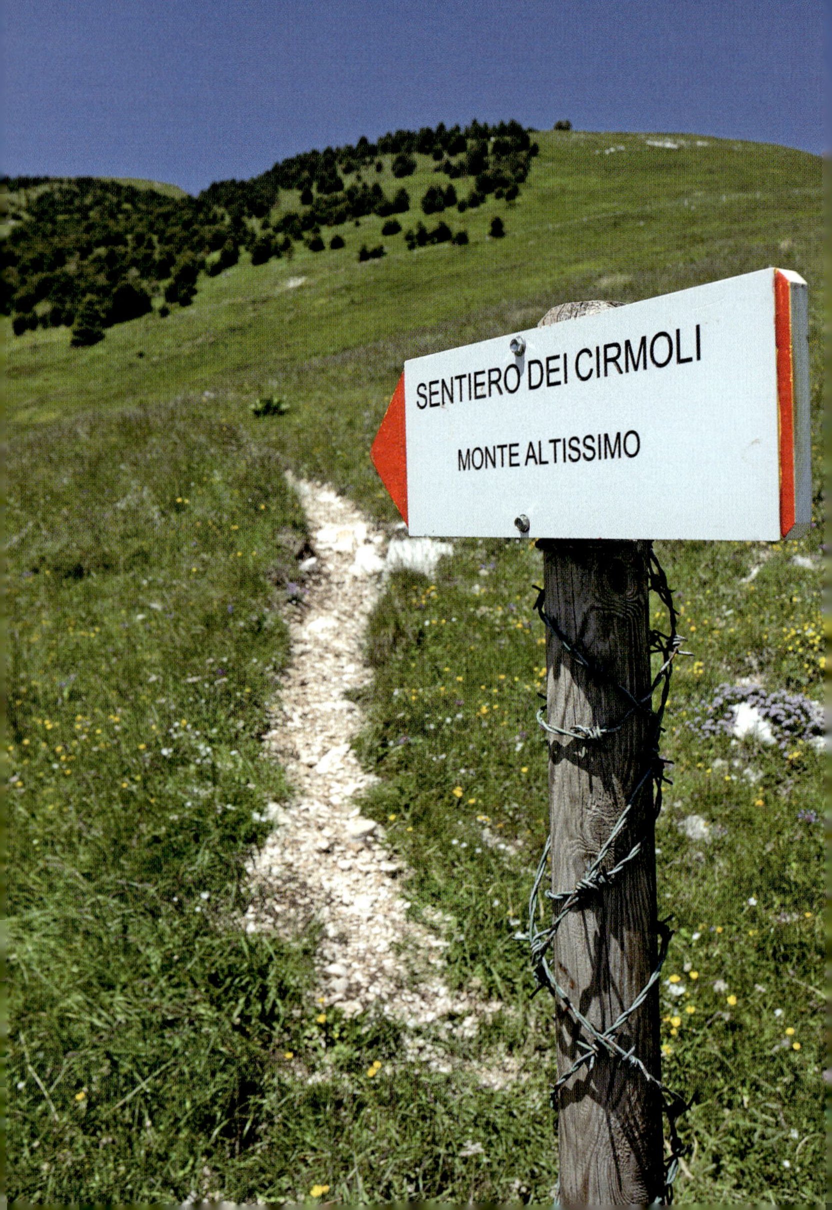

BERGGENUSS IN ALLEN VARIATIONEN

Tour für den Genuss
TOUR 28

Über den Gipfel des Monte Altissimo di Nago

Auf dem Programm steht das Monte-Baldo-Massiv mit einer Gipfeltour auf den Monte Altissimo di Nago, einen der höchsten Gipfel des nördlichen Bergrückens – bei klarer Sicht kann man sogar bis Sirmione am Südufer des Gardasees blicken.

Erreichbarkeit Während wir beim Sentiero del Ventrar (siehe Tour 29) vom See aus mit der Seilbahn ab Malcesine starten, fahren wir jetzt von Torbole in Richtung Osten und pirschen uns so von hinten an das Baldomassiv heran. Das sind vom Gardasee aus 40 Minuten zu fahren. Am Wochenende sollte man die Tour zeitig starten. Gleich am Startpunkt befindet sich die erste von drei Hütten – man kann sie sich als Belohnung für später »aufheben«, falls man keiner der beiden anderen einen Besuch abstattet.

Das schwerste Stück zuerst Macht man die Tour wie hier vorgeschlagen im Uhrzeigersinn, hat man den Aufstieg mit fast allen Höhenmetern nach kurzer Zeit hinter sich und kann sich ganz dem Genuss der Ausblicke, Einkehrmöglichkeiten und der Bergstimmung hingeben. Für den Aufstieg stehen zwei Optionen zur Auswahl, ein mäßig ansteigender Schotterweg oder der etwas kürzere, steilere Weg über den Kamm. Wir haben bei unserer Tour die Variante über den Kamm gewählt, der Schotterweg zweigt von diesem nach links ab. Auf beiden Wegen gelangt man zum Gipfel des Monte Altissimo di Nago und kann sich auf einer Wiese niederlassen und wieder zu Atem kommen.

Rund um den Monte Altissimo di Nago … Und sich dabei von dem atemberaubenden 360-Grad-Panoramablick über den Gardasee und die Bergwelt begeistern lassen: Die Sicht fällt auf das Gebiet zwischen Ledro,

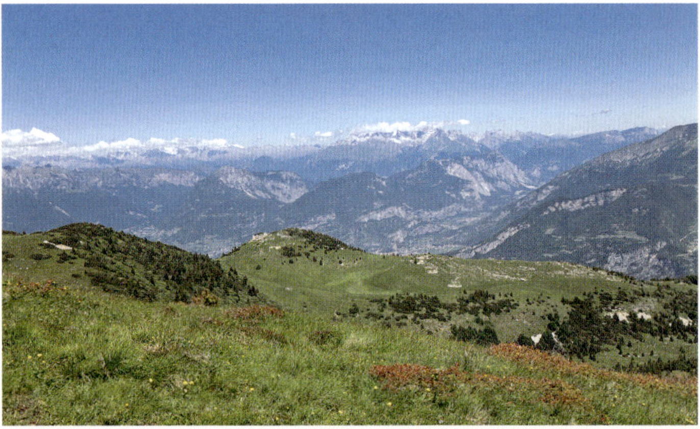

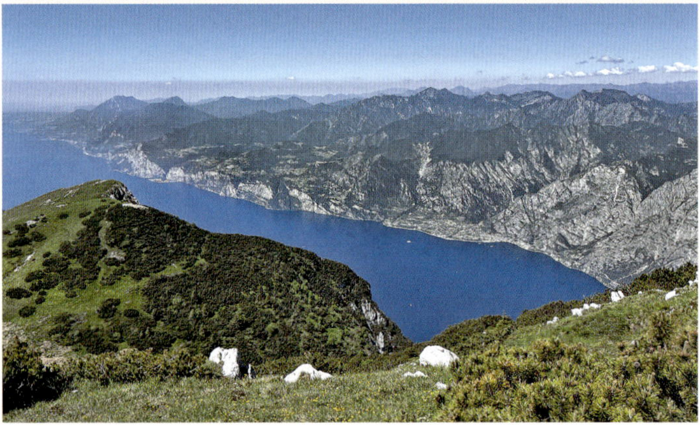

»Berge sind stille Meister und machen schweigsame Schüler.«

Johann Wolfgang von Goethe

Riva del Garda, den Monte Brione und Torbole – für alle diese Gebiete finden sich Wandervorschläge in diesem Buch. Der Gipfel des Monte Altissimo di Nago ist 2079 Meter hoch. Hat man sich sattgesehen, erkundet man die Schützengräben aus dem Ersten Weltkrieg, die sich die Natur auf malerische Art und Weise zurückerobert hat. Auch eine kleine Kapelle und eine Gedenkstätte erinnern an die Opfer des Krieges. Das alles ist recht weitläufig um den Gipfel verteilt, der Weg führt jedoch an allen Kriegsrelikten vorbei.

Hoch oben gut speisen Ebenfalls im Gipfelbereich und nur ein paar Gehminuten davon entfernt befindet sich das Rifugio Altissimo Damiano Chiesa. Schon allein durch ihre Lage hoch oben über dem Gardasee sucht diese Einkehrmöglichkeit ihresgleichen. Aber auch eine gute Küche und ein herzlicher Gastgeber lassen uns hier gerne Pause machen und beim Essen auf den 2000 Meter unter uns liegenden Gardasee blicken. Es gibt sogar einen Service am Tisch, was bei Berghütten eher ungewöhnlich ist. Die Hütte ist zwar gut besucht, aber die Gäste verteilen sich angenehm auf die Außenfläche. In der Nebensaison (November bis Mai) hat sie nur an den Wochenenden geöffnet, in der Hauptsaison (Mai bis Oktober) täglich.

Nach der Einkehr ist vor der Einkehr Nach dem doppelten Genuss – Essen und Ausblick – wandern wir wieder den Berg hinab und drehen eine kleine Schleife nach Nordwesten. Weiterhin begleitet uns eine prächtige Aussicht, die wir aufgrund des kontinuierlich abfallenden Weges auch ganz entspannt genießen können. Nach einem weiteren Schlenker des Weges Richtung Norden gelangen wir zur bewirtschafteten Almhütte Malga Campo di Brentonico, zu der

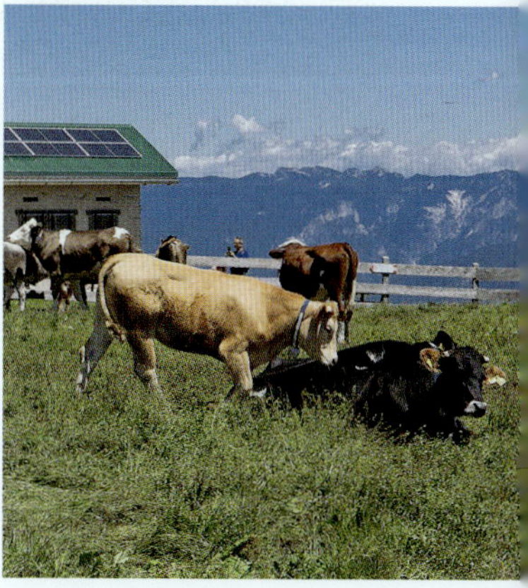

↑ **Welch Genuss! Bergwiesen, so weit das Auge reicht**
↓ **Wie von einem Balkon sieht man auf den Gardasee hinab.**
→ **Bei der Einkehr chillen Mensch und Tier.**

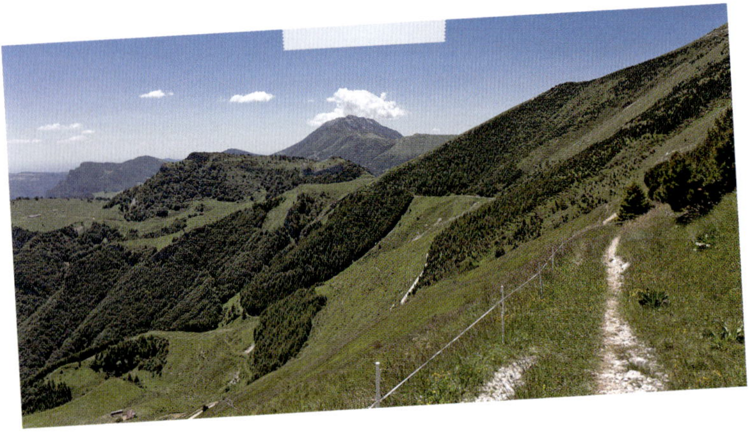

↑ Unberührte Berglandschaften lassen uns tief durchatmen.

uns der Weg idyllisch über eine Kuhwiese führt. Es ist eher ein Bauernhof und das Besondere ist, dass alles ohne festen Preis verkauft wird – jeder bezahlt so viel, wie er denkt. Es gibt leckere Salami-Schinken-Käseplatten, Paninis und kühles Bier. Es ist herrlich hier!

Finale Belohnung Auf fast ebenem Weg sind es nun nur noch zwei Kilometer bis zum Startpunkt. Nachdem die Wanderung so gemütlich ausklingt, wäre eine weitere Einkehr nur folgerichtig – und wir wissen ja, dass uns am Startpunkt mit dem Rifugio Graziani noch kulinarische Belohnung erwartet. Hier können wir in Ruhe das alpine Erlebnis Revue passieren und uns dabei verwöhnen lassen.

Info

Die Wanderung verläuft durch das Gebiet des 2013 neu erschaffenen Parco Naturale Locale del Monte Baldo. Das ist ein Naturpark in der italienischen Provinz Trient im nördlichen Teil des Monte-Baldo-Massivs zwischen Gardasee und Etschtal. Er beinhaltet mehrere Naturschutzgebiete und insgesamt 24 Almhütten, die von der Kulturlandschaft und der Alm- und Weidewirtschaft zeugen.

AUF EINEN BLICK

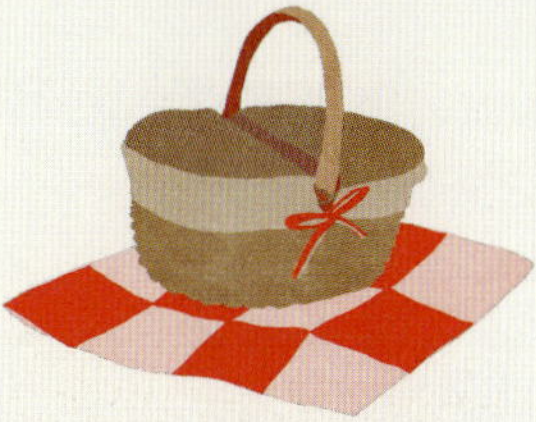

Tour 28: Tour für den Genuss

Dauer: 2.45 Std.

Höhenmeter: 500 Hm

Länge: 9,1 km

Schwierigkeit: Mittel

Tourencharakter: Mittelschwere Wanderung, gute Grundkondition und Trittsicherheit vorteilhaft. Der Weg ist durchgehend der Sonne ausgesetzt, entsprechenden Sonnenschutz nicht vergessen.

Ausgangs-/Endpunkt: Bocca del Creer

GPS-Koordinaten: 45.798605, 10.893752

Einkehr: Rifugio Graziani, Rifugio Altissimo Damiano Chiesa, Malga Campo di Brentonico

Information: gardasee.de/monte-baldo

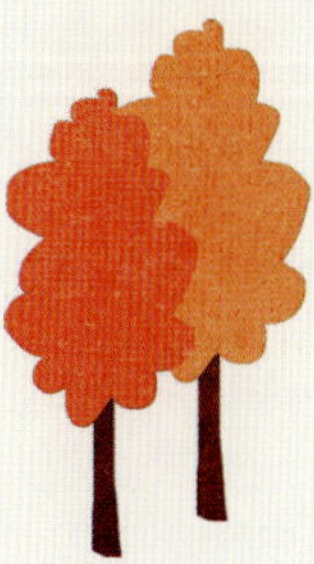

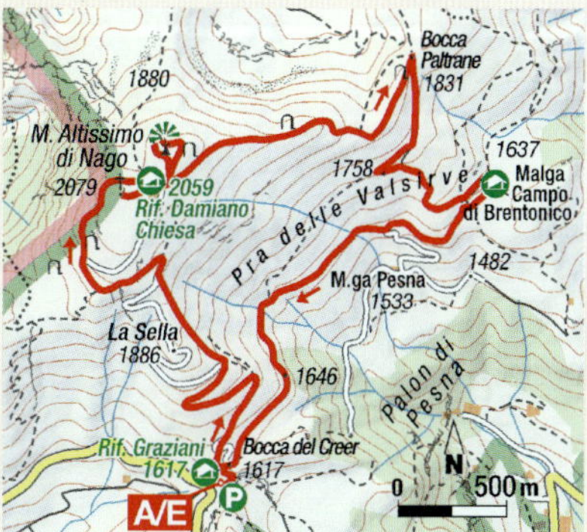

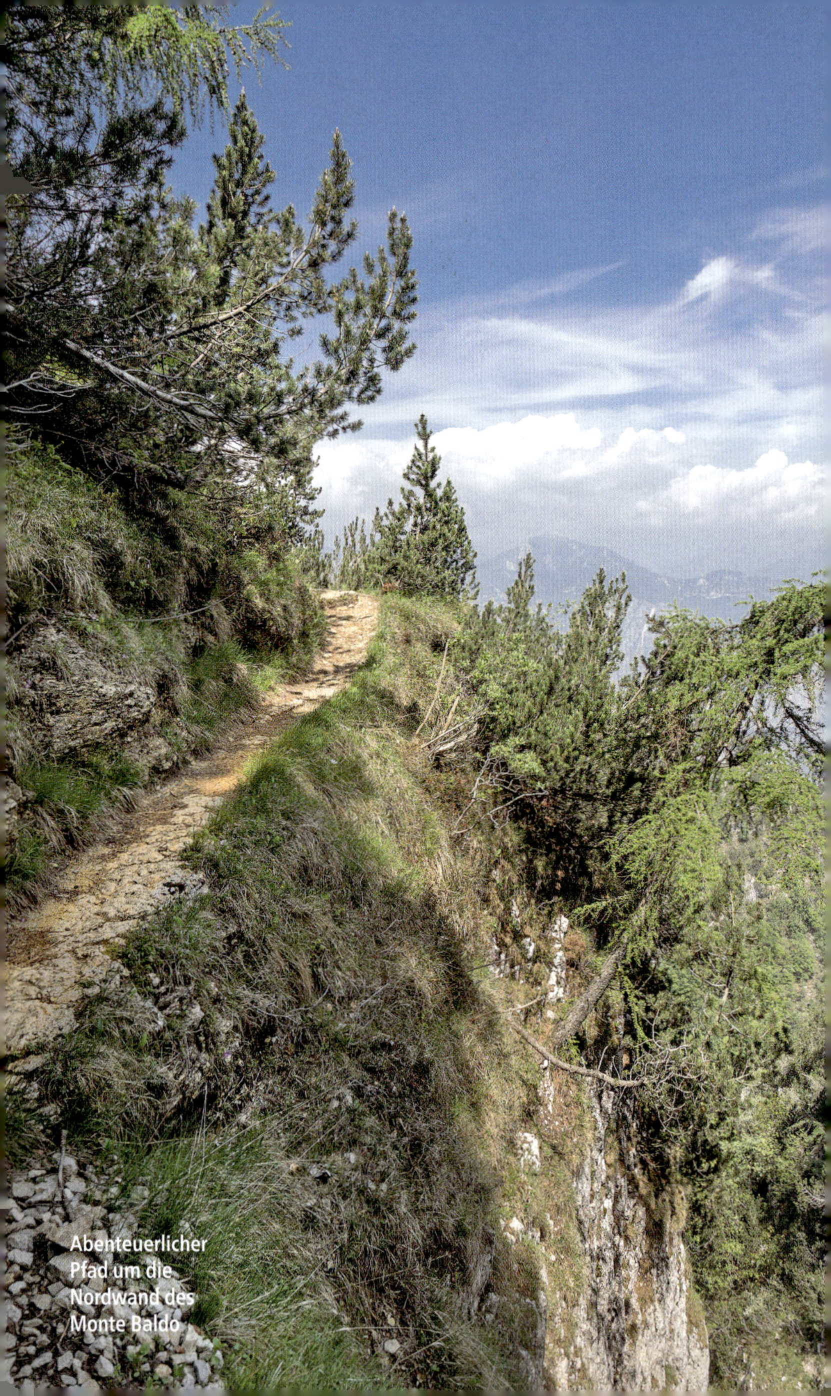

Abenteuerlicher Pfad um die Nordwand des Monte Baldo

DER RIESE AM GARDASEE

Tour
TOUR 29
ohne Uhr

Der Monte Baldo ist das höchste Bergmassiv

Mit der Seilbahn geht es von Malcesine hinauf auf den Giganten – und auch wenn trotzdem noch einige Höhenmeter zu bewältigen sind, nimmt uns der Monte Baldo derart gefangen, dass wir einfach die Zeit und alles um uns herum vergessen.

Seilbahnfahrt als Event Wer befürchtet, die Seilbahn würde uns die ganze »Arbeit« bei dieser Wanderung abnehmen (sie überwindet immerhin eine Höhendifferenz von 1760 Metern), der kann unbesorgt sein: Der Weg zur Bergstation ist zwar schon das erste Erlebnis der Wanderung, aber es bleiben noch 650 Höhenmeter zu gehen übrig. Die erste Teilstrecke der Seilbahnfahrt führt zur Mittelstation, dort muss man umsteigen – ein Blick nach oben erweckt den Eindruck, dass wir immer noch ganz unten sind. Erste traumhafte Blicke auf den See fesseln uns. Die zweite Bahn dreht sich während der Fahrt einmal um sich selbst! Oben angekommen, kann nicht selten Nebel den ersten Ausblick noch etwas verzögern. Aber wir haben ja Zeit.

Blümchenwiese Ist der Berg nebelfrei, erfreuen wir uns zunächst in Ruhe an den Ausblicken. Dann machen wir uns ganz gemächlich auf den Weg. Eine unvergleichlich schöne Blumenvielfalt auf grünen Wiesen begleitet uns beim Auftakt. Wir wandern auf einem schmalen, später steinigen Pfad in nördlicher Richtung bis zum Skilift »Paperino«. Ab hier weist uns die Markierung rot-weißer Balken den Weg.

Sentiero del Ventrar Nach zwei Kilometern stoßen wir auf den »Sentiero del Ventrar«. Es ist ein schmaler, gut ausgeschilderter Pfad über die zerklüfteten Felsen, der im Zickzackkurs über den Kamm des Monte Baldo

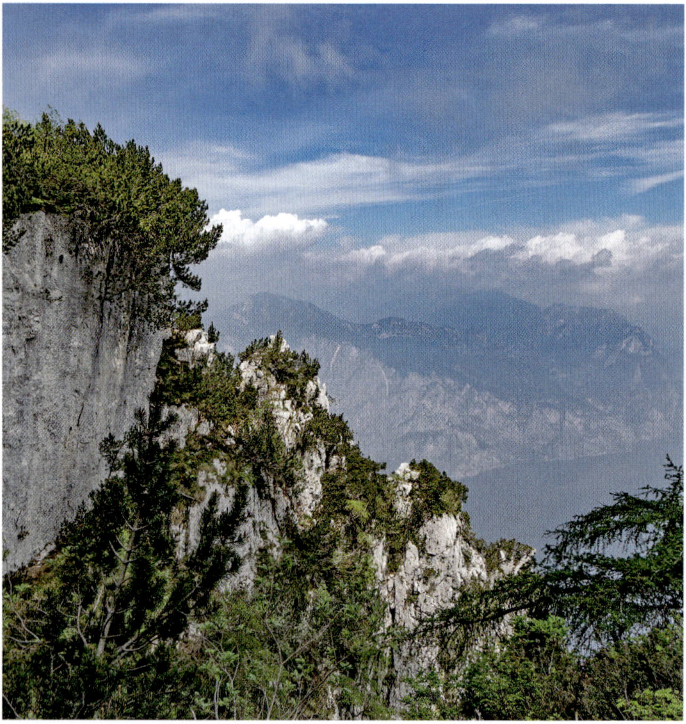

»Große Berge sind Prüfsteine,
nicht nur des Könnens.«

Kurt Diemberger

führt. Für diese Etappe sollte man sich besonders viel Zeit nehmen, die fantastischen Ausblicke in die Täler und die Ebene des Veneto ausgiebig auf sich wirken lassen. Gewaltig ist die Natur, sie lässt uns ehrfurchtsvoll verstummen, da man den Zauber des Moments nicht mit unnötigem Lärm vertreiben möchte. Man sollte sich aber auch gut auf den Weg konzentrieren, der teilweise direkt am Abgrund entlangführt und schwindelerregende Felswände überquert. Es geht durch eine grüne Schlucht und auch mal zwischen Felsen hindurch. Ein kleiner Stichweg bringt uns zu einem Plateau mit Blick auf das Nordufer des Gardasees. Dann geht es bergab, teils über Felsen und mit Seilsicherungen an der Felswand entlang. Oft scharf an der Abbruchkante entlang, führt der Pfad durch wilde, grüne Landschaft. Inzwischen schiebt sich der Gardasee etwas öfter ins Blickfeld, der Weg wird breiter. Wagemutige können auf Felsen klettern und Blicke auf den See erhaschen. An einer letzten imposanten Felswand endet der spektakuläre Sentiero del Ventrar.

Nördliche Umrundung Nach diesem erlebnisreichen Wegstück umrunden wir den Monte Baldo um seinen nördlichen Bereich. Wir wenden uns dabei in die südliche Richtung und wandern wieder entlang von Wiesenflächen. Nach dem gerade erlebten Abenteuerpfad wundern wir uns zunächst über den schön angelegten, gepflegten Betonplattenweg. Dieser geht jedoch bald über in einen Kopfsteinpflasterweg. Nach rechts ergeben sich nun immer mehr Ausblicke auf den Gardasee. An den richtigen Stellen stehen Bänke, auf denen wir uns niederlassen und uns an den Impressionen erfreuen können. Der Kopfsteinpflasterweg wird schmaler und bald rückt die Seilbahn ins Blickfeld – das bedeutet, dass unsere herrliche Tour auf dem Giganten

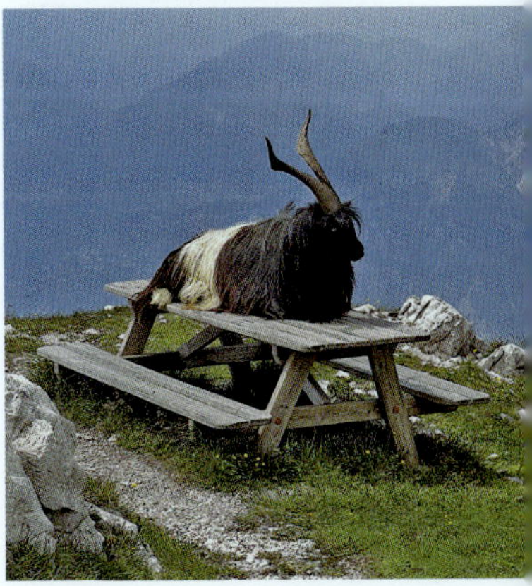

← **Immer wieder Seeblicke, wie hier vom Sentiero del Ventrar**
→ **Hoppla, wer hat sich denn da niedergelassen?**

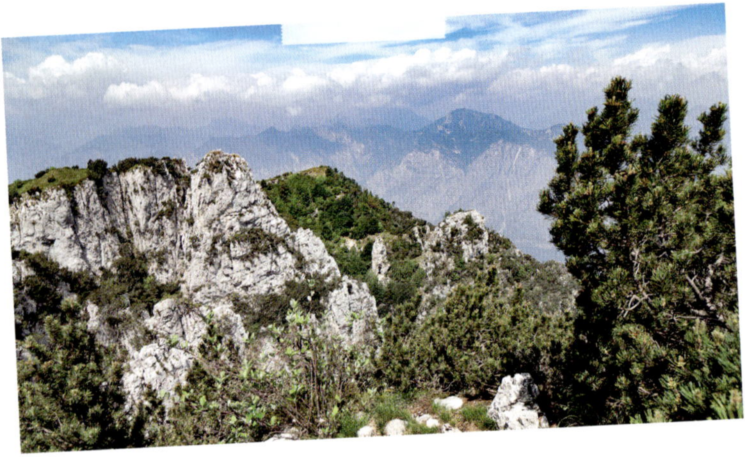

↑ Mitunter bewegen wir uns in sehr schroffem Gelände.

des Gardasees sich langsam dem Ende entgegenneigt. Zuletzt ist es wieder ein schmaler, steiniger Pfad, der uns zurück Richtung Bergstation führt.

Überraschung zum Schluss Wir passieren eine mehrsprachige Infotafel über die Fauna des Monte Baldo und kommen an einen Aussichtspunkt mit Picknickgarnitur – an der wir jedoch nicht Platz nehmen können. Sie ist bereits belegt, ein mächtiger Ziegenbock hat es sich auf dem Tisch bequem gemacht. Wir möchten es nicht mit ihm aufnehmen und überlassen ihm den Platz. Es wird noch einmal tierisch, der Weg führt durch eine Schafsherde hindurch, dann kommen wir wieder bei der Seilbahn an.

Info

Mit über 2000 Metern Höhe ist der Monte Baldo das höchste Bergmassiv am Gardasee. Es handelt sich dabei um einen etwa 30 Kilometer langen Bergrücken, der im Norden vom Loppiotal, im Osten vom Etschtal, im Westen vom Gardasee und im Süden von den Moränenhügeln bei Rivoli Veronese und der Ebene bei Caprino Veronese eingegrenzt wird. An den Hängen der Bergkette liegen viele kleine Bergdörfer.

AUF EINEN BLICK

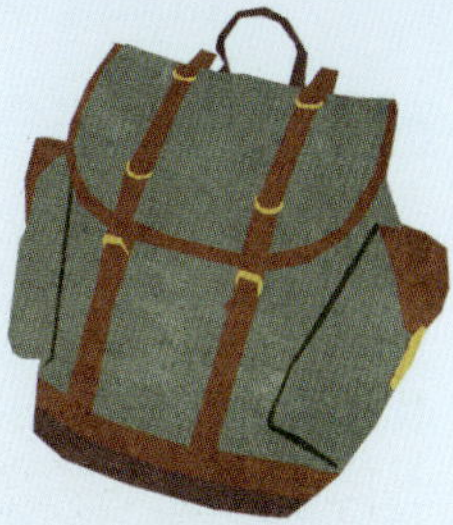

Tour 29: Tour ohne Uhr

Dauer: 3.30 Std.

Höhenmeter: 650 Hm

Länge: 9,3 km

Schwierigkeit: Schwer

Tourencharakter: Auf dieser Wanderung sind eine gute Grundkondition, Trittsicherheit, festes Schuhwerk und alpine Erfahrung erforderlich. Schwindelfreiheit vorteilhaft. Wegen der Seilbahnfahrt nur für Menschen ohne Höhenangst geeignet

Ausgangs-/Endpunkt: Bergstation der Seilbahn »Funivia Malcesine – Monte Baldo«

GPS-Koordinaten: 45.769274, 10.864567

Einkehr: Lounge Bar Skywalk an der Bergstation der Seilbahn

Information: gardasee.de/monte-baldo, funiviedelbaldo.it/de/fahrplane-und-tarife

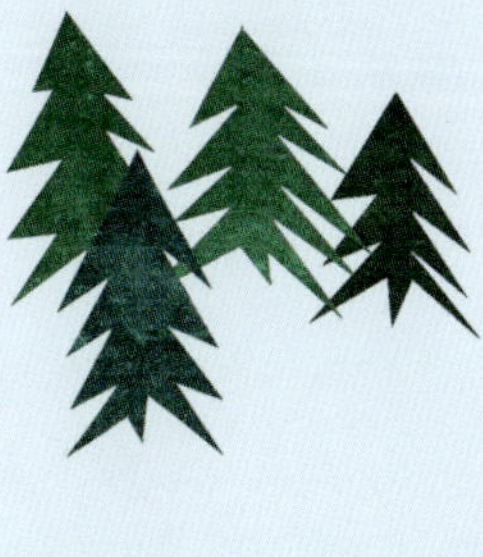

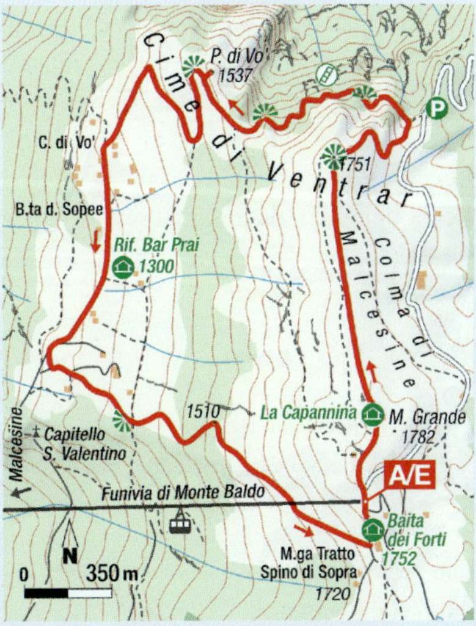

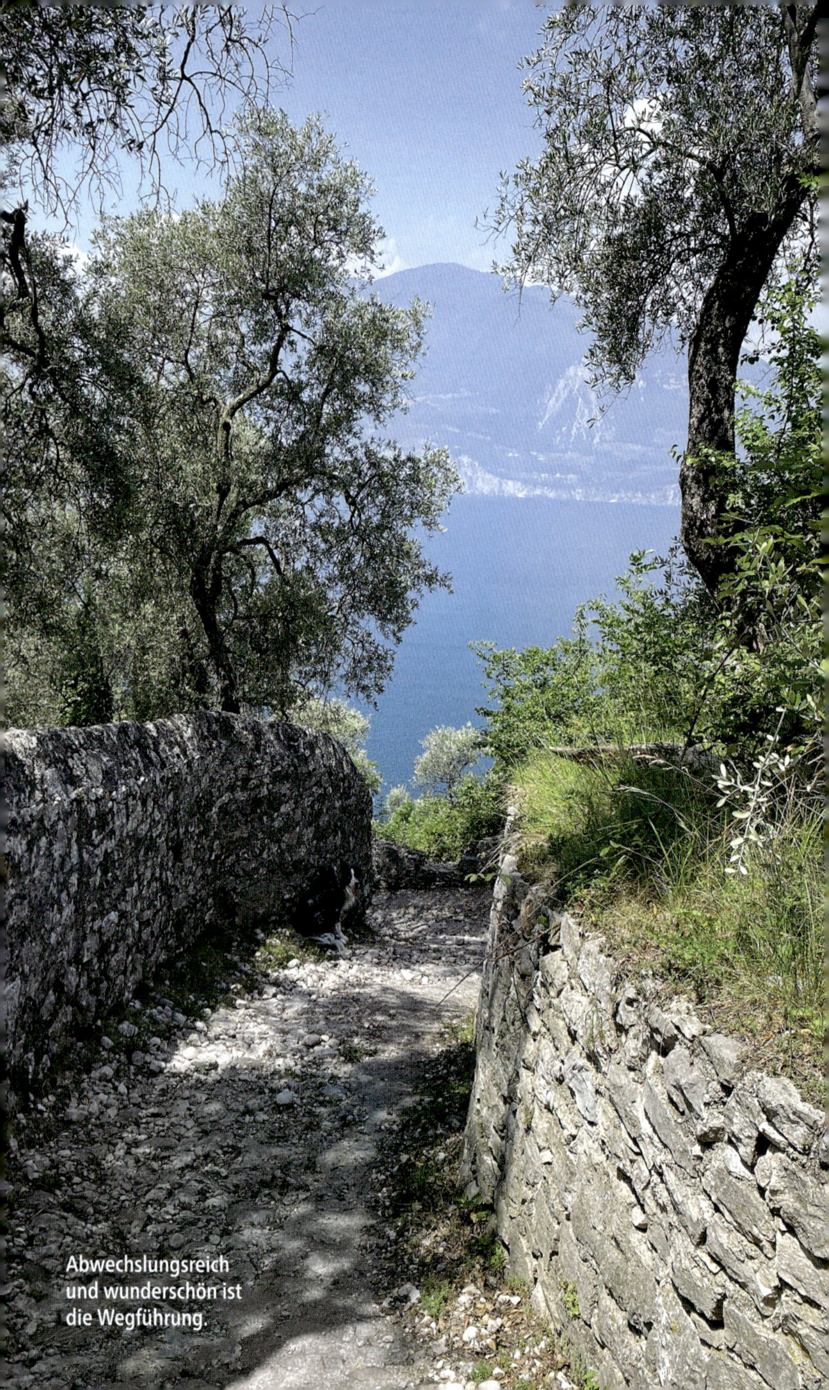

Abwechslungsreich
und wunderschön ist
die Wegführung.

TRAUMTOUR HOCH ÜBER DEM SEEUFER

Tour der Stille – TOUR 30

Von Assenza nach Castelletto

Sehr viel Abwechslung bietet diese Tour: Seeblicke de luxe, eine Kapelle mit Gipfelkreuz, ein verlassenes Dorf und einen Lehrpfad mit Infos über Flora und Fauna. Die steilen Höhenmeter bewerkstelligt man dabei fast nebenbei.

Gardasee, so weit das Auge reicht Vom Hafen in Assenza gehen wir über den kleinen Marktplatz des Ortes und dann sofort steil über einen schmalen, von Steinmäuerchen gesäumten Weg bergauf bis zum Ort Sommavilla Pozzo. Durch einen Torbogen treten wir hinaus in die wunderbare Landschaft, die den weiteren Weg – markiert mit einem weißen und roten Balken – nun begleitet. Den Gardasee haben wir zu unserer Rechten. Immer wieder neue Blicke ergeben sich darauf und treiben uns nahezu unbemerkt bergauf, über einen kopfsteingepflasterten, grasbewachsenen Weg, der wie eine alte Römerstraße aussieht und sich malerisch in die Landschaft einfügt.

Gipfelsturm So erreichen wir die kleine Kapelle della Madonna della Corona e Santi mit einem Gipfelkreuz und einer Aussichtsbank – hier sitzen, genießen, von erhabener Position auf den großen See blicken – das ist Seele baumeln lassen! Bis zu dieser Stelle haben wir noch keinen einzigen Wanderer getroffen. Nach der geruhsamen Rast sind wir gestärkt für das steilste Teilstück des Weges. Nachdem der höchste Punkt erreicht ist, geht es genauso steil bergab, wie es zuletzt bergauf gegangen ist.

Geisterort Stille umgibt uns auch im Geisterort Campo Borgo, ein verlassenes Dorf, das wir über enge Gassen und Treppen und unter Torbögen hindurch erkunden. Hier wird vieles restauriert, jedoch zurückhaltend,

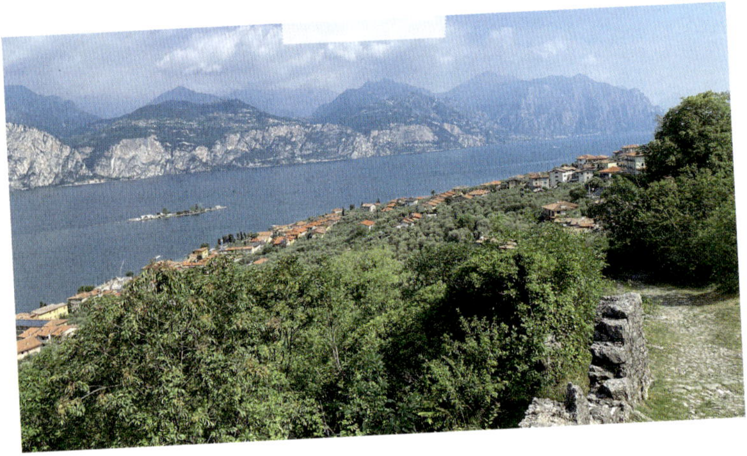

↑ Blick auf die kleine Insel vor dem Ort Assenza

sodass die geisterhafte Atmosphäre erhalten bleibt. Eine kleine Bar hatte bei unserem Besuch geschlossen, aber kleine Bistrotische lassen darauf schließen, dass man hier zu Öffnungszeiten kühle Getränke genießen kann. Am Ende des Ortes kann man in den Innenraum der Kirche San Pietro in Vincoli blicken.

Abstieg Der Weg in den Zielort Castelletto führt über einen breiten Kopfsteinpflasterweg bergab mit herrlichen Ausblicken, gesäumt von Trockensteinmauern mit terrassiert angepflanzten Olivenbäumen. Stille umgibt uns weiterhin, erst als wir den Ort Castelletto betreten, erwacht das Leben wieder. Wir steuern den Hafen an, wo wir in einem der schönen Restaurants an der Uferpromenade einkehren und zuletzt das Linienschiff für den Rückweg nach Assenza nehmen.

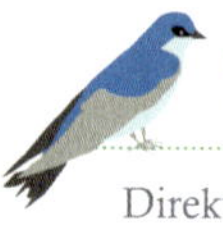

Tipp

Direkt neben dem Hafen in Assenza befindet sich ein Kieselsteinstrand. Hier kann man bei einem Bad im Gardasee die Wanderung herrlich ausklingen lassen.

AUF EINEN BLICK

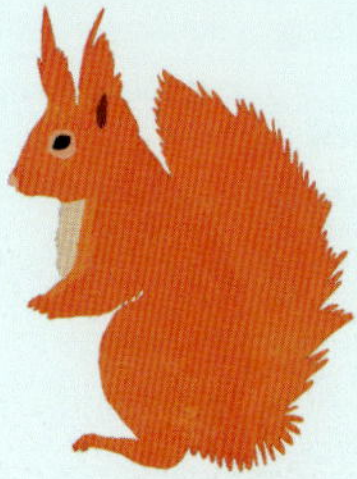

Tour 30: Tour der Stille

Dauer: 2.30 Std.

Höhenmeter: 380 Hm

Länge: 7 km

Schwierigkeit: Mittel

Tourencharakter: Steile Auf- und Abstiege, das letzte Stück des Aufstiegs und das erste Stück des Abstiegs sind geröllig, hierfür sollte man unbedingt Stöcke dabeihaben.

Ausgangspunkt: Hafen von Assenza

Endpunkt: Hafen von Castelletto (Rückkehr zum Hafen von Assenza mit Linienschiff – nicht Fähre! – ansonsten Busverkehr zwischen den beiden Orten)

GPS-Koordinaten: 45.726418, 10.781054

Einkehr: Bar in Campo Borgo, Restaurants und Cafés in Assenza und Castelletto

Information: gardasee.at/orte/brenzone/assenza-di-brenzone.html, gardasee.at/orte/brenzone/castelletto-di-brenzone.html, navigazionelaghi.it

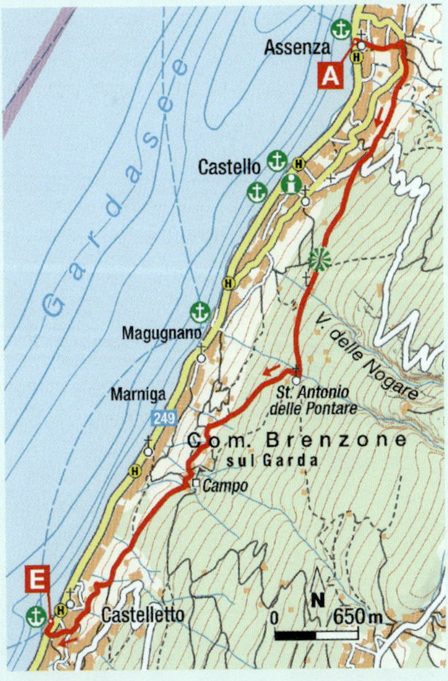

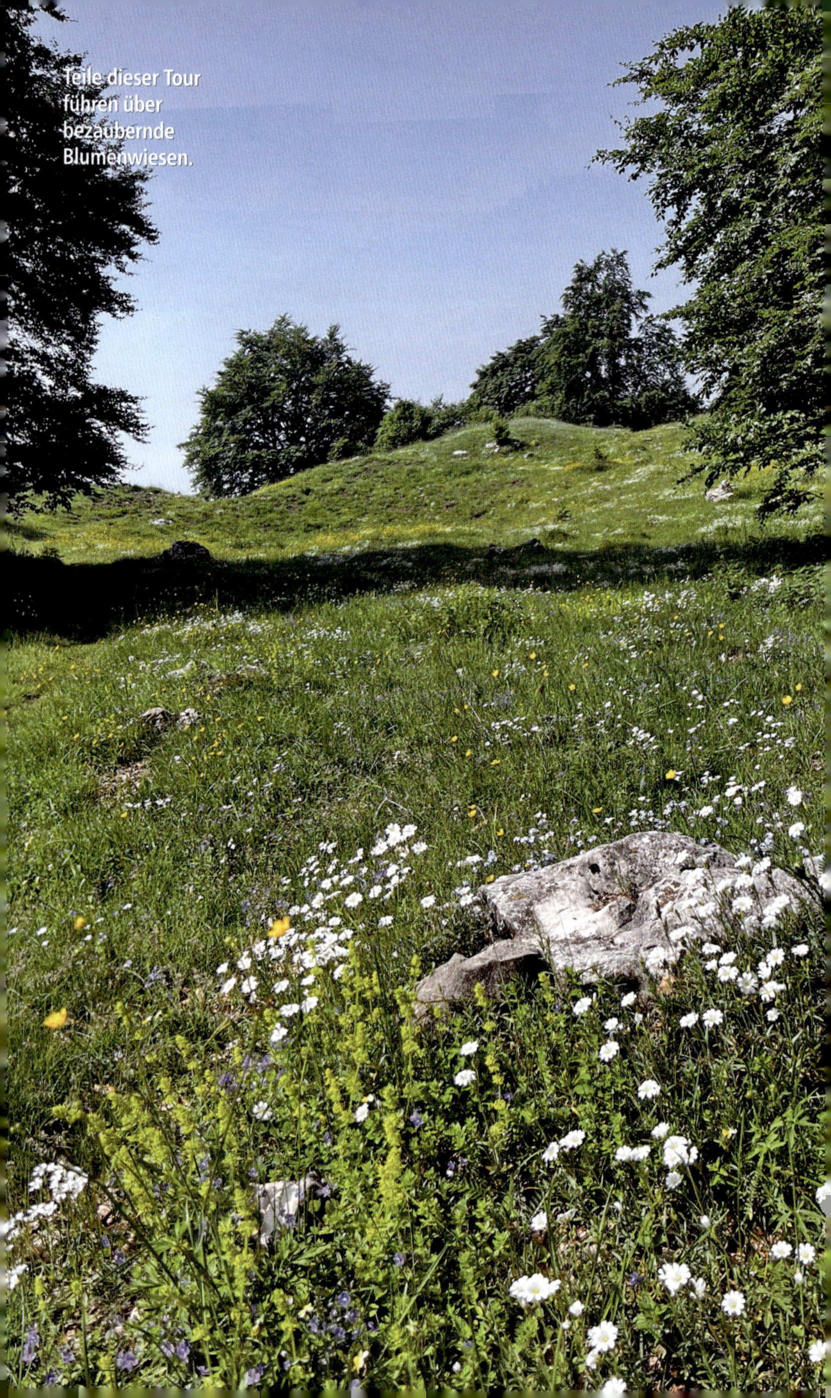

Teile dieser Tour führen über bezaubernde Blumenwiesen.

ALM-FEELING AUF DEM MONTE BALDO

Tour für TOUR 31 den Genuss

Große Gipfeltour mit Einkehr

Es steht noch einmal das Monte-Baldo-Massiv auf dem Programm, diesmal der südliche Teil. Für die Gardaseeregion eher ungewöhnlich, liegen auf dieser Tour tolle Einkehrmöglichkeiten, eingebettet in fantastisch schöne Landschaften.

Bester Startpunkt Am besten erreicht man den Startpunkt der Wanderung über die SP9 von Lumini in Richtung Prada (nicht von Brenzone/Assenza aus). Der Parkplatz (am Wochenende und an Feiertagen schon früh sehr voll) befindet sich am Ende der öffentlichen Autostraße. Was uns sofort auffällt: Wir treffen deutlich mehr Italiener als auf anderen Touren, was jedoch auch daran liegen kann, dass Feiertag ist. Aber es gibt uns das Gefühl, eine eher versteckte Perle gefunden zu haben. Unser erstes Wegstück führt uns über eine Forststraße und durch einen dichten Buchenwald. So erreichen wir den Südkamm des Monte Baldo.

Aufstieg durch Wald und über Wiese Etwa zwei Kilometer nach dem Startpunkt treten wir aus dem Wald heraus und erreichen den grünen Bergrücken. Noch zieren vereinzelt Bäume die grüne Wiese, auf der wir aufsteigen und die hier und da Wühlspuren von Wildschweinen aufweist. Oberhalb der Baumgrenzen dann noch mehr Blumenwiesen und sehr viele Schmetterlinge. Der schmale Pfad windet sich zum Teil über die Wiesen, es läuft sich herrlich leicht auf diesem weichen Untergrund. Entlang des Bergrückens gibt es immer mehrere Wege parallel – wir wählen, da das Wetter gut ist, den schmalen Wanderweg rechts und genießen den Ausblick in alle Richtungen. An der südöstlichsten Spitze der Tour kann man bei klarer Sicht sogar bis nach Verona schauen. Auf dem Weg zum Gipfel Cima Costabella passieren wir zwei Rifugios, die aber schon länger geschlossen

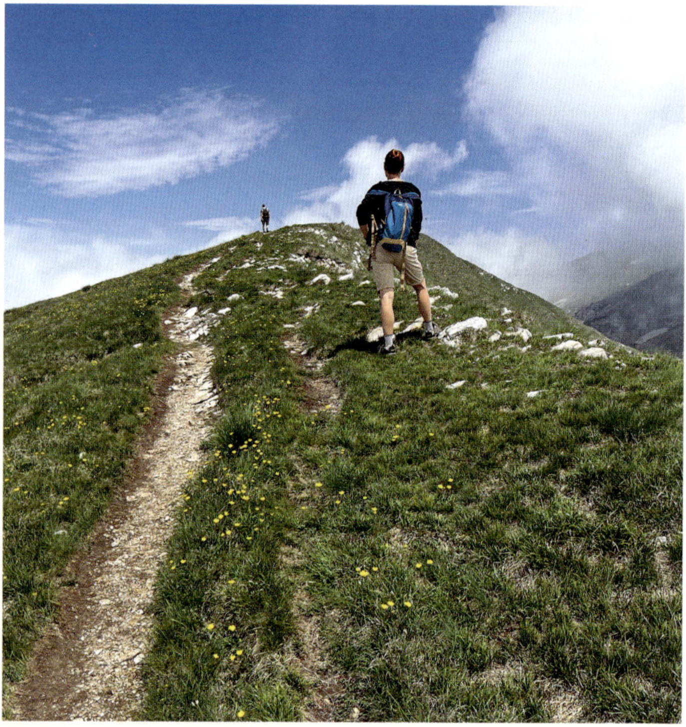

»Da stehen wir an den unübersteiglichen Bergen und doch: Da oben nur lernt man die Wollust des Atmens verstehen.«

Bettina von Arnim

zu sein scheinen. Gut zu wissen, dass uns noch zwei herrliche Almhütten erwarten!

Genussvolle Einkehr … Und zwar ziemlich bald nach den geschlossenen Hütten, aber noch vor dem Gipfel. Die erste Almhütte ist das Rifugio Fiori del Baldo mit traumhafter Aussicht – Wanderer sitzen auf den Bänken vor der Hütte, bei starkem Wind wählt man wohl besser den Innenraum. Manche Wanderer haben auf der Wiese vor der Hütte aber auch eine Decke ausgebreitet und lassen sich die mitgebrachte Brotzeit schmecken. Die zweite Einkehr ist das Rifugio G. Chierego. Sie wird oft als die schönere Einkehr empfunden und das Besondere bei ihr ist, dass es an Wochenenden und Feiertagen Grillplatten mit Service am Tisch gibt. Beide Hütten liegen schön am Kamm und präsentieren deshalb Aussichten auf beide Seiten, während man sich sein Essen schmecken lässt.

Gipfel Cima Costabella Nach der Stärkung sollte der Gipfelsturm nur noch ein Klacks sein. Ein kleiner, dachloser Schutzbau (Windschutz mit etwa zwei Metern Durchmesser) ist vorhanden, auf dessen Rand die umliegenden Berge und Städte auf Peilstäben benannt sind – so kann man die umliegenden Berge »anpeilen« und weiß, auf welchen man gerade blickt. Laut Weg auf dieser Karte kann man nach dem Gipfel nach Westen absteigen und parallel zum Gipfelweg wieder in südlicher Richtung zum Ausgangspunkt wandern. Man kann aber auch eine Extraschleife einbauen und den 2200 Meter hoch gelegenen Punta Telegrafo noch mitnehmen – dort gibt es ein weiteres Rifugio. Das sind zusätzliche fünf Kilometer und 260 Höhenmeter.

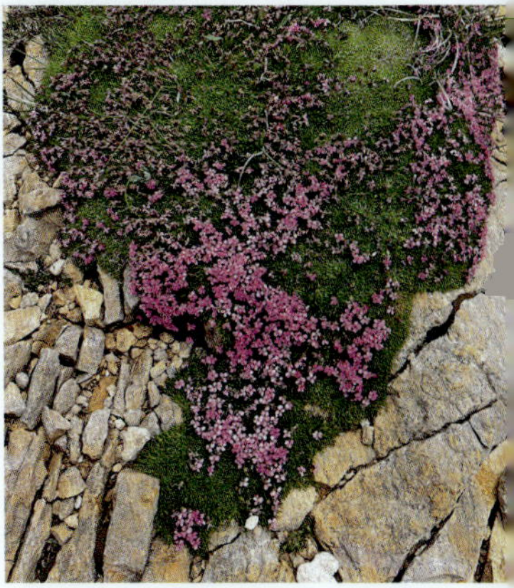

← **Kurz vor der Cima Costabella und nach der Rifugio G. Chierego**
→ **Auf Kissen mit Sukkulenten trifft man häufig am Gardasee.**

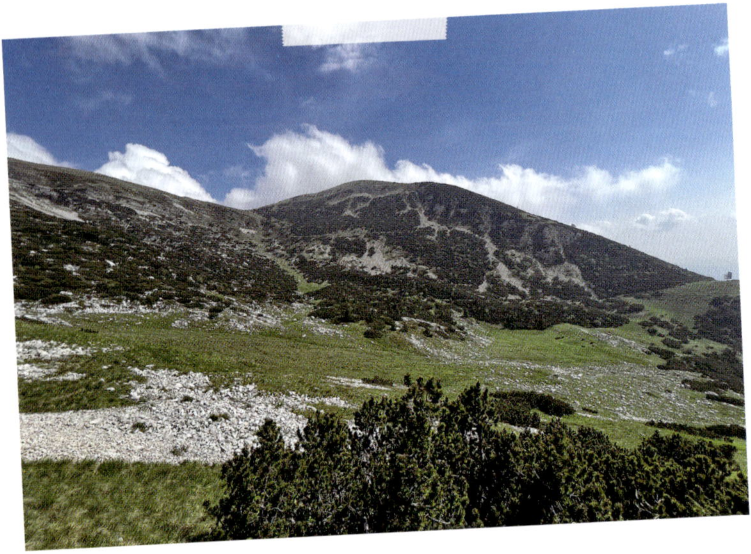

↑ **Imposant ist das gesamte Monte-Baldo-Massiv.**

Alternative zum Aufstieg Wer gerne in diese fantastische Bergwelt des Monte Baldo eintauchen möchte, aber nicht so viele Höhenmeter gehen will, kann mit dem Auto nach Prada fahren und von dort aus eine Minigondel-Sessellift-Kombination benutzen; diese führt zunächst in einem Stehlift zur Mittelstation und von dort mit dem Sessellift nach ganz oben. Dann wandert man einfach die Gipfelrunde, die fünf Kilometer lang ist. Diese Variante endet an der Mittelstation der Bahn. Aktuell ist der Lift außer Betrieb, soll aber in den nächsten Monaten wieder in Funktion gesetzt werden.

Tipp

Auf der Rückfahrt zur Landstraße SP9 kommt man auf halber Strecke an der bewirtschafteten Berghütte Malga Traure vorbei. Von der gigantisch schönen Außenterrasse hat man sensationelle Ausblicke, während man ein kühles Getränk oder Käse aus der hauseigenen Sennerei genießt.

AUF EINEN BLICK

Tour 31: Tour für den Genuss

Dauer: 4.45 Std.

Höhenmeter: 740 Hm

Länge: 15,8 km

Schwierigkeit: Schwer

Tourencharakter: Aufgrund der Länge und der Höhenmeter schwere Wanderung mit alpinem Charakter. Eine gute Grundkondition und Trittsicherheit erforderlich. Unbedingt Stöcke mitnehmen

Ausgangs-/Endpunkt: Parkplatz Parcheggio località due Pozze

GPS-Koordinaten: 45.652862, 10.789874

Einkehr: Rifugio Fiori del Baldo, Rifugio G. Chierego

Information: gardasee.de/monte-baldo

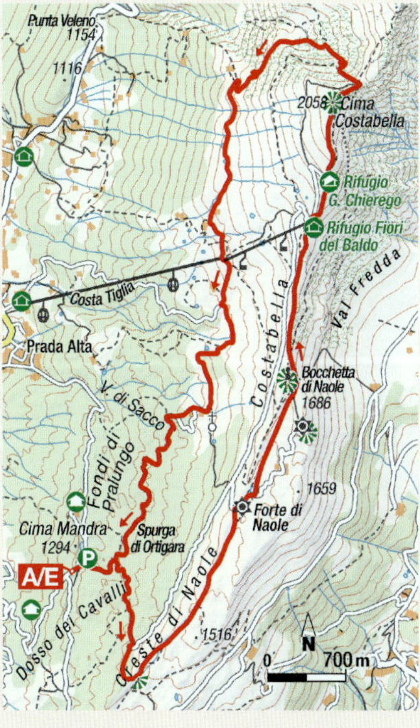

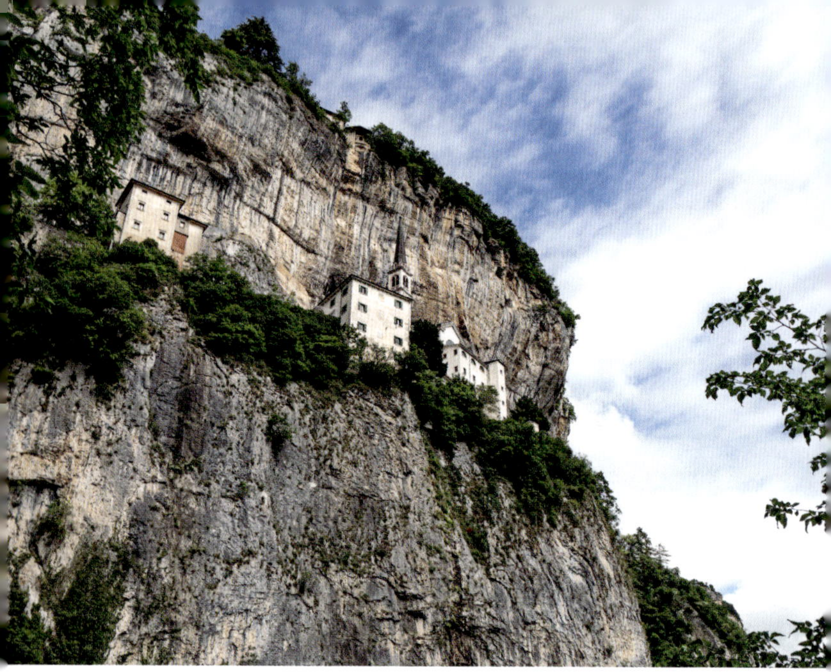

↑ Erhaben thronende Wallfahrtskirche ↓ 1540 Stufen geht es hinauf.

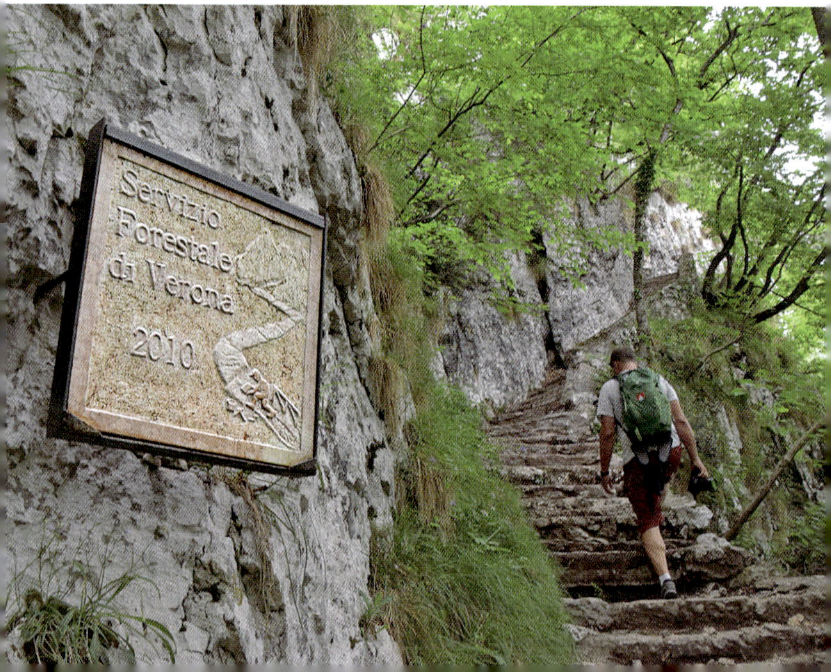

Tour für die Sinne
TOUR 32

ZWISCHEN HIMMEL UND ERDE

Zur Felsenkirche Madonna della Corona

In Brentino startet der Wanderweg zur außergewöhnlich gelegenen Wallfahrtskirche Madonna della Corona, die in eine senkrecht abfallende Felswand geschmiegt ist und fast 800 Meter hoch über einem Tal der Etsch liegt.

Aufsehenerregende Lage Immer wieder auf dieser Wanderung ist es ein Gänsehautmoment, wenn die in den Felsen gebaute Wallfahrtskirche Madonna della Corona im Blickfeld auftaucht. Unwirklich sieht die Basilika aus, wie sie da wie ein Schwalbennest unter einer senkrechten Felswand klebt. Es ist die höchstgelegene Pilgerstätte Italiens. Ein Ort der Stille und Andacht.

Auf dem Weg der Götter Nachdem wir Brentino verlassen haben, geht es ausgeschildert über Treppen steil den Berg hinauf – fast alle Höhenmeter werden nun über Treppen und Stufen absolviert. Bald führt der gut angelegte Weg in den lichten Wald, dessen wohltuende Kühle uns umfängt. So steigen wir immer weiter vom Etschtal hinauf auf das Massiv des Monte Baldo. Der Weg heißt »Cammino dei due Santuari« – »Weg der Götter und der Heiligtümer«.

Madonna della Corona Wir erfreuen uns an den Blicken auf das Etschtal und warten gespannt auf das Auftauchen der Basilika. An ausgesetzten Passagen geben Seilsicherungen Halt. Nach der Infotafel über Flora und Fauna wird aus dem Weg mit den vielen Stufen ein Treppenweg, gesichert mit gespannten Stahlseilen und einer Steinbrüstung. Der letzte Wegteil führt durch den Wald – und da ist sie! Endlich erhaschen wir durch das Laub erste Blicke auf die Kirche und die ganze Anlage der Madonna della

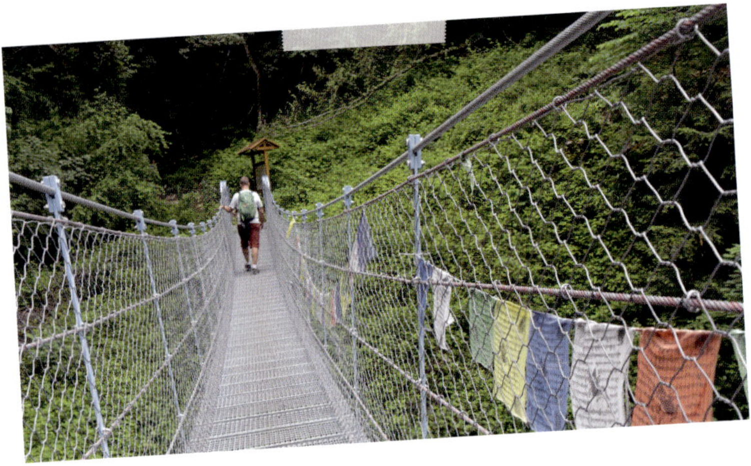

↑ Die schwankende Hängebrücke ist ein weiteres Highlight der Tour.

Corona auf ihrem Felsbalkon. Über eine Brücke erreichen wir schließlich die Eingangspforte.

Durchs Bärental Der schönste Blick auf die Kirche bietet sich vom Busparkplatz aus, auf dem alle halbe Stunde ein Bus vom Hochplateau Spiazzi ankommt. Wir treten den Rückweg an und folgen zunächst eineinhalb Kilometer weit dem bekannten Weg. Ist es trocken, biegen wir dann aber nach links in das Vaio dell'Orsa (Bärental) ab. Nach einem Rastplatz und einem Aussichtspunkt überqueren wir eine abenteuerliche Hängebrücke. Links vor der Brücke führt ein Weg zu einem Wasserfall mit Gumpe. Gleich nach der Brücke biegen wir rechts ab und wandern zurück nach Brentino.

Info

Die Wallfahrtskirche wurde tatsächlich teilweise in den Felsen hineingebaut – die Westwand und Teile der Nordwand hinter dem Altar bestehen aus Naturfelsstein. Bereits 1436 hatte der Orden der Malteser den abgeschiedenen Ort entdeckt und machte aus dem Einsiedlerort eine Stätte der Wallfahrer.

AUF EINEN BLICK

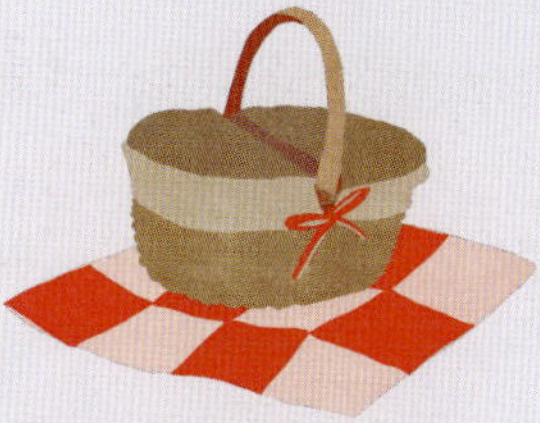

Tour 32: Tour für die Sinne

Dauer: 5 Std.

Höhenmeter: 850 Hm

Länge: 9,7 km

Schwierigkeit: Schwer

Tourencharakter: Auf dieser anspruchsvollen Wanderung sind eine gute Grundkondition, Trittsicherheit, festes Schuhwerk und alpine Erfahrung erforderlich. Der Abstieg über das Bärental ist nur bei trockener Witterung möglich, da sonst zu rutschig.

Ausgangs-/Endpunkt: Vor dem Ort Brentino viele Parkmöglichkeiten

GPS-Koordinaten: 45.642240, 10.872409

Einkehr: Bar bei der Wallfahrtskirche

Information: gardasee.at/ausflugstipps/kultur/madonna-della-corona.html

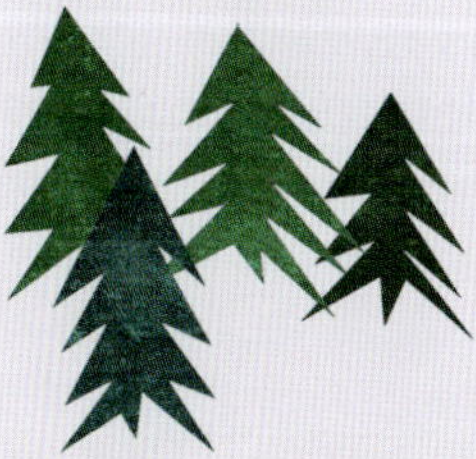

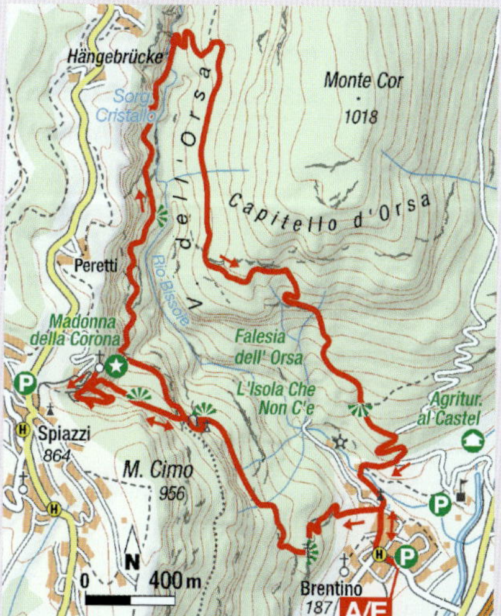

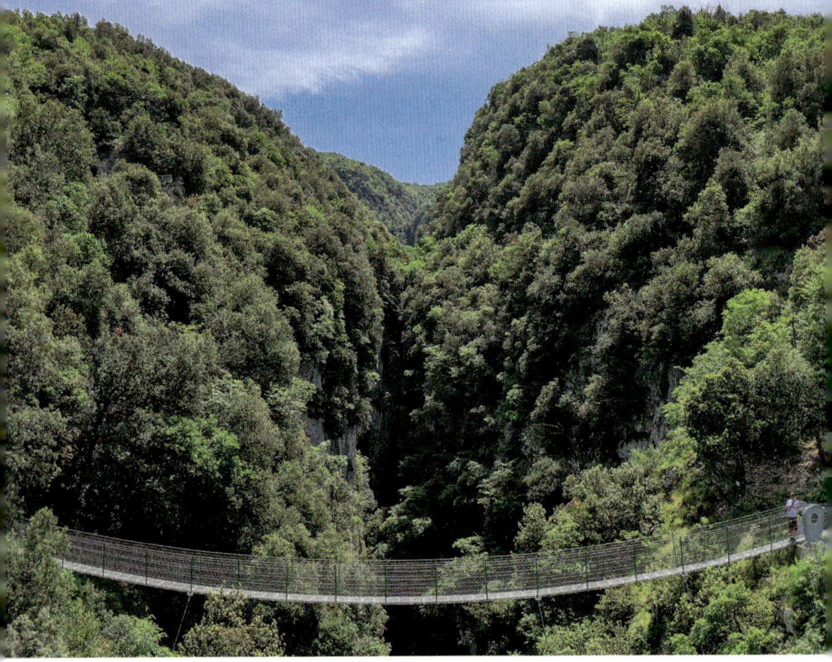

↑ Überquerung des Val Valzana ↓ Traumhafter, abwechslungsreicher Weg

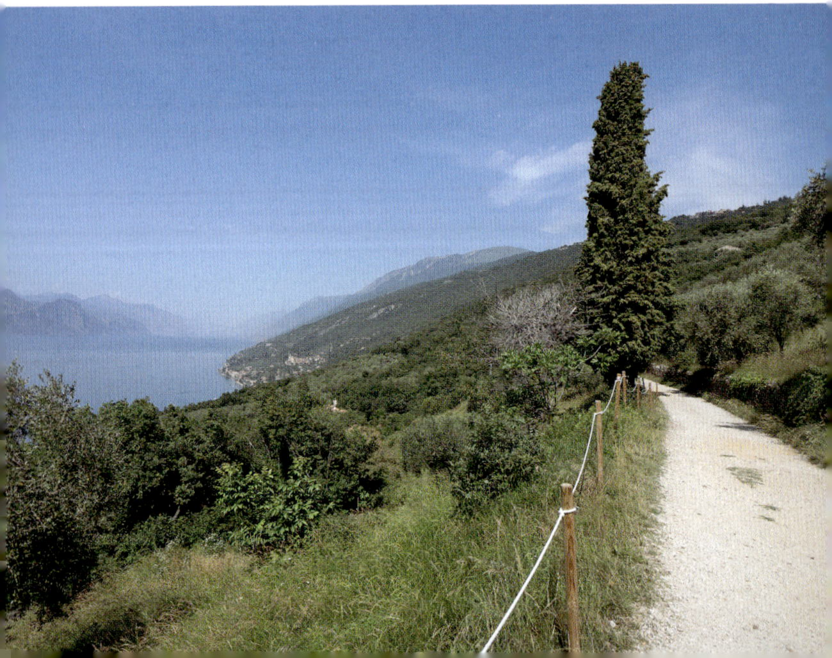

SCHWANKEND ÜBER DAS TAL

Tour für
TOUR 33
die Sinne

Hängebrücke über dem Val Valzana

Ein wunderschöner Startpunkt, eine abenteuerliche Hängebrücke und ein gemütlicher Dorfplatz mit kulinarischen Leckerbissen sind die Highlights dieser Wanderung, die ganz nebenbei auch noch mit Traumblicken punktet.

Traumstart Start ist an der Aussichtsplattform hinter der Kirche San Martino in Albisano. Die Ortschaft liegt 200 Meter über dem See – wie von einem Balkon aus schauen wir hinunter auf Torri del Benaco und auf zahlreiche Olivenhaine. Nur schwer können wir uns von dem schönen Ausblick trennen. Schließlich marschieren wir los, zunächst in ein Wäldchen hinein, vorbei an Zypressen und Olivenbäumen.

Beschaulicher Zwischenstopp Auf halbem Weg zwischen Albisano und der Hängebrücke erreichen wir das beschauliche Dorf Crero, eine im Mittelalter gegründete Ansiedlung inmitten von Olivenbäumen. Die alten, eng aneinander stehenden Steinhäuschen des Ortes sind von einem besonderen Zauber umgeben. In Hanglage mit Aussicht wartet die Trattoria Bar Panoramico auf Gäste. Am Ortsausgang verabschiedet uns die kleine Kirche San Siro mit sensationellem Blick über den oberen Teil des Gardasees.

Im Schwebezustand Weiter streifen wir durch die Wälder und erreichen schließlich die Hängebrücke. Ein kurzer Blick nach unten und den Hang hinauf zeigt uns: Die Brücke ist an dieser Stelle wirklich nötig! Also begeben wir uns auf den wackeligen Untergrund und überqueren das Val Valzana. Derweil schwingt die Stahlbrücke leicht hin und her, ist aber rundum mit rutschfesten Gittern und Stahlseilen versehen – auch für Hunde unproblematisch. Wir nehmen die Passage mit allen Sinnen wahr.

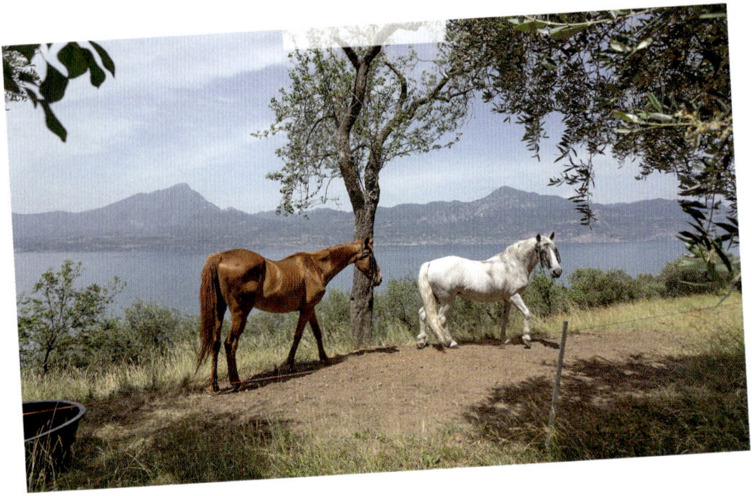

↑ Wir müssen uns die Aussicht teilen …

Höhenmeter-Kraftakt Anschließend müssen wir 250 Höhenmeter bewältigen, damit wir die eben durchquerte Schlucht oberhalb wieder rücküberqueren können. Beim Weg durch die Wäldchen passieren wir immer wieder größere und kleinere Lichtungen, die aus den kahlen Steinplatten des Monte Baldo herausragen. Auf diesen weich abgerundeten Stellen wächst zwar nichts, man kann aber schön darauf sitzen und ein Picknick genießen. Die letzten zweieinhalb sonnigen Kilometer legen wir auf relativ ebenem Weg nach Albisano zurück, wo wir sehr italienisch einkehren können – beispielsweise im Albergo Aurora S.A.S. Di Barbagallo Vittorio & Co.

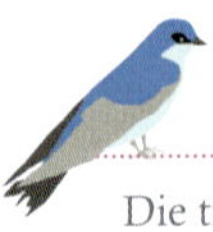

Info

Die tibetische Brücke von Torri del Benaco ist 34 Meter lang und eineinhalb Meter breit. Sie schwebt in einer Höhe von 44 Metern über dem Talboden des Val Valzana. Neben einer tollen Aussicht ermöglicht die Brücke, den »Sentier des mes« – den »mittleren Weg« – von Malcesine nach Garda durchzugehen. Bis vor Kurzem musste man hierfür hinunter zum See gehen (lagodigardaeventi.it/ponte-tibetano-lago-di-garda).

AUF EINEN BLICK

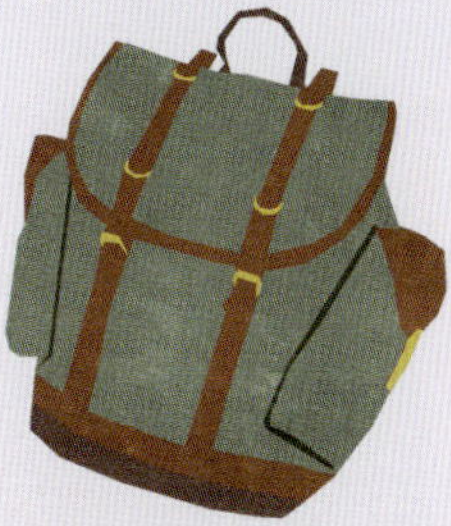

Tour 33: Tour für die Sinne

Dauer: 3.45 Std.

Höhenmeter: 540 Hm

Länge: 13,3 km

Schwierigkeit: Mittel

Tourencharakter: Mittelschwere Wanderung mit einigen Höhenmetern, für die Hängebrücke ist Schwindelfreiheit von Vorteil – dank des Geländers rechts und links ist die Überquerung aber unkritisch.

Ausgangs-/Endpunkt: Aussichtsplattform bei der Kirche San Martino in Albisano

GPS-Koordinaten: 45.611793, 10.701848

Einkehr: Unterwegs Trattoria Bar Panoramico, am Ausgangs-/Endpunkt in Albisano gastronomisches Angebot

Information: gardasee.de/torri-del-benaco/ponte-tibetano-haengebruecke

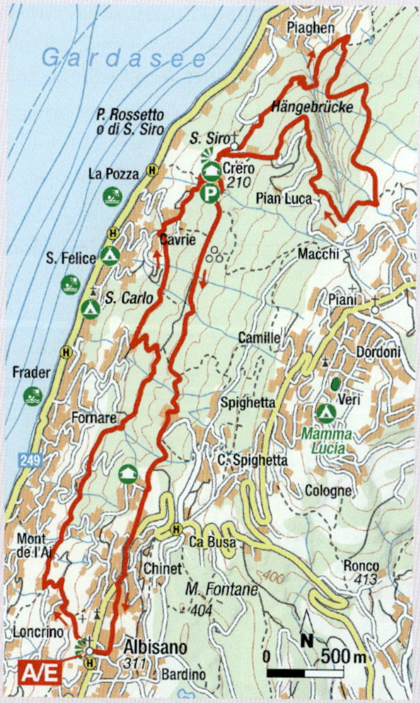

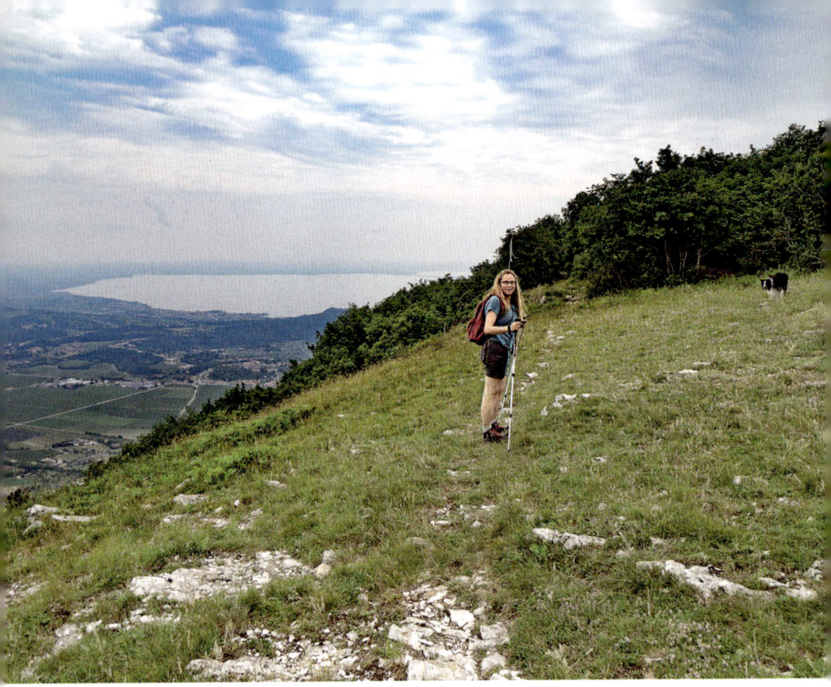

↑ Abflugplatz für Gleitschirme ↓ Die Kirche fehlt am Gardasee in keinem Dorf.

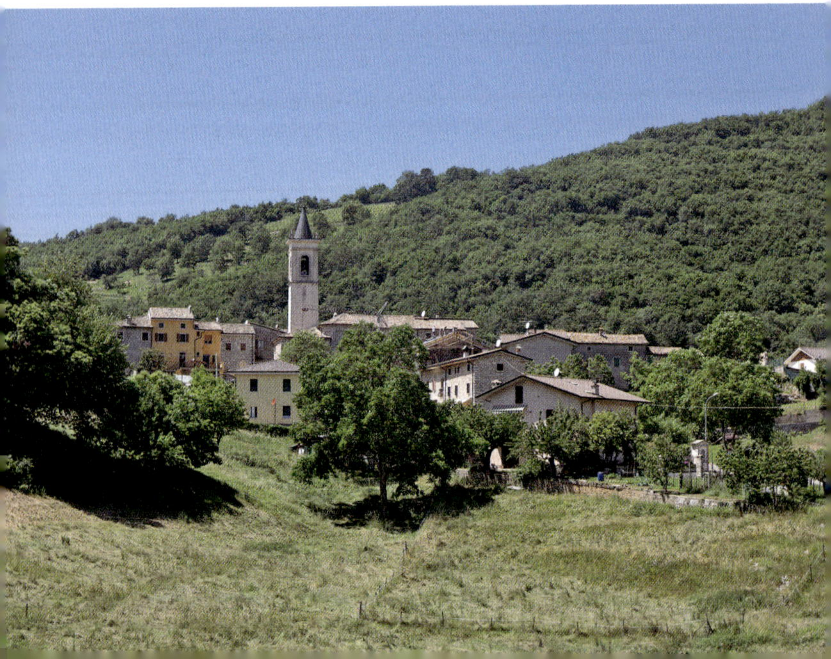

WALDPARADIES UND AUSSICHTS-HIGHLIGHT

Tour für die Sinne
TOUR 34

Vom Bergdorf Lumini auf den Monte Belpo

Im malerischen Bergdorf Lumini startet die Tour, die auf den Gipfel des Monte Belpo führt. Außer Kuhglockenbimmeln und ab und zu der Ruf eines Kuckucks ist nichts zu hören auf der abwechslungsreichen Tour.

Dorf-Impressionen Lumini, der Startpunkt der Tour, ist ein Ortsteil von San Zeno di Montagna und liegt am Monte-Baldo-Massiv. Wir überqueren den kleinen Dorfplatz, auf dem sich Dorfbewohner treffen und miteinander plaudern und sich sehr über unseren Hund freuen. Durch einen steinernen Torbogen verlassen wir Lumini und ab hier sind nur noch die fröhlich bimmelnden Kuhglocken und die stille Natur unsere Begleiter. Und eine Wegmarkierung mit rotem und orangefarbenem Balken.

Schattiger Anstieg Es geht durch einen Buchenhain auf einem steilen, steinigen, schmalen Pfad den Berg hinauf. Der Weg bleibt eine ganze Weile genau so. Ein erster Ausblick ergibt sich, wenn wir einem kleinen Trampelpfad nach links folgen – der Blick auf den Gardasee fehlt hier aber noch – beim nächsten Aussichtspunkt ist er dann aber mit dabei. Von jetzt an kann man links immer wieder schöne Ausblicke genießen, während der schmale Weg teils steinig, teils über Wiesenuntergrund am Berghang entlangführt. So gelangen wir schließlich zum Gipfel des Monte Belpo mit Gipfelkreuz und einem steinernen Altar und natürlich mit Ausblick.

Die Höhenmeter sind geschafft Über einen steilen Wiesenhang geht es nun bergab. Der weitere Weg hinunter ist ebenso steil und steinig wie der Aufstieg. Das alpine Feeling endet, wenn der Pfad in einen breiten, bequemen Weg mündet, das ist der Umkehrpunkt der Tour. Nach ein paar

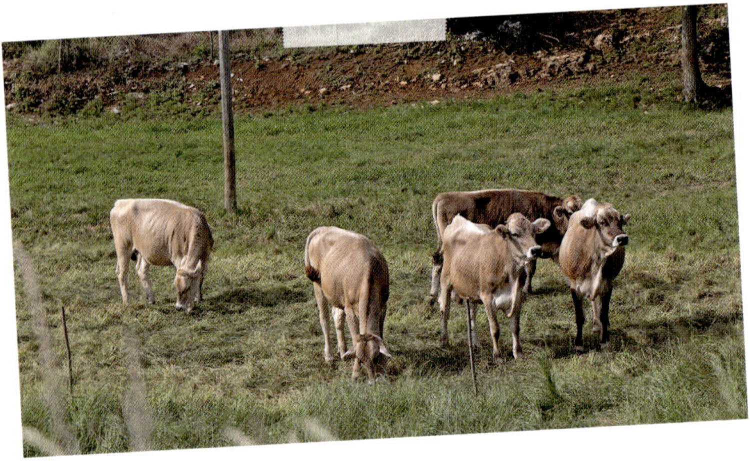

↑ Viel Landwirtschaft in den südlichen Ausläufern des Monte Baldo

versteckt liegenden Grundstücken geht es wieder in den Wald hinein, hohe Fichten prägen das Bild dieses Waldstückes. Mit jedem Atemzug inhalieren wir die herrlichen Duftstoffe des Waldes, die unmittelbar auf Körper, Geist und Seele wirken.

Rückweg ins Dorf Aus dem Wald heraus gehen wir entlang eines offenen Feldes, bis wir auf eine Fahrstraße treffen. Den letzten halben Kilometer wandern wir entlang dieser kaum befahrenen Straße. Mit Erreichen des Ortes Lumini ist die schöne Rundwanderung beendet, auf der wir nur einen einzigen anderen Wanderer getroffen und die nur durch Kuhglockengebimmel unterbrochene Ruhe genossen haben.

Tipp

Nach der Wanderung sollte man unbedingt den traumhaft schönen Ort San Zeno di Montagna besuchen – er liegt nur drei Kilometer westlich von Lumini. Der Kurort liegt auf 600 Meter Höhe über dem Gardasee, was ihm die Bezeichnung »Balkon des Gardasees« beschert hat (gardasee.at/orte/san-zeno-di-montagna.html).

AUF EINEN BLICK

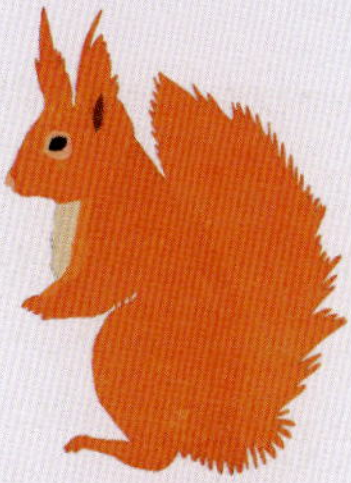

Tour 34: Tour für die Sinne

Dauer: 2.15 Std.

Höhenmeter: 220 Hm

Länge: 5,7 km

Schwierigkeit: Leicht

Tourencharakter: Steiler und steiniger Anstieg auf den Berg hinauf, dabei aber viele schattige Passagen. Für die steinigen, alpinen Auf- und Abstiege sind Stöcke empfehlenswert.

Ausgangs-/Endpunkt: Parkplatz am Ortsrand von Lumini

GPS-Koordinaten: 45.628792, 10.755534

Einkehr: Unterwegs keine, in Lumini Ristorante Montebaldina (gegenüber vom Parkplatz) und die Bar Campagnari (in der Ortsmitte)

Information: gardasee.at/orte/san-zeno-di-montagna/lumini.html

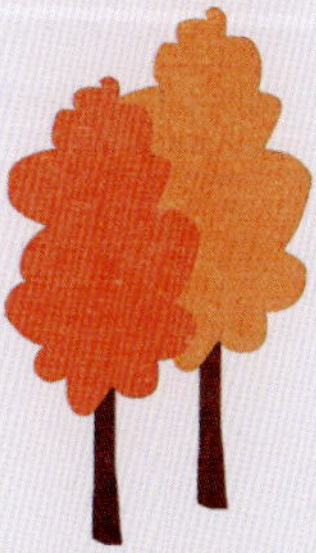

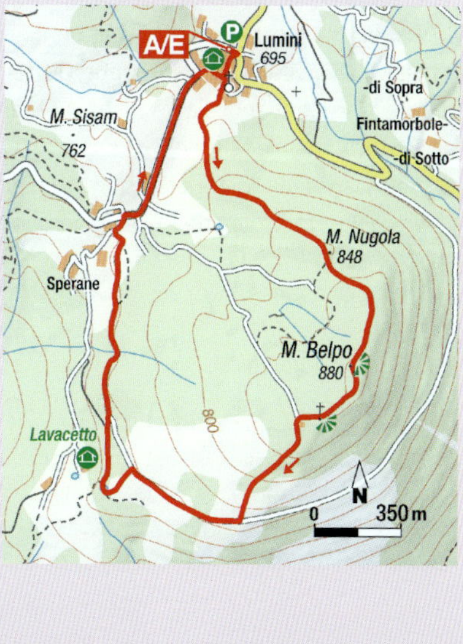

REGISTER

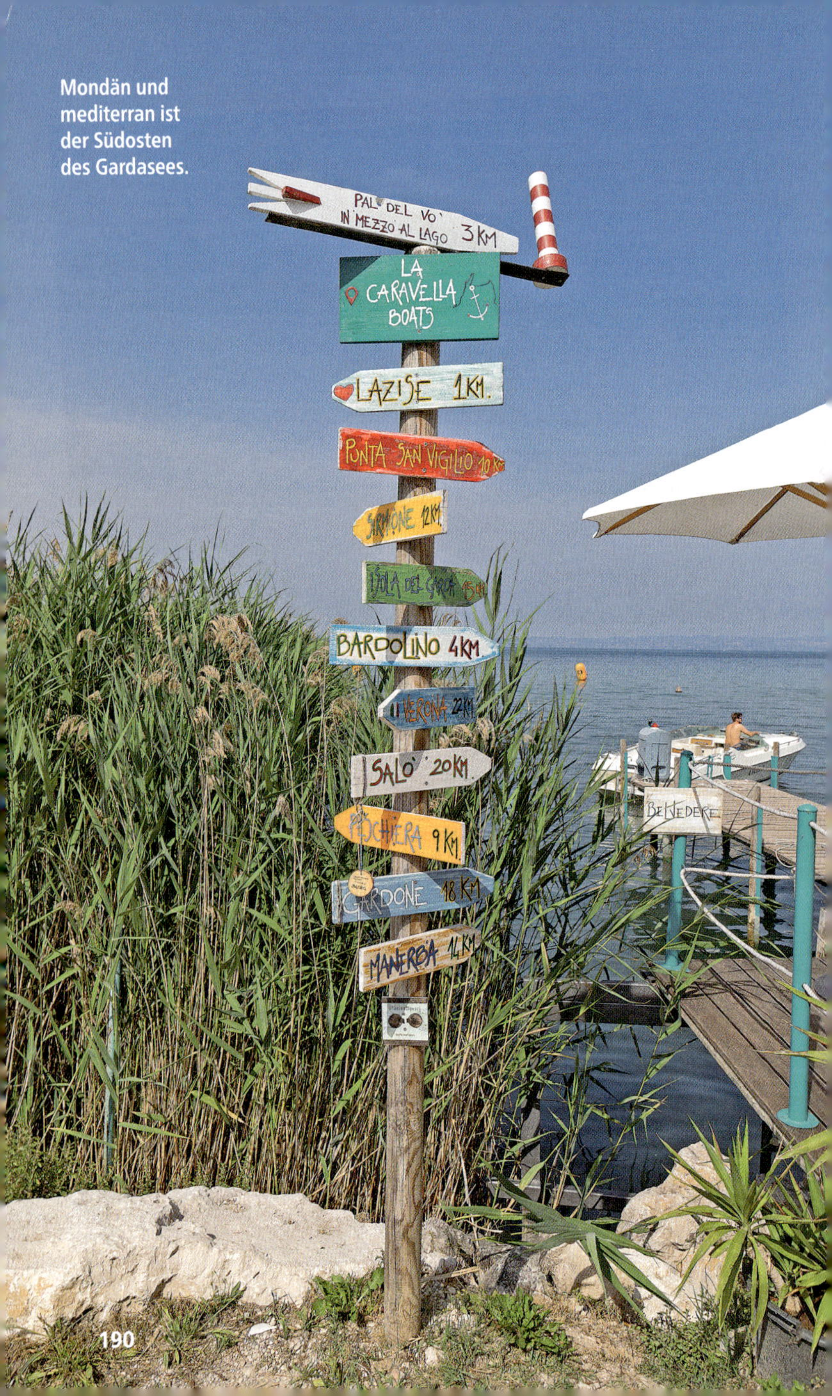

Mondän und mediterran ist der Südosten des Gardasees.

Ebenfalls erhältlich ...

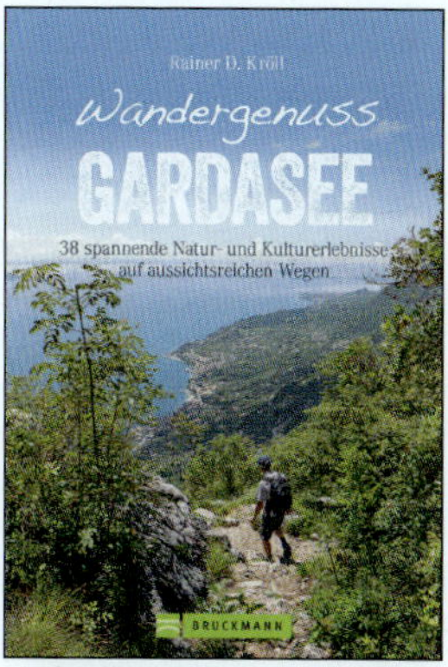

ISBN 978-3-7343-1184-0

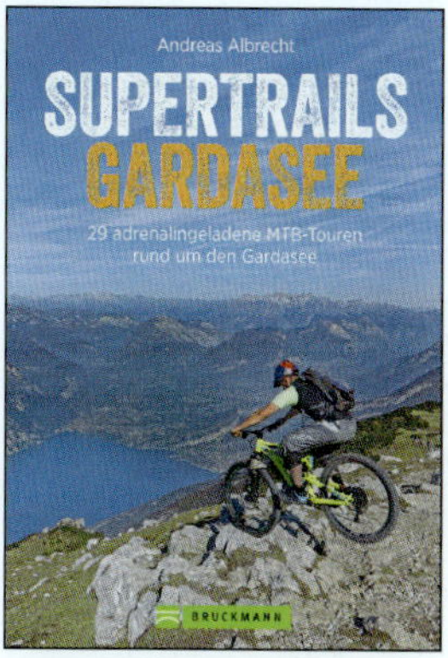

ISBN 978-3-7343-2142-9

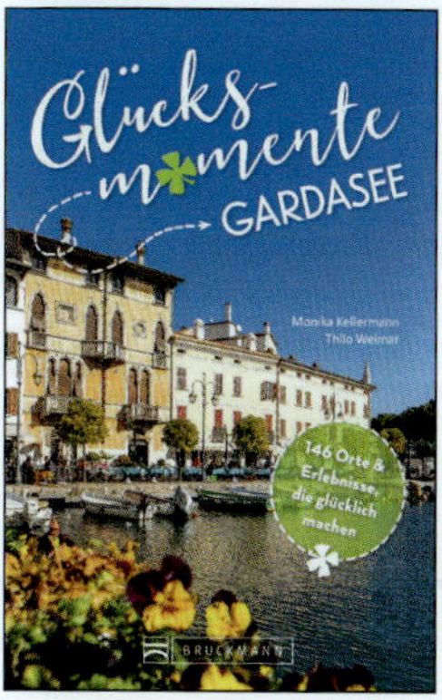

ISBN 978-3-7343-1434-6

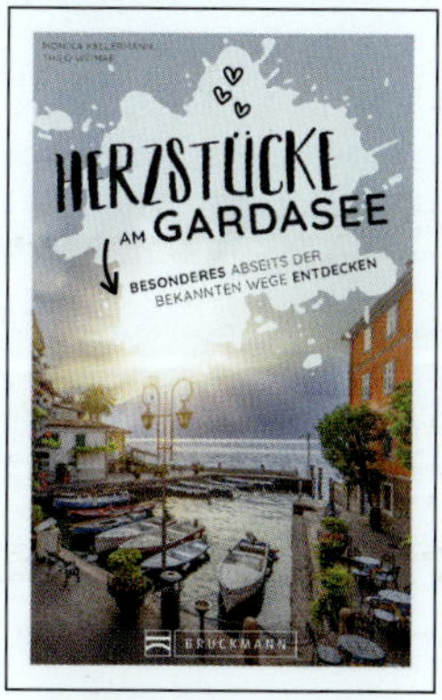

ISBN 978-3-7343-2314-0

BRUCKMANN

www.bruckmann.de

IMPRESSUM

Verantwortlich: Lea Niesler
Redaktion: Christian Schneider
Layout: Elke Mader
Umschlaggestaltung und Illustrationen: Eva Wünsch
Kartografie: Bruckmann Kartografie, Heidi Schmalfuß
Repro: Repro Ludwig Prepress
Herstellung: Alexander Knoll
Printed in Poland by CGS sp. O. o.

★★★★★

Sind Sie mit diesem Titel zufrieden? Dann würden wir uns über Ihre Weiterempfehlung freuen. Erzählen Sie es im Freundeskreis, berichten Sie Ihrem Buchhändler oder bewerten Sie bei Onlinekauf. Und wenn Sie Kritik, Korrekturen oder Aktualisierungen haben, freuen wir uns über Ihre Nachricht an Bruckmann Verlag, Postfach 40 02 09, D-80702 München oder per E-Mail an lektorat@verlagshaus.de.

Unser komplettes Programm finden Sie unter www.bruckmann.de

Alle Angaben dieses Werkes wurden vom Autor sorgfältig recherchiert und auf den neuesten Stand gebracht sowie vom Verlag geprüft. Für die Richtigkeit der Angaben kann jedoch keine Haftung übernommen werden, weshalb die Nutzung auf eigene Gefahr erfolgt. Insbesondere bei GPS-Daten können Abweichungen nicht ausgeschlossen werden. Sollte dieses Werk Links auf Webseiten Dritter enthalten, so machen wir uns die Inhalte nicht zu eigen und übernehmen für die Inhalte keine Haftung.

In diesem Buch wird aus Gründen der besseren Lesbarkeit das generische Maskulinum verwendet. Weibliche und anderweitige Geschlechteridentitäten werden dabei ausdrücklich mitgemeint, soweit es für die Aussage erforderlich ist.

Empfehlung der Redaktion
Sie sind auf der Suche nach weiterführender Literatur? Dann empfehlen wir Ihnen den Titel »Wandergenuss Gardasee« von Rainer D. Kröll. Oder Sie werfen einen Blick in die Zeitschrift BERGSTEIGER. Hier werden Sie bestimmt fündig.

Bildnachweis: Alle Bilder im Innenteil und auf dem Umschlag stammen von Marion und Robert Landwehr, außer S. 176 u.: Bernd Neugebauer.

Die Deutsche Nationalbibliothek verzeichnet diese Publikation in der Deutschen Nationalbibliografie; detaillierte bibliografische Daten sind im Internet über http://dnb.d-nb.de abrufbar.

Infanteriestraße 11a
80797 München

ISBN 978-3-7343-2568-7